学校课程发展丛书
丛书主编 李正 杨四耕

数学
学科课程群

张燕丽 主编

华东师范大学出版社
·上海·

图书在版编目(CIP)数据

数学学科课程群/张燕丽主编. —上海:华东师范大学出版社,2019
(学校课程发展丛书)
ISBN 978-7-5675-9445-6

Ⅰ.①数… Ⅱ.①张… Ⅲ.①数学课—课程建设—研究—中小学 Ⅳ.①G633.602

中国版本图书馆 CIP 数据核字(2019)第 142774 号

学校课程发展丛书
数学学科课程群

丛书主编	李　正　杨四耕
主　　编	张燕丽
责任编辑	刘　佳
项目编辑	林青荻
特约审读	王秋华
责任校对	朱玉媛
装帧设计	卢晓红

出版发行	华东师范大学出版社
社　　址	上海市中山北路 3663 号　邮编 200062
网　　址	www.ecnupress.com.cn
电　　话	021-60821666　行政传真 021-62572105
客服电话	021-62865537　门市(邮购)电话 021-62869887
地　　址	上海市中山北路 3663 号华东师范大学校内先锋路口
网　　店	http://hdsdcbs.tmall.com
印 刷 者	上海展强印刷有限公司
开　　本	787 毫米×1092 毫米　1/16
印　　张	19.75
字　　数	307 千字
版　　次	2019 年 8 月第 1 版
印　　次	2024 年 2 月第 5 次
书　　号	ISBN 978-7-5675-9445-6
定　　价	58.00 元
出 版 人	王　焰

(如发现本版图书有印订质量问题,请寄回本社客服中心调换或电话 021-62865537 联系)

丛书编委会

主编

李　正　杨四耕

成员

李　正　杨四耕　田彩霞　王德峰
高德圆　胡培林　李荣成　曹鹏举
段立群　张燕丽　孙　鹏　张元双

本书编委会

主 编
张燕丽

副主编
虞文辉　宋绍华

编 委
孙　丽　郭艳丽　张伟振　郑　雯　李肖静　刘　娜
李　茹　尚家茗　孙琳丽　王向荣　李　涛　赵　南
张玉英　杨佳佳　元　博　张培强　张燕丽　虞文辉
宋绍华

丛书总序

课程改变，学校改变

学校课程变革有三种形态：一是1.0,这种形态的课程变革,以课程门类的增减为标志,学校会开发一门一门的校本课程,并不断增减;二是2.0,这种形态的课程变革,学校会围绕某一特定的办学特色或项目特色,开发相应的特色课程群;三是3.0,此种形态的课程变革,学校课程发展以多维联动、有逻辑的课程体系为标志,这是文化创生形态的课程变革。

学校如何迈进3.0课程变革？我们在郑州市金水区中小学与幼儿园进行了多维度的探索与实践,得出了一些规律,有了一些感悟和体会。

1. 家底清晰化：很多时候起点决定了终点

发展是既定基础上的再提升,学校课程深度变革必须清晰"家底"。根据各种不同的办学基础给学校课程发展准确定位,是迈向3.0的学校课程变革所面临的首要任务。我们运用SWOT(强项、弱项、机遇、危机)分析,对学校的地理环境、在地文化、政策环境、课程现状、行政领导、学生需求、教师现状等因素分别进行SWOT分析,把握学校课程发展的优势与问题所在。同时,我们注重课程发展思路的研究,把破解影响当前学校课程发展的热点、难点问题,特别是制约课程发展的重大问题,贯穿于调研过程的始终,以增强课程发展情境研究的宏观性、针对性和实践性,以准确合理的目标体系引导学校课程变革,切实做到清晰把握学校课程发展的"起点"。须知,很多时候起点决定了终点。

2. 愿景具象化：让课程哲学映照鲜活的实践

课程愿景是学校课程使命的具象,是与学校教育价值观联系的、可以调动师生情感的图景。如果说,目标提供过程的满足,那么愿景则提供事业的动力。推进学校课程深度变革,我们需要明确学校的课程愿景,并将课程愿景具象化。学校可以用具象化的方式想象课程、观察课程、思考课程、分析课程、建构课程。当我们在与师生沟通的时候,要善于用具象化的愿景去说明学校课程究竟是为什么、是什么以及怎么做。我的体会是:"课程即品茶,需哲思;课程即吟诗,需想象;课程即力行,需实践。"人们总是会被伟大的愿景所感动。校长要善于把抽象的东西表现得具体些,把看不见的、不容易理解的东西变得看得见、容易理解,让学校课程理念带着一股清香,透着一种诗意,变成激发师生的动力和情愫。推进学校课程变革,您所要做的便是找到大家信奉的课程哲学,并用课程哲学映照课程变革实践。

3. 结构图谱化:改变课程的碎片化格局

如果把课程视为书本,孩子们可能会成为书呆子;如果把课程视为整个世界,孩子们可能会拥有驾驭世界的力量。为此,每一所学校都应致力建构丰富的"课程图谱"。按照一定的逻辑,理顺学校课程纵向与横向关系是学校课程变革需要审慎思考的问题。在横向上,如何将学校课程按照一定的标准进行合理地分类;在纵向上,如何将学校课程按照年级分为不同层级,努力形成一个适应不同年龄阶段的孩子的课程阶梯。具体地说,在横向上,重构学校课程分类,让孩子们分门别类地学习把握完整的世界之格局;在纵向上,强调按先后顺序,由简至繁,从已知到未知,从具体到抽象,保持学校课程的整体连贯。这样,我们就可以形成天然的、严密的学校课程"肌理",让课程有逻辑地、立体地"落地",这样有利于克服课程碎片化、大杂烩问题。

4. 类群聚焦化:聚焦核心素养建构课程群

类群聚焦化,也就是围绕核心素养建构课程群。什么是课程群?课程群是以特定的素养结构为目标,由若干门性质相关或相近的单门课程组成的一个结构合理、层次清晰、彼此连接、相互配合、深度呼应的连环式课程集群。课程群是一种思维,是一种工具,是一种面向碎片化课程的思维方法和操作工具。随着核心素养的倡导,课程改革越来越要求考虑学生素养发展的完整性,课程群构建已成为中小学深化课程改革、优化课程设计的一条有效途径。中小学构建课程群需要关注四点。首先,聚焦目标。聚焦核心素养,聚焦育人目标,聚焦课程目标,是课程群建设的首要原则。课程群建设必须密切关注学生的核心素养,优先发展对某项目标具有关键的支持作用的课程。其次,建构链条。也就是确定课程群内各门课程的相关性,课程之间纵向衔接与横向联系,以及自成体系。再次,组合搭配。课程群是具有关联关系的课程之组合与搭配。在涉及课程序列的安排上,关键是要找到"课程时序"上的衔接点,即根据学时的配比度与开课时序,各门课程在整体中的位置、地位和作用,从系统的观点出发来安排课程。通过标明课程之间的内在关系、课程开设的先后顺序、课程时量等逻辑关系来描述课程之间的内在关系,经过这样的组合搭配,有助于揭示课程之间的重复、脱节、断线和时序安排上的不合理现象。最后,整合优化。课程群是一个基于特定目标而组织化了的课程系统,仅仅把几门有逻辑联系的课程召集一处,只是一个"课程集合"。只有课程间完成了相关整合,成为一个体系,实现课程功能的优化,才能称之为"课程群"。因此,课程群建设应将重心放在相关课程之间内容的整合以及功能的优化上。

5. 内容整合化:还原完整世界的真实面貌

课程是浓缩的世界图景。3.0的课程是富有统整感的课程,是多维连结与互动的课程。不论是学科课程的特色化拓展,还是主题课程的多学科聚焦,都应尽可能回到完整的世界图景上来,努力将关联性与整合性演绎得淋漓尽致,让孩子们领略"世界图景"的完整结构。一般地说,课程整合有两种常见方式:一是射线式整合,即以学科知识为圆点,根据知识的内在逻辑联系而进行多维拓展与延伸;二是聚焦式整合,即以特定资源为主题,多学科、多活动聚焦,以加强孩子们与社会生活的多学科关联与整合。从表现形式来看,既有学科内统整,又有学科间统整;既有跨学科统整,又有学科与活动统整,以及校内与校外统整等。

6. 操作手册化:让课程变革变得易于操作

学校课程变革应是多维主体参与的变革。如何让师生参与、家长参与,是需要一套可以清晰告知如何操作的课程资料来指导的。我们倡导的学校课程指南就是学校课程手册化的一种做法。一所学校的课程指南包含如下内容:学校简要介绍、学校课程理念、学校课程目标、学校课程图谱、学校课程项目(将每一门课程的纲要精炼地呈现出来)。

7. 实施立体化:整个世界都是教室

英国课程学者斯基尔贝克说:"设计课程的最佳场所在学生和教师相处的地方。"的确,我们让孩子们采用多样的、活跃的学习方式,如行走学习、指尖学习、群聊学习、圆桌学习、众筹学习、搜索学习、聚焦学习、触点学习、实作学习、仪式学习……但凡孩子们在生活世界里精彩纷呈、活跃异常的"做事"方式，都是课程实施与学习的可能方式。须知，课程实施不仅仅是那些概念化了的"自主、合作、探究"。杜威说："一切学习来自经验。"实践、沉浸、对话、互动、参与、体验是课程最活跃、最富灵性的形式，也是课程实施的最重要方法。重视孩子们直接经验的获得，让孩子们亲近自然，走进社会，通过一系列的实践活动，扩充和丰富孩子们的经验和见识，是3.0课程的重要表征。

8. 经验模型化：有逻辑地推进学校课程变革

一所优质学校应该有自己的课程模式，应该建构基于特定课程哲学而组织化了的课程系统，将各课程有机地结合成一个联系紧密的、有逻辑的育人图景。学校课程哲学、课程结构、课程功能、课程实施及课程管理与评价是课程模式不可或缺的构成要素。其中，学校课程哲学是课程模式的灵魂，课程功能和课程结构框架是课程模式的主体内容，课程实施是课程模式的必要落实，课程管理与评价是课程模式的基本保障。建构学校独特的课程模式，是由学校内涵提升与特色发展的要求所决定的。学校课程变革要运用系统思维把自己的经验模型化，形成自己独特的课程模式。一所学校构建了自己的课程模式，并有逻辑地推进课程变革，学校课程发展就会出现不一样的格局，学校发展就会呈现不一样的态势。在郑州金水，我们看到的结果是：课程改变，学校改变；课程灿烂，学校灿烂！

学校课程发展丛书是郑州市金水区教育体育局和郑州未来教育研究院以及全国品质课程联盟团队通力合作的成果，是"品质课程"区域探索与实践的又一个成功例证。

祝愿金水教育的明天更灿烂！

杨四耕
2019年7月5日于上海市教育科学研究院

目 录

前言　生命成长的本质是思想成长　/ 1

第一章　给予成长动力的数学　/ 1

　　数学教育在培养人的思维和创新能力方面具有不可替代的作用，能为学生未来生活、工作和学习奠定重要基础，为其成长提供重要源动力。数学课程能够在学生成长的关键时刻给予学生有益的力量、营养和动势，助力其发展之路走得坚实而长远。通过数学课程的学习，学生将逐步会"用数学的语言表达世界，用数学的眼光观察世界，用数学的思维思考世界"。

第一节　能动数学：给予每颗种子破土的力量　/ 2
　　　　学科课程哲学　让数学富有活跃感　/ 2
　　　　学科课程目标　用数学激活学生的心灵能量　/ 4
　　　　学科课程框架　建构能动的数学学习图景　/ 10
　　　　学科课程实施　让学生真正领略数学的魅力　/ 13

第二节　经纬数学：让数学成就世界的长远　/ 24
　　　　学科课程哲学　学习让生命呈现理性之成就　/ 24
　　　　学科课程目标　经纬成就数学学习的本真　/ 26
　　　　学科课程框架　让思维体操飞舞　/ 31
　　　　学科课程实施　与数学深度遇见　/ 33

1

第二章 赋予思维能量的平台 / 45

  培养抽象思维、推理能力和创新意识,是数学课程设计和实施的重要目标,更是时代赋予数学教育的使命。数学教学应注重学生数学思维的激发和拓展,抓住数学的本质,创设合适的问题情境,让师生共同经历"发现问题、提出问题、解决问题"的过程,激发思维碰撞,感悟数学思想,让思维在数学学习过程中不断得以升华,让每一个生命在智海中自由飞翔,让数学课程焕发新时代的魅力和力量。

第一节 智趣数学:让每一个生命在智海中自由飞翔 / 46
   学科课程哲学 智趣共生的能力成长 / 46
   学科课程目标 让数学扬起学生智慧的风帆 / 48
   学科课程框架 建构智趣数学学习图景 / 50
   学科课程实施 智慧中聪颖,快乐中成长 / 56

第二节 火花数学:让思维生长出绚丽的火焰 / 66
   学科课程哲学 促进学生思维生长的能量场 / 66
   学科课程目标 让学生思维火种生长绽放 / 68
   学科课程框架 建构思维生长的多维坐标系 / 72
   学科课程实施 助力生命成长 / 74

第三章　蓬发探究活力的数学　/ 83

数学是工具,亦是其他知识工具的泉源。这里将为学生展开一个丰富而炫目的世界,图形、数字、运算、关系……各种元素蓬发而出,多么的美妙与神奇,又是如此的震撼和愉悦。数学以丰富多样的内容和形式,鼓励学生独立思考、自主探究。从学生实际出发,引导学生认真观察、思考推理、交流反思,使学生获得多元的数学知识与技能,形成多维度的思维方式和能力。蓬发探究活力的数学,让学生与科学家一起寻觅世界的秘密,在变化中探寻真理。

第一节　万象数学:让学生走近数学世界的内心　/ 84
　　　　学科课程哲学　生命与数学世界连通　/ 84
　　　　学科课程目标　用数学打开学生的缤纷世界　/ 86
　　　　学科课程框架　建构万象数学的学习通道　/ 89
　　　　学科课程实施　真实体验数学的包罗万象　/ 92

第二节　缤纷数学:绽放"理"花的芬芳　/ 102
　　　　学科课程哲学　让数学学习精彩纷呈　/ 102
　　　　学科课程目标　用数学焕发思维光芒　/ 104
　　　　学科课程框架　建构品质数学景象　/ 108
　　　　学科课程实施　充分体验数学的鲜活　/ 110

第三节　立体数学:探寻神奇的数学世界　/ 118
　　　　学科课程哲学　让生命获得多维数学　/ 118
　　　　学科课程目标　用数学的思维方式认识世界　/ 120
　　　　学科课程框架　建构立体的数学学习图景　/ 124
　　　　学科课程实施　让学生习得立体的数学　/ 126

第四章　焕发理性之光的智行　/ 133

　　数学享有"锻炼思维体操、启迪智慧钥匙"的美誉。慧，即聪明、有才智。慧数学，是开启智慧、激发灵性的数学，是注重学生个性发展的数学，是促进学生情智共生的数学。它将学生放在教育的中央，打开视野、拓宽思路、丰富学习体验，将数学学科思想和精神衍生，与课程完美融合，注重培养学生的数学思维能力，解决问题能力，使学生在发现中增加智慧，在思考中丰盈智慧，在探索和创新中超越智慧。

第一节　启慧数学：让智慧远航　/ 134
　　　学科课程哲学　让数学助引智慧的风帆　/ 134
　　　学科课程目标　点燃智慧的心灯　/ 136
　　　学科课程框架　让学习成为智慧的乐园　/ 140
　　　学科课程实施　让智慧的风帆启航　/ 142

第二节　慧美数学：在前行中慧智尽美　/ 151
　　　学科课程哲学　让学生具有智慧生长力　/ 151
　　　学科课程目标　引领学生实现慧美愿景　/ 153
　　　学科课程框架　建构丰盈多彩的数学学习境际　/ 158
　　　学科课程实施　感悟数学的智慧之美　/ 160

第三节　灵慧数学：开启生命智慧　/ 171
　　　学科课程哲学　让少年具有智慧的灵气　/ 171
　　　学科课程目标　润养灵慧少年　/ 172
　　　学科课程框架　组建灵慧数学学习蓝图　/ 176
　　　学科课程实施　多元舞台促生命成长　/ 179

第五章　领悟学用交融的力量　/ 187

数学课程的学习，不仅赋予学生知识和思维的力量，更赠予学生合作、互助的能力，在合作探究的过程中赋能大脑、学用交融，在分享交流的碰撞中追寻数学的本质，繁中求简、返璞归真。教学过程中坚定以"学"为本，坚持以"思"为先，坚守以"用"为标，使学生在"乐思启智"的奇妙之旅中，体会数学的奥秘，让智慧和力量在数学学习过程中自然融合，学生与数学共执前行，踏入精彩的未来。

第一节　智慧数学：在思维的风帆中实践前行　/ 188
　　　　学科课程哲学　在学思用中走出智慧的第一步　/ 188
　　　　学科课程目标　使数学成为智慧形成的源泉　/ 190
　　　　学科课程框架　构建多彩丰富的智慧课程　/ 193
　　　　学科课程实施　行进在智慧快乐的旅途中　/ 195

第二节　智味数学：开启乐思启智的奇妙之旅　/ 203
　　　　学科课程哲学　让生命体会数学智慧的味道　/ 203
　　　　学科课程目标　助力学生智味成长　/ 204
　　　　学科课程框架　开启数学学习盛景　/ 208
　　　　学科课程实施　智味中涵养思维品质　/ 210

第六章　感悟开放世界的绚丽　/ 221

　　"就数学本身而言,是壮丽多彩、千姿百态、引人入胜的……"当然,数学也是讲道理的学科,引导学生理清蕴含在数学中的因果、逻辑、规律,培养学生言之有理、落笔有据、推演有法;促使学生在情境中体验、在思考中体悟、在表达中提炼,进而在数学智慧的生长中感悟数学的统一美、协调美、抽象美;让每一个学生如美丽的花朵"勤于学、善于思、敏于行",在数学领域中渐进、纳新、吐蕾、绽放。

第一节　智趣数学:散发理智思维之光　/ 222
　　　　学科课程哲学　让生命具有理性的智慧　/ 222
　　　　学科课程目标　用数学点燃学习情感的火花　/ 223
　　　　学科课程框架　构建智趣交融的数学学习蓝图　/ 229
　　　　学科课程实施　促进理智思维的发展　/ 232

第二节　智美数学:在智慧生长中感悟数学之美　/ 239
　　　　学科课程哲学　让生命成为智慧与美的契机　/ 239
　　　　学科课程目标　用智慧点亮美丽人生　/ 240
　　　　学科课程框架　建构生活数学的大课堂　/ 244
　　　　学科课程实施　遇见最美自己　/ 246

第七章　融于创新发展的空间　/ 251

　　数学教育拥有时代赋予的培养学生创新意识和能力的重要责任。发现问题、提出问题为创新能力的培养奠定基础，独立思考是拥有创新能力的核心，观察、猜想、归纳、概括并加以验证是掌握创新的方法。数学，让学生经历发现和解决问题的过程，发展数学思维，积累活动经验；数学，让学生与探究相知，探中得能力，探中促提高；数学，让学生与创新相遇，体验智慧生命的灵动，在创新与探究中体验数学的奥秘。

第一节　创探数学：在创新与探究中体验数学的奥妙　/ 252
　　　　学科课程哲学　创生动力，探得能力　/ 252
　　　　学科课程目标　让创新萌芽，让探索健步　/ 253
　　　　学科课程框架　搭建学生探索数学的阶梯　/ 260
　　　　学科课程实施　步入多彩奥妙的数学乐园　/ 262
第二节　灵动数学：引领学生与数学美好相遇　/ 272
　　　　学科课程哲学　触动学生数学学习灵性　/ 272
　　　　学科课程目标　用数学打造学生灵智的思维　/ 273
　　　　学科课程框架　建构灵动的数学学习乐园　/ 275
　　　　学科课程实施　走进美妙的数学之旅　/ 278

后记　/ 289

前言

生命成长的本质是思想成长

《义务教育数学课程标准（2011年版）》（后面皆简称《数学课标（2011年版）》）指出："数学是研究数量关系和空间形式的科学……数学作为对于客观现象概括而逐渐形成的科学语言与工具，不仅是自然科学和技术科学的基础，而且在人文科学与社会科学中发挥着越来越大的作用……数学素养是每一个公民应该具备的基本素养。"数学教学是数学课程的具体落实，应着眼于长远，注重学科教学的内涵，为一个人未来的思维能力、适应社会生活和进一步发展所必需的数学素养承担责任。基于此，编委会提出"重视数学教学之内涵，彰显学生素养之发展"的观点。

数学教学是为了达成课程目标而展开的师生活动，应着重于启发学生的思维，激发学生的兴趣，注重教师及学生积极参与和共同发展，在这个过程中体现师生之间生动活泼的交流沟通和思维碰撞。学生的数学学习，应当是基于真实的问题情境而展开的主动的、富有个性的建构过程，在这个过程中经历思考、分析、推理、验证的思维活动，提升思维品质，积累活动经验，发展数学素养。

为了更好地通过数学学习发展学生素养，项目学校教师在教学实践中做了很多尝试和探索。如，探索发展学生数学素养的课堂教学模式，即通过创设真实、适切的问题情境，引导学生在独立思考、合作交流的过程中经历知识的形成过程，掌握基础知识与技能的同时感悟数学思想、发展数学素养。评价引领教学，评价时尝试以发展素养为设计与实施的出发点，努力把数学知识技能与数学核心素养融为一体，把数学知识与实际生活中的问题进行整合，设计开放性、多样化的活动评价学生的学科素养。再如，构建学科课程群建设方案，使学校数学学科课程结构化、统整化，使原有的课程实现从"点状——线状——巢状"的华丽蜕变；在夯实基础课程的前提下，开发拓展课程以满足学生个性化、多样化的成长需求。经过多次的实践与探索，我们发现：一个学校学科课程实施的效果，更多地取决于学科课程的顶层架构。基于此，我们走上了学校学科课程的建设之路。

学校学科课程建设的目的是保障每一个学生获得更优质的学习权利，保障每一个教师在课程的滋养下不断的成长和发展权利。著名教育家叶圣陶先生说："受教育的人的确跟种子一样，给他们充分的合适的条件，他们就能成为有用之才。所谓办教育，最主要的就是给受教育者提供充分的合适条件。"因此，我们在本项目推进中致力于学校数学课程结构化、品质化、精细化建设，让数学课程从顶层设计到具体实施更加系统、规范和科学，为数学学习创造更合适的条件，搭建更广阔的平台，力求学生在数学的世界里尽情地徜徉和遨游。

首先需要明晰：什么是课程？狭义的课程是指某一门学科；广义的课程是指学校为实现培养目标而选择的教育内容及其进程的总和，它包括学校老师所教授的各门学科和有目的有计划的教育活动。在重视学生核心素养发展的时代背景下，广义的课程进入人们的视野，课程不仅仅是依据教材进行的独立课程，还包括学生在学习过程中的一切相关内容。换言之，数学课程无时、无刻、无处不在。优质的课程，需要具备逻辑感、统整感，需要符合社会对人类的需求，满足国家对人才培养的要求，关注学生个性化发展的学习需求。以发展素养为本的课程要把学生放在教育教学的中央，学生具备的除了教材里的知识技能，还有超越教材的能力和素养。因此，学科课程建设的逻辑应与学生身心发展的规律、学生成长的需求趋向一致，应深刻承载学科本质、丰富课程实践，与时代发展的脉动共振。

项目组在进行数学学科课程建设的时候，中国学生发展核心素养的内容和结构已经形成，普通高中数学学科的核心素养结构已经确定，这为义务教育阶段数学课程实施和落实提供了依据和参照。各项目学校基于原有的数学课程基础，连接大量与实际生活、社会经验、数学文化相关的内容，将学生置于真实的问题情境中去探索，发现数学学科知识技能的真正价值。基于此，学校开发了一系列符合校情、学情的校本课程，形成了学校的课程设置。在此基础上，各校遵循以学生发展为本和凸显校本特色的原则，依据学生身心发展规律，将课程按照不同年级、学期进行编排。课程保持由简至繁的整体连贯，关注学生的真切体验，使学生的思维在不断的探索和碰撞中得以深化和升华，并保持课程的系统与连贯。

学校的数学学科课程建设方案是按照设计者的理念和想法制定的,可能较为理想。而课程最终的实施效果,则取决于学生的数学素养能否得以发展。为了合理、恰当地评价课程实施的情况、检测学生在课程学习中的表现,参与项目的每个学校都设计了适切的评价内容、评价要求和评价标准,对本校的数学学科课程实施保驾护航。需要说明的是,评价标准并非一成不变,这是最需要在实践中不断改进甚至重构的部分。项目学校将在课程的实施中依据学生学习的反馈不断完善课程评价,系统地、高效地、有逻辑地推进学校课程深度发展。

项目组希望学校数学课程能够夯实学生基础知识和技能,拓宽学生视野,将学生的思维推向深处,使学生的数学素养不断发展,项目学校为此孜孜以求。本书中呈现的16篇数学学科课程建设方案就是在这样的认识和思考基础上逐步完成的,各校依据对数学学科性质的理解,结合本校师生的实际情况、学校的育人目标提出校本化的学科理念;以学科理念为统领,深入研读《数学课程标准(2011年版)》,解读教材,设置课程总目标和年级目标;以发展学生数学素养为切入点,以总目标为落脚点,架构学校的课程结构,计划和设置课程实施与评价,确保课程建设一以贯之、顺利实施。从课程建设情况来看,学校历经"心中有梦——山重水复——柳暗花明——初见曙光——知难而上——豁然开朗"这一步履蹒跚的过程,终究迎来了希望的曙光,终获成果。正如参与课程建设的一位老师所说:"经过此次课程改革,我们把原来处于拼盘式、碎片化的课程上升为系统化、网状式的数学课程,也转变了自己的教育教学理念,更关注学生核心素养的培养和发展,总期待着让学习在学生身上真正发生。"

一个人的生命成长,其本质是思想成长。一门课程的成长,其实质是师生素养的共同发展。金水区16所学校数学学科课程建设的初步架构,成为探寻学生素养提升之路上的关键一步。深凿顶层设计,有时举步维艰,但前行的路上始终有源源不断的灯光在时刻指引前进的方向,无论这些光亮是源于专家还是我们老师自己,可以确定的是,曙光已现。我们也认识到,课程建设不会一蹴而就,它需要一个长期不断积淀内化的过程;课程的实践也不能仅仅是纸上谈兵的部署,它需要每一位一线教师但行前路,无问西东。

编委会

2019年3月30日

第一章

给予成长动力的数学

　　数学教育在培养人的思维和创新能力方面具有不可替代的作用,能为学生未来生活、工作和学习奠定重要基础,为其成长提供重要源动力。数学课程能够在学生成长的关键时刻给予学生有益的力量、营养和动势,助力其发展之路走得坚实而长远。通过数学课程的学习,学生将逐步会"用数学的语言表达世界,用数学的眼光观察世界,用数学的思维思考世界"。

第一节 ▎ 能动数学：给予每颗种子破土的力量

郑州市金水区优胜路小学1950年建校，是一所历史悠久、底蕴深厚的学校。学校共有25位优秀的数学教师，其中2位河南省骨干教师、1位郑州市骨干教师、3位金水区骨干教师，分别占数学教师总人数的8%、4%、12%。近年来，在老师们执教的优质课中，有2节荣获国家级奖项、11节荣获省级奖项、16节荣获市级奖项，多项课题研究荣获省市级成果奖，这些成绩无不体现着优胜数学团队强大的实力。

优胜学子思维活跃、勇于探索、善于表达，优胜教师爱生乐教、勤于研究、敢于创新，师生们优秀的学习品质和工作风格为我们数学课程开发提供了有力的保障。追根溯源，我们认为"能动数学"让数学学用交融，是我校数学学科的核心精神，也是我校数学学科的共同学科追求。

学科课程哲学　让数学富有活跃感

一、学科性质

《义务教育数学课程标准（2011年版）》（后面皆简称《数学课标（2011年版）》）指出："数学是研究数量关系和空间形式的科学。数学与人类发展和社会进步息息相关，随着现代信息技术的飞速发展，数学更加广泛应用于社会生产和日常生活的各个方面。数学作为对于客观现象抽象概括而逐渐形成的科学语言与工具，不仅是自然科学和技术科学的基础，而且在人文科学与社会科学中发挥着越来越大的作用。特别是20世纪中叶以来，数学与计算机技术的结合在许多方面直接为社会创造价值，推动着社会生产力的发展……数学课程是培养公民素质的基础课程，具有基础性、普及性和发展性。数学课程能使学生掌握必备的基础知识和基本技能，培养学生的抽象思维和推理能力，培养学生的创新意识和实践能力，促进学生在情感、态度与价值观等方面的发展。义务教育的数学课程能为学生未来生活、工作和学习奠定重要的基础。"①

结合《数学课标(2011年版)》中指出的"培养学生的创新意识和实践能力"②,以及学生爱思考、敢表达、乐探究的特点,我们希望有着高起点、高平台的优胜学子能够学用交融、学思共生。因此,将数学学科课程理念定位为"能动数学",聚焦现实世界,着眼未来发展,提升思维品质,增强实践能力。

二、学科课程理念

《史记》中记载:"寡人已知将军能用兵矣。"这里的"能"是善于的意思。柳宗元曾说:"募有能捕之者。"这里的"能"是才能、能力。我们则认为,能是一种客观存在的、万物都需要并能相互转化的能量。我们希望学生善于把所学到的知识技能,内化为成长需要的多种能量,灵活运用、融会贯通,提高思考、实践、创新的能力。

"能动数学"是"赋能"的数学,在实施"四基""四能"基础类课程的基础上,培养学生动手操作、合作探究的能力,提升学生的数学思维品质与关键能力。"能动数学"是"灵动"的数学,学生自觉地将自己的所思、所感、所悟灵活地运用到现实生活中,发展应用意识,提高应用能力。

(一)"能动数学":勤乐思

孔子说:"学而不思则罔,思而不学则殆。"很显然,"勤于思考的人才是力量无边的人。思考能力是最核心、最根本的学习能力,学生只有通过思考才能把外在的知识转化为内在的知识。这样的学习才是有意义的、有价值的学习。"③"能动数学"将始终把培养学生的思考能力放在首位,让学生乐于经历阅读、分析、判断、推理等数学学习历程,在思辨中让思维得到发展与提升。

(二)"能动数学":促善言

余文森教授认为"表达首先意味着学生要有自己的想法、观点或思想、感情;其次意味着学生能够比较准确、清晰地用自己的语言将其表示出来;再次意味着有人倾听并进

---

① 中华人民共和国教育部.义务教育数学课程标准(2011版)[S].北京:北京师范大学出版社,2012:1—2.
② 中华人民共和国教育部.义务教育数学课程标准(2011版)[S].北京:北京师范大学出版社,2012:1.
③ 余文森.核心素养导向的课堂教学[M].上海:上海教育出版社,2017:20.

行互动和反馈。"①在"能动数学"的实施过程中,我们致力于培养学生用准确、清晰、有条理的语言进行数学表达的能力,呈现解决问题的策略与思路,感悟数学语言的魅力。

(三)"能动数学":重笃行

"笃行"在词典中解释为:学的最后阶段,就是既然学有所得,就要努力践履所学,使所学最终有所落实,做到"知行合一"。这也是我们一直在追求的应用意识和学用交融的境界。"能动数学"注重培养学生将学习所得融合、内化、迁移的能力,自如地运用到现实生活中,享受应用数学的价值。

总之,"能动数学"课程致力于追求赋能、灵动的学习境界,通过勤乐思、促善言、重笃行的学习过程,促进学生学科素养的发展,达到学用交融的目的。

学科课程目标　用数学激活学生的心灵能量

《数学课标(2011年版)》指出的课程目标是:"通过义务教育阶段的数学学习,学生能获得适应社会生活和进一步发展所必需的数学的基础知识、基本技能、基本思想、基本活动经验;体会数学知识之间、数学与其他学科之间、数学与生活之间的联系,运用数学的思维方式进行思考,增强发现和提出问题的能力、分析和解决问题的能力;了解数学的价值,提高学习数学的兴趣,增强学好数学的信心,养成良好的学习习惯,具有初步的创新意识和科学态度。"②基于数学学科核心素养的内涵,根据"能动数学"提倡的"学用交融"课程理念,设置数学学科课程目标,我们力求用数学激活学生的心灵能量。

一、学科课程总体目标

依据课程标准提出的"数学课程应该致力于现实义务教育阶段的培养目标,要面

---

① 余文森. 核心素养导向的课堂教学[M]. 上海:上海教育出版社,2017:21.
② 中华人民共和国教育部. 义务教育数学课程标准(2011版)[S]. 北京:北京师范大学出版社,2012:8.

向全体学生,适应学生个性发展的需要,使得人人都能获得良好的数学教育,不同的人在数学上得到不同的发展"①,我们将"能动数学"课程总体目标分为知识技能目标、数学思考目标、问题解决目标、情感态度目标四个维度。

(一) 知识技能目标

经历数与代数的抽象、运算与建模等过程,掌握数与代数的基础知识和基本技能;经历图形的抽象、分类、性质探讨、运动、位置确定等过程,掌握图形与几何的基础知识和基本技能;经历在实际问题中收集和处理数据、利用数据分析问题获取信息的过程,掌握统计与概率的基础知识和基本技能;参与综合实践活动,积累综合运用数学知识、技能和方法等解决简单问题的数学活动经验。

(二) 数学思考目标

建立数感、符号意识和空间观念,初步形成几何直观和续表运算能力,发展形象思维与抽象思维;体会统计方法的意义,发展数据分析观念,感受随机现象;在参与观察、实验、猜想、证明、综合实践等数学活动中,发展合情推理和演绎推理能力,清晰地表达自己的想法;学会独立思考,体会数学的基本思想和思维方式。

(三) 问题解决目标

初步学会从数学的角度发现问题和提出问题,综合运用数学知识解决简单的实际问题,增强应用意识,提高实践能力;获得分析问题和解决问题的一些基本方法,体验解决问题方法的多样性,发展创新意识;学会与他人合作交流;初步形成评价与反思的意识。

(四) 情感态度目标

积极参与数学活动,对数学有好奇心和求知欲;在数学学习过程中,体验获得成功的乐趣,锻炼克服困难的意志,建立自信心;体会数学的特点,了解数学的价值;养成认真勤奋、独立思考、合作交流、反思质疑等学习习惯;形成坚持真理、修正错误、严谨求实的科学态度。②

---

① 中华人民共和国教育部. 义务教育数学课程标准(2011版)[S]. 北京:北京师范大学出版社,2012:2.
② 中华人民共和国教育部. 义务教育数学课程标准(2011版)[S]. 北京:北京师范大学出版社,2012:8—9.

二、学科课程年级目标

依据数学课程总目标,我们厘定了六年的课程目标(见表1-1-1)。

表1-1-1　优胜路小学"能动数学"课程年级目标

年级 \ 目标	知识技能	数学思考	问题解决	情感态度
一年级	1. 经历从日常生活中抽象出数的过程,理解100以内数的意义。 2. 能用数表示物体的个数或事物的顺序。 3. 在理解数的基础上能运用一一对应等活动比较物体数量的多少,并引导学生学会用抽象的数字、符号表示具体数量的大小关系。 4. 借助具体的生活情境学会加减法计算,体会加减法运算的意义,培养学生解决问题的策略和能力。 5. 在经历观察、想象和交流的操作活动中,积累认识立体图形和平面图形的活动经验,初步建立空间观念。感受图形与日常生活的密切联系,激发学习图形的兴趣。 6. 在动手操作的活动中能运用分类的方法解决生活中相关的实际问题。 7. 通过拼、补、移、做等活动,培养学生的动手能力和想象能力。 8. 经历简单的数据收集、整理、分析的过程,了解简单的数据处理方法。	1. 初步学会从数学思维的角度观察事物的方法,如:比较简单的长度、大小、轻重等活动。 2. 在具体的生活情境中,经历认识钟表的过程,结合日常作息时间,学会合理安排时间,养成良好的珍惜时间的好习惯。 3. 结合生活实际感受简单的收集、整理信息的过程,具有对简单事物和简单信息筛选、比较、分类的意识,渗透简单的统计思想。 4. 在观察、猜测、验证等活动中发展学生有序思考、质疑的能力及语言表达的完整性。	1. 培养学生积极参与数学学习活动,能从生活中发现并提出数学问题,提升解决数学问题的能力,从而达到学以致用。 2. 能够根据不同的标准对事物或数据进行分类,感受分类生活的密切联系。 3. 能对简单的几何图形进行简单的分类,并能联系情境描述一些物体的相对位置。	1. 愿意了解生活中与数学相关的信息,积极主动参与数学学习活动。 2. 能在老师和同学的鼓励、帮助下,克服在数学活动中遇到的某些困难,获得成功的感受。 3. 在运用数学知识和方法解决问题的过程中,初步养成乐于思考、勇于质疑等良好品质。

(续表)

目标\年级	知识技能	数学思考	问题解决	情感态度
二年级	1. 联系生活实际认识万以内的数,理解数的实际含义;能准确进行运算;借助四则运算游戏比赛,增强计算能力。 2. 通过观察、操作等数学活动,认识简单的平面图形,感受平移、旋转、轴对称现象;认识物体的相对位置;掌握初步的测量、识图、画图的技能,发展空间观念。 3. 经历简单的数据收集和整理过程,了解调查的基本方法,能看懂他人对调查数据及结果的记录,会运用自己的方式呈现整理数据的结果。	1. 体会数学与生活的联系,体会加、减、乘、除法运算的意义。 2. 在对运算结果进行估计的过程中发展数感。 3. 经历从实际物体中抽象出角、正方形、长方形和平行四边形的过程,初步发展空间观念,体会研究图形方法的多样性。 4. 在解决问题的过程中,体会调查和收集整理数据的必要性。能对调查过程中获得的简单数据进行归类,体验数据中蕴涵的信息。	1. 能从地铁达人、花样测量等实践活动中发现和提出简单的数学问题并尝试解决。 2. 通过班级小管家、小小导购员等活动让学生能在生活中解决统计与概率相关的问题。 3. 了解分析问题和解决问题的方法,知道一个问题可以有不同的解决方法。 4. 体验与他人合作交流解决问题的过程,尝试回顾解决问题的过程。	1. 通过跳方格、奇妙的24点等游戏感受计算的乐趣,增强学生的计算兴趣。 2. 用正方形、长方形、平行四边形等图形设计简单的图案,发展初步的审美意识。 3. 通过交流养成接纳、鉴赏他人意见的良好习惯,在表达自己意见的过程中增强自信心和创造力以及对数据调查的兴趣。 4. 能倾听别人的意见,尝试对别人的想法提出建议,知道应该尊重客观事实。
三年级	1. 经历从日常生活中抽象数的过程,初步认识分数和小数;会比较数的大小,并进行简单的计算。 2. 在解决现实问题的过程中,经历抽象出混合算式的过程,理解混合运算的意义和运算顺序,能准确进行运算,体会混合运算与生活的密切联系。 3. 结合具体情景认识质量单位千克、克、吨;认识年、月、日,了解它们之间的关系;认识24时法,并能计算简单的经过时间。 4. 能结合具体的情境	1. 能结合具体情境进行估算,进一步发展估算的意识和能力,并发展数感。 2. 经历分析轴对称图形特征和观察物体平移、旋转运动的过程,发展空间想象能力。 3. 经历简单的数据收集,整理和分析的过程,了解简单的数据处理方法,体验数据中蕴涵的信息。 4. 经历对生活中的某些现象进行推理判断的过程,能够对这些现象进行合理的分析。	1. 经历麦田里的数学等系列实践活动,学会运用所学的知识、思想和方法解决实际问题,感受数学在生活中的作用。 2. 了解分析问题和解决问题的一些基本方法,知道同一个问题可以有不同的解决方法。 3. 尝试回顾解决问题的过程。 4. 能对数据进行简单分析,了解简单的数据处理方法,解决简单的实际问题。	1. 通过探索时间的规律、文化等活动,充分感受到合理安排时间和惜时守信的重要性。养成热爱生命,珍惜时间的好习惯。 2. 在与同伴的合作学习下,感受数学活动中的成功,能尝试克服困难。 3. 在剪纸等实践操作活动中,激发数学的兴趣和好奇心。 4. 在整理数据的过程中,初步养成认真、仔细的良好习惯。 5. 在实践操作、讨论交流等活动中积

（续表）

目标\年级	知识技能	数学思考	问题解决	情感态度
	进行估算,进一步发展估算的意识和能力。 5. 通过观察操作,初步认识轴对称图形。结合实例感受平移、旋转现象,能辨认简单图形平移后的图形,并运用它们设计简单的图案。 6. 结合具体实物或图形,通过观察、操作、比较、归纳等学习活动认识周长和面积,理解周长和面积的实际含义,初步建立周长和面积的概念。 7. 经历简单的数据收集、整理和分析的过程,了解简单的数据处理方法,能用自己的方式呈现整理数据的结果。	能独立思考,会用语言清晰地表达自己的想法。 5. 经历分析轴对称图形特征和观察物体平移、旋转运动的过程,发展空间想象能力。		累活动经验,初步养成独立思考、勇于探索的习惯。
四年级	1. 经历收集日常生活中常见大数的过程,认识亿以内的数;理解小数的实际意义;了解负数的意义;掌握必要的运算技能;理解估算的意义;能用方程表示简单的数量关系,能解简单的方程。 2. 探索线与角的形状、大小、位置关系,了解三角形和四边形的基本特征;了解确定位置的一些基本方法;掌握识图和画图的基本方法。 3. 经历数据的收集、整理和分析的过程,掌握一些简单的数据	1. 初步形成数感和空间观念,感受符号和几何直观的作用。 2. 通过实例感受简单的随机现象,知道事件发生的可能性有大有小,并对可能性大小作出定性描述。 3. 在观察、实验、猜想、验证等活动中,发展合情推理能力,能进行有条理的思考,能比较清楚地表达自己的思考过程与结果。 4. 会独立思考,体会一些数学的基本思想。	1. 借助奥运中的数学、电影票里的学问等具体情境,尝试从中发现并提出简单的数学问题,并运用知识加以解决。感受数学在生活中的应用,发展应用意识。 2. 能探索分析和解决简单问题的有效方法,了解解决问题方法的多样性。 3. 经历与他人合作交流解决问题的过程,初步尝试解释自己的思考过程。	1. 借助大数据以及计算器的使用、算盘文化等,了解社会生活中与数学相关的信息,主动参与数学学习活动。 2. 在他人的鼓励和引导下,体验克服困难、解决问题的过程,相信自己能够学好数学。 3. 初步养成乐于思考、勇于质疑、言必有据的良好品质。

(续表)

目标\年级	知识技能	数学思考	问题解决	情感态度
	处理技能;体验随机事件和事件发生的可能性。 4. 能借助计算器解决简单的应用问题。		4. 能回顾解决问题的过程,初步判断结果的合理性。	
五年级	1. 经历探索数的有关特征的活动,认识自然数和整数、奇数和偶数、质数和合数、倍数和因数;根据解决问题的需要,收集有用的信息,进行归纳、类比与猜测,发展初步的合情推理能力。 2. 探索长方体、正方体立体图形的形状、大小和位置关系,深入认识并掌握长方体的基本特征;结合具体情境,探索平面图形面积公式的推导过程,以及测量立体图形的各部分数据,计算长方体的棱长、表面积及体积,发展学生的空间观念。 3. 经历数据收集、整理和分析的过程,体会统计的作用,发展统计观念;通过实例,了解扇形统计图的特点与作用;能根据需要,选择合适的统计图,直观、有效地表示数据。	1. 进一步认识到数据中蕴含着信息,发展数据分析观念;通过实例感受简单的随机现象。 2. 在操作活动的过程中,能用分数表示可能性的大小,能对一些简单的随机现象发生的可能性大小作出定性描述。	1. 利用数形结合的数学思想,表示因数与倍数的关系;能合理的借助几何直观正确表达分数应用题中的相关数量关系,将复杂抽象的问题用清晰直观的图例来表达,并尝试解决抽象的数学问题。 2. 经历实际生活中的调查、数据分析,选择适合自己的消费方式的过程,探索分析和解决简单问题的有效方法,了解解决问题方法的多样性。 3. 经历与他人合作交流解决问题的过程,尝试解释自己的思考过程。	1. 通过探究数字的相关现象,培养对数学的兴趣,能够主动参与数学学习活动。 2. 深入解读"鸡兔同笼"的数学文化,感受祖先的聪明才智,增强学好数学的自信心,初步养成乐于思考、勇于质疑、言必有据等良好品质。 3. 在运用数学知识和方法解决问题的过程中,认识数学的价值。
六年级	1. 结合具体情境,理解小数和分数的意义,理解百分数的意义;会进行小数、分数和百分数的转化。 2. 认识中括号,能进行	1. 在观察、猜想、综合实践等学习活动中,培养学生有序思考的思维品质,发展合情推理能力,能比较清楚	1. 经历简单的收集、整理和分析数据的过程,能解释统计结果,根据统计结果做出简单的判断和预测。通	1. 愿意了解社会生活中与数学相关的信息,主动参与数学学习活动。 2. 了解圆的相关信息,感受圆在生活

9

(续表)

目标 年级	知识技能	数学思考	问题解决	情感态度
	简单的整数、小数、分数、百分数四则混合运算。 3. 探索并了解运算律，会运用运算率进行简便计算。 4. 能选择合适的方法进行估算。能解决简单的实际问题，探索简单的规律。探索图形的形状、大小和位置关系，了解一些几何体和平面图形的基本特征；体验简单图形的运动过程，能在方格纸上画出简单图形运动后的图形，了解确定物体位置的一些基本方法；掌握测量、识图和画图的基本方法，能从平移、旋转和轴对称的角度欣赏生活中的图案，并运用它们在方格纸上设计简单的图案。 5. 认识复式折线统计图，能解释统计结果，根据结果作出简单的判断和预测，并进行交流。	的表达自己的思考过程与结果。 2. 初步形成数感和空间观念，感受符号和几何直观的作用。 3. 会独立思考，体会一些数学的基本思想。	过尝试理财、绘制学校平面图等实践活动，了解相关项目及信息，经历分析、对比、合理判断的过程，发展学生的应用意识。 2. 能探索分析和解决简单问题的有效方法，了解解决问题方法的多样性。 3. 通过应用和反思，回顾解决问题的过程，进一步理解所学的知识和方法，了解知识之间的联系。	中的广泛应用，逐步形成坚持真理、严谨求实的科学态度。 3. 经历有目的、有设计、有步骤、有合作的实践活动。通过应用和反思，进一步理解所用的知识和方法，了解所学知识之间的联系，获得数学活动经验。

学科课程框架　建构能动的数学学习图景

依据"能动数学"课程基本理念，在实施基础课程的同时，聚焦"能动数学"课程目标，开发、丰富数学学科拓展课程，构建相互补充、相互促进的课程体系，适应学生个性发展的需求。

一、学科课程结构

"能动数学"课程依据《数学课标(2011年版)》,秉承学科课程哲学,结合学生发展特点,建构能动的数学学习图景,将数学课程具体分为"计算之策"、"图形之幻"、"统计之美"、"实践之探"、"文化之润"五大类。"能动数学"课程结构见下图(图1-1-1)。

图1-1-1 "能动数学"课程结构示意图

(一)计算之策

通过开展有趣的计算、巧算活动,丰富解题策略,提高学生计算兴趣、计算能力,发展思维灵活性。开设的有"加减有理"、"乘胜追击"、"步步为赢"、"机关算尽"、"不在'画'下"、"心中有数"等课程。

(二)图形之幻

根据学生已有的生活经验和不同的认知规律,调动学生运用多种感官进行探究活动,经历剪、拼、画等动手操作活动,体会图形变化的神奇,进一步发展学生的空间观念。开设的有"巧思乐拼"、"边边角角"、"移步幻影"、"纵横交错"、"多维空间"、"形'影'不离"等课程。

（三）统计之美

依据《数学课标（2011年版）》中"统计与概率"领域内的阐述，我们注重发展学生根据标准对事物或数据进行分析，经历简单的数据收集及整理的过程，能用自己的方式呈现结果，并体会统计的价值，发展统计观念。开设的有"历历可数"、"调查高手"、"机智过人"、"剖玄析微"、"统统有数"、"统领天下"等课程。

（四）实践之探

实践活动有助于学生体验数学知识间的内在联系、数学与现实生活的内在联系。依托自主探究、小组合作等形式，为学生提供参与社会实践活动的平台，感悟数学与生活的联系，发展应用意识。开设的有"物聚群分"、"地铁达人"、"麦田数学"、"奥运学问"、"精打细算"、"我最有才"等课程。

（五）文化之润

经历搜集、阅读、交流有关数学历史与文化的过程，开拓学生视野，感受数学的奥妙和神奇。用博大精深的数学文化陶冶学生的心灵，提升学生的数学核心素养。开设的有"古人计数"、"花样测量"、"朝夕之间"、"大数时代"、"鸡兔同笼"、"'圆'远流长"等课程。

二、学科课程设置

"能动数学"以课程目标的达成和核心素养的落实为出发点，围绕"学用交融"的学科理念，除了基础课程之外，"能动数学"课程设置如下所示（见表1-1-2）。

表1-1-2 "能动数学"课程设置表

课程类别 年级		计算之策		图形之幻		统计之美		实践之探		文化之润	
	内容	课程名称	课程内容	课程名称	课程内容	课程名称	课程内容	课程名称	课程内容	课程名称	课程内容
一年级	上期	加减有理	快乐计算 玩转扑克	巧思乐拼	立体之美 世界之窗	历历可数	神奇的数 算式之谜	物聚群分	走进超市	古人计数	祖先识数
	下期		计算能手 数学迷宫		换位思考 魅力七巧板		快乐跳绳 数字奥秘		送书回家		数学之缘
二年级	上期	乘胜追击	跳方格 有趣的人民币	边边角角	美丽的图案	调查高手	班级小管家	地铁达人	我是购票员	花样测量	古人身上的尺子
	下期		24点游戏 除法大聚会		角的世界		小小采购员		我是工程师		画曲为直

(续表)

课程类别 年级	内容	计算之策 课程名称	课程内容	图形之幻 课程名称	课程内容	统计之美 课程名称	课程内容	实践之探 课程名称	课程内容	文化之润 课程名称	课程内容
三年级	上期	步步为赢	横式之谜	移步幻影	创意文化衫	机智过人	小小气象员	麦田数学	麦田与周长	朝夕之间	作息时间表
	下期		竖式之谜		画脸谱		小小裁判员		麦田与面积		巧安排
四年级	上期	机关算尽	巧用运算律	纵横交错	巧数图形	剖玄析微	幸运大转盘	奥运学问	电影票里的学问	大数时代	科学计数
	下期		寻根究底		巧算内角和		蒜苗节节高		奥运项目中的数学		算盘文化
五年级	上期	不在"画"下	图解因数	多维空间	面积变形师	统统有数	抽奖大转盘	精打细算	价格学问	鸡兔同笼	奇思妙解
	下期		图解分数画中有理		体积中的学问		我是数据分析师		促销策略		龟鹤原理
六年级	上期	心中有数	数字变形记	形"影"不离	图形变幻	统领天下	我是大侦探	我最有才	理财高手	"圆"远流长	"圆"来如此
	下期		计算变形记		炫彩设计		"图"劳有功		缩尺为寸		无处不在的圆

学科课程实施　让学生真正领略数学的魅力

"能动数学"课程依据学科课程理念、课程目标、课程设置,结合学校现状,师生特点,从五个方面设计"实施与评价",即"能动数学课堂"、"能动数学工作坊"、"能动数学节"、"能动数学之旅"、"能动数学社团",旨在践行"学用交融"的课程理念,让学生真正领略数学的魅力。

一、深耕"能动数学课堂",构建和谐氛围

"能动数学课堂"是智慧而有趣的学习过程,能够让我们不断追溯数学的本源。"能动数学课堂"设定多元的学习目标,选择丰富的学习内容,制定灵活的学习方法,使用睿智幽默的教学语言,彰显"能动数学"的智慧和趣味,构建和谐学习氛围,引导学生不断地发现问题,自然地深入思考,灵活地解决问题。因此,"多元"、"丰富"、"和谐"、

"趣味"、"灵活"就是"能动数学课堂"的关键词。

（一）"能动数学课堂"的要义与操作

"能动数学课堂"的学习目标是多元、清晰的,学习内容是丰富、鲜活的,学习方式是自主、融洽的,学习效果是学用结合、全面发展的。

1. "能动数学课堂"设定多元的课堂目标

课堂目标是教与学的核心与灵魂,是课堂中师生学习活动的方向标。课堂目标一旦确定,整个学习活动就要遵循它的轨道。多元的目标丰富而不杂乱,开放而不宽松,自主又有合作,充分体现了"能动数学课堂"的理念和时代性。

2. "能动数学课堂"设置丰富的学习内容

就数学学科本身的特点而言,如果学习内容过于刻板、枯燥,会降低学生的学习兴趣和效果。因此为学生提供大量丰富而有趣的综合性素材,创造更多自主学习的机会,显得尤为重要,这样使不同学习能力的学生都能在"能动数学课堂"上得到应有的发展。前期备课的时候,老师们就会根据整册教材的内容,确定符合学生年龄特征的拓展类学习内容,并与基础类课程进行融合,行之有效地穿插在课堂前5分钟或最后5分钟。

3. "能动数学课堂"体现和谐的课堂环节

在"能动数学课堂"上,发散的创新思维使课堂活泼生动,严谨的逻辑思维使学生的学习过程更缜密。在课堂学习过程中,有意识地逐步培养学生乐于思考、勇于质疑、思维缜密、言必有据的良好思维习惯,让学生在数学学习中体验思维的快乐。教学环节需要预设,但不能依赖预设。课堂上,老师和学生常常相互对话、相互启发。学生经常扮演教师的角色,把自己精心预习的内容讲给大家听,其他学生则提出质疑。学生在思辨、质疑互动中提升自己、获取新知。

4. "能动数学课堂"创设有趣的文化氛围

名师许淑一的慧语:"数学阅读从不同视角丰富学生对数学概念的理解,帮助学生认识数学价值,形成良好的数学情感。尤其是,不同的价值理念浸润文本,必然对学生的习惯养成、品格形成、价值观塑造带来影响。"把数学文化充盈在课堂之内,渗透于师生之间,点缀其中,就会活跃课堂的氛围,唤起学生无限的遐想,吸引学生自觉走进数学的王国。学期初,老师都会根据教材推荐适合的阅读书籍,课堂上给学生一两分钟展示与本节课学习内容相关的数学文化。

5. "能动数学课堂"呈现灵活的教学方法

"能动数学课堂"的教学方法,不拘一格,灵活多样。学生能够更好地走进数学文本,增强教与学的趣味性。我们开展了"我是好老师"、"小小辩论会"、"优计划"、"男女专享"、"组组大比拼"等多种教学活动。课堂上丰富的教学活动、多样的教学方法、巧妙的教学语言,彰显了教师在教学过程中的智慧与创新,凸显了学生学习过程中的探索性和自主性。

在"能动数学课堂"中,"能"不仅是对学生提出的各种能力的培养,还是学生在各种能力培养达成的过程中成功的体验;"动"不仅是学生学会了哪些知识与技能,更重要的是能把这些知识技能转化为自己内在的能量,并行之有效地运用在实际生活中。

(二)"能动数学课堂"的评价要求

多元化的评价途径更符合学生的成长特点,有利于学生的主动发展,增强学生的自信心,调动学生的热情,让学生发现自己的进步。同时,使教师更深入的理解"能动数学课堂"的理念,提升教师的专业素养,丰富教师的课堂经验,完善课堂的构成要素,实现教学相长。

根据课型的不同,"能动数学课堂"教学评价表设计如下(见表1-1-3)。

表1-1-3 "能动数学课堂"教学评价细则

授课教师		上课时间		班级		评课教师	
学科		课题					
类别	指标	优 100分—88分		良 87分—75分		合格 74分—60分	不合格 60分以下
课堂目标	多元 (25分)	1. 目标符合数学课程标准要求,符合数学生活实际。 2. 目标体现知识与技能、策略与方法的生成性,思维活动的激发与引导性,情感的生成与支持性,态度与价值观的形成性;三维目标和谐统一。 3. 以目标统领教学准备与教学实践。					
教学环节	和谐 (25分)	1. 教学环节和谐,组织协调顺畅,问题与探究时间充足,学生思维活跃清晰,教学活动自然流畅。 2. 活动与过程符合学生的认知规律和知识的形成规律,符合学生思维发展和成长追求。 3. 既关注学生新的学习与感悟,又关注学生的实践应用的习得与成长。 4. 层次清晰,符合和满足不同学生及各个阶段的进取和发展需要,有利于目标的达成。					

(续表)

类别	指标	优 100分—88分	良 87分—75分	合格 74分—60分	不合格 60分以下
教学 过程	趣味 (25分)	1. 情境有利于唤起学生的生活经验,有利于学生主动开展数学认知活动。 2. 提供丰富的生活资源,满足学生多样化学习、探究和思考的需求;教学手段符合教学实际和需求;有效利用课堂生成资源。 3. 科学恰当的组织学生开展独立探究、小组合作与交流等活动,组织得当,引导与指导到位。			
教学 方法	灵活 (25分)	1. 语言与肢体语言具有亲和力、感染力,思维清晰,语言精辟。 2. 教学设计与实践具有个性化。 3. 具有深厚的学术素养和数学文化底蕴,厚积而薄发。 4. 教学开放且调控得体、得力。			
综合评价					
本课精彩之处:			存在问题及建议:		

每次观课活动时,听课的老师都会认真的填写这张表格,把自己宝贵的经验和建议写在上面。上课的老师也会认真的研读,从中获得更大的灵感。

二、设立"能动数学工作坊",领略数学魅力

"能动数学工作坊"的成立,汇聚了老师和学生的智慧,是老师和学生共同成长的沃土。其旨在满足学生对数学奥秘的探索、思维能力的培养,让学生通过"工作坊"在数学素养上有更大的提高,共同领略数学的神奇与魅力。

(一)"能动数学工作坊"的要义与操作

"能动数学工作坊"是由骨干教师带头,引领年轻教师和学生中的数学爱好者形成的学习共同体。他们研发拓展课程内容,设置专题活动,进行数学专题研究,拟定实施计划,商讨评价方案,与学生代表对话,对"能动数学课程"建设起到了积极推动的作用。

1. 借助数学活动,选出工作坊成员

工作坊的老师都是各个年级的精英教师,在各种数学活动中,对学生进行观察、测试,在3—6年级中筛选出24名优秀学生,组成4个研究小组,每个小组由2名优秀教师带领。每周三下午进行数学研究活动。成员基本固定,没有特殊情况不会增减。

2. 自主选择，确立研究专题

首先，工作坊的成员要进行大量的数学阅读，对所学的数学知识掌握运用灵活自如。在数学的四个领域中，选择出不同的知识点作为研究的专题。专题研究是对于必修教学内容的延伸和提升，基本上每一个知识点都有延伸的空间。学生根据自己的兴趣爱好进行自主选择，让学生建立自信，并形成对数学积极的态度，达到事半功倍的效果。

3. 研究形式的多样化

"能动数学工作坊"丰富的专题内容拓宽了学生的知识面，让学生感受到了数学的深奥与神奇。在研究的过程中，工作坊的成员不但要大量阅读书籍，还要上网查找资料。有时，遇到棘手的问题，老师会通过各种渠道，与专家视频连线，解惑答疑。通过工作坊的带领和培养锻炼，有效提高了学生学习数学的兴趣，增强了勇于克服困难的信心。

(二)"能动数学工作坊"的评价标准

1. 评价目标

评价目标具体包括：大量阅读数学文化知识是否提升了数学素养；对课程设置是否有创新的想法；能否将自己的所思、所感、所悟灵活地运用到生活中，应用意识和应用能力是否得到增强。

2. 评价内容

过程性评价：所选专题的研究价值；专题研究过程的各项记录；照片、视频；体会、反思等；研究方法的多样化和有效性。

阶段性评价：资料及成果展示。

3. 评价方式

"能动数学工作坊"的评价有两个渠道：一是通过文化长廊的形式进行。文化长廊分4个区域，4个研究小组每完成一个研究专题，就会把相关的资料通过文化长廊展示出来，全校师生进行查阅。每个研究小组都有自己的名称、徽章、宣言以及小组章程。在宣言旁边设有"留言墙"，看过他们的专题研究成果之后，有什么想说的都可以通过"留言墙"来进行传递，认同支持的可以留下笑脸。展示一周以后，以笑脸的多少来决定排名。通过工作坊的带领和培养锻炼，有效地促进了学生的成长。二是通过专题报告的形式进行。专题研究结束后,在多功能大厅向老师和学生进行专题报告。报告的形式可以综合展示,静态和动态相结合。设置10个评委,由骨干教师及学生代表组成,评出一、二等奖。

三、依托"能动数学节",浓郁数学文化

"能动数学节"丰富了校园的数学文化,提高了学生的数学素养,营造出热爱数学、钻研数学的文化氛围。在节日的这一天,各年级的学生热情高涨地融入到数学的海洋中,最大限度地发挥自己的聪明才智,把严谨的数学知识变成了好玩儿的、有趣的各种活动。

(一)"能动数学节"的要义与操作

3月14日是"国际数学节",它是为纪念中国古代数学家祖冲之而设立,其实在网络上流传的与数字有关的节日很多,如5月20日、8月8日、11月11日等,是网友们在数字象形、谐音的基础上,赋予其特定意义的网络节日。数学节不但有其特殊的意义,也承载了许多数学文化。因此,我们也设立了"能动数学节",为学生提供展示自己智慧的平台,营造了浓厚的数学文化气息,提升了数学素养。数学节的内容不是固定不变的,教师可以根据实际情况,重新创设有意义的节日内容。教师先拟定出数学节的名称由来、知识内容、实施计划、评价方法等,再由课程委员会及学生代表进行评议。"能动数学节"实施过程要有仪式感,采用小组合作、家校联合的方式进行。"能动数学节"课程的具体内容如下(见表1-1-4)。

表1-1-4 "能动数学节"课程安排

时间	年级	节日	课程
12月12日	一年级	数数节	加减有理
11月11日	二年级	火柴节	乘胜追击
9月9日	三年级	西游节	麦田数学
5月25日	四年级	平方节	剖玄析微
1月31日	五年级	金字塔节	统统有数
3月14日	六年级	派节	"圆"远流长

我们设置了9月9日的"九九八十一难的西游节",每个年级的暑期作业中有一项

是收集整理出生活中你不明白的数学问题,个数不限,开学时提交给任课教师。由教师和学生代表共同筛选出 81 个有价值的问题,在 9 月 9 日西游节上布置展示。问题如:钟表上为何不是 24 个数字?商场的商品价格为何都不是整数呢?手机、电视为什么都是长方形?学生 4 人为一组,采用自由组合和教师协调相结合的原则。根据学生的个人特征,选出组织能力强的为唐僧,思维活跃的为悟空,善于交际的为八戒,勤劳苦干的为沙僧。师徒四人共同选出感兴趣的题目,上报教师备份。4 人合理分工,制定计划,商讨解决策略、适当求助等等,并做好记录,教师要积极参与活动过程,做好指导。81 天后,提交活动的结果,分年级进行评比。

(二)"能动数学节"的评价标准和方法

节日课程活动要规范化、科学化,构建适合学生年龄特征的评价体系,保证节日课程高效的开展,从而真正促进学生的发展。由主管领导、课程委员会的老师和学生代表组成评价小组,对各个活动小组进行评价。评价人员分为 3 人小组,含领导一人。首先是资料查阅,然后在节日当天进行现场参与,最后是学生座谈。"能动数学节日"评价标准如下(见表 1-1-5)。

表 1-1-5 "能动数学节"评价标准

小组人员		评价教师	
课题		班级	
项目	评 价 标 准	评 价	
活动内容 30 分	难易适度,符合学生的年龄特征		
	有趣味性,提高学生的兴趣		
	有神秘性,激发学生的好奇心		
	贴合生活实际,提高学生解决问题的实践能力		
活动形式 20 分	形式要生动活泼,把学生引入求知的活动中		
	班班结合,数学知识与社交能力共同增长		
	家校结合,多方面开发资源		
	参与到社会生活活动中,提升多方面能力		
活动过程 30 分	学生积极参与,主体作用发挥好		
	各种能力增长循序渐进		
	教师管理有方,学生活动有序		

(续表)

项目	评 价 标 准	评 价
活动效果 20 分	学生兴趣得到培养，个性特长得到发展	
	拓展了学生的思维空间，培养了学生的创新意识	
综合评价		
精彩之处：	问题及建议：	

四、开启"能动数学之旅"，丰富数学生活

数学源于生活，用于生活，生活处处有数学，数学蕴藏于生活中的每个角落。我们带领学生走出教室，走进生活，把所学知识运用到生活中去，提升数学应用能力。

（一）"能动数学之旅"的要义与操作

"能动数学之旅"是源于生活实践，又高于生活实践，并反过来作用于生活实践的一种研学之旅。它是机动多变的，参与的人员广泛，有教师、学生、家长还有部分社会人士。学以致用的不仅仅是数学能力，更多的是生活能力。

1. 观察生活，发现问题

生活是数学的宝库，生活中随处都可以找到数学的原型。发现问题是开启"能动数学之旅"大门的钥匙，引导学生联系生活学数学，习惯于用数学的眼光观察周围事物，处处留心发现数学问题，让学生对生活充满惊奇，就像一颗颗小石头，投在学生的心湖，激起学生的好奇心，激发学生的求知欲，提高学生的学习热情。每个学生都有一本"问题银行"，当在某时某刻突然发现身边有趣或不懂的事物时，就及时记录在"问题银行"，储存灵感。

2. 研究生活，思考问题

深入的思考问题是"能动数学之旅"通往成功的唯一道路，没有思考，就没有真正的数学学习。借助学生分享的"问题银行"，选择有研究价值的数学问题，分成小组，并引导学生主动地运用数学观点分析思考，通过观察比较、操作实验和感性化的情境辅助，帮助学生找到问题的原因，明白其中的道理，从而体验学习的快乐和数学的魅力。

3. 用于生活,解决问题

用于生活并独立解决自己遇到的实际问题是"能动数学之旅"最终的目的。通过引导学生把"储备"的知识进行吸收转化、实践应用,从数学中学到实际的生活能力,达到学以致用的教学目的。"能动数学之旅"课程如下(见表1-1-6)。

表1-1-6 "能动数学之旅"课程安排

时间	年级	课程	时间	年级	课程
9—12月	一年级	物聚群分	9—12月	四年级	奥运学问
3—6月	二年级	地铁达人	9—12月	五年级	精打细算
9—11月	三年级	麦田数学	3—6月	六年级	我最有才

(二)"能动数学之旅"的评价标准

在实际生活中,只有丰富学生的实践探究活动才能加深学生对数学知识的理解与应用。"能动数学之旅"的评价以激励为主,采用多种方式进行评价,如教师评价与学生的自评、互评相结合;小组的评价与组内个人的评价相结合;小组之间开展经验交流与成果展示等,激发学生对数学的学习热情。"能动数学之旅"评价标准如下(见表1-1-7)。

表1-1-7 "能动数学之旅"评价标准

评价项目	评 价 标 准	优秀	良好	合格
个人魅力	"问题银行"的存储量			
	有研究价值的问题个数			
	被选中进行小组研究的问题个数			
	研究过程中,是否有建设性的建议			
	能认真倾听和理解别人的想法			
团队精神	分工是否合理			
	每次的活动记录是否详实			
	遇到困难的解决方法			
	研究的结果是否满意			

(续表)

评价项目	评价标准	优秀	良好	合格
展示交流	形式多样,引人入胜			
	内容全面,有所启发			
反思与收获	能够提出有一定研究价值的问题			
	梳理收获,提升经验			

五、设立"能动数学社团",领略神奇数学

"能动数学社团"给学生搭建了一个展示自己的平台,满足了他们对数学知识的高度热情,激发了学生与数学之间的浓厚感情,我们的数学社团在不知不觉中将学生引入奇妙的数学世界。

(一)"能动数学社团"的要义与操作

我们不仅有多样的基础类和嵌入类课程,也提供了丰富的选修类课程,充分尊重学生的选择权。开学初,"校本课程委员会"和数学工作坊的老师选定本学期的社团课程,在校园网上发布,学生通过网络选课报名,以尊重学生为前提,经过各方面协调,确定社团的任课教师以及学生名单。"能动数学社团"课程如下(见表1-1-8)。

表1-1-8 "能动数学社团"课程安排

时间	地点	年级	社团名称
周四下午	智趣数学工作坊	3—6年级	数星阁社团
周四下午	二四班教室	1—2年级	绿芽社团
周四下午	三四班教室	3—4年级	向日葵社团
周四下午	四四班教室	3—5年级	智多星社团
周四下午	五四班教室	5—6年级	启智社团
周四下午	六四班教室	5—6年级	华罗庚社团

(二)"能动数学社团"评价方法

"能动数学社团"活动,激发了学生学习数学的兴趣,陶冶了情趣,磨炼了意志,增进了同学间的友谊。我们的评价方式,有记录活动过程中学生各方面表现的量化评价表,还有面向学生的社团问卷调查,了解学生对社团活动的期望,便于教师把握社团后期发展方向。"能动数学社团"的评价标准如下(见表1-1-9)。

表1-1-9 "能动数学社团"的评价标准

评价项目	评价标准	评价
过程评价	制定可行的管理制度及详细的活动计划	☺☺☺☺☺
	活动主题、内容、形式有创新	☺☺☺☺☺
	活动组织井然有序,学习氛围浓厚	☺☺☺☺☺
	社团名册及活动过程记录详实	☺☺☺☺☺
	活动照片及学生作品保存完整	☺☺☺☺☺
	教师的指导张弛有度,有针对性	☺☺☺☺☺
	每次活动结束后都有相应的总结、反馈、评价	☺☺☺☺☺
成果展示	展示形式丰富新颖	☺☺☺☺☺
	内容符合社团特点、全面完整	☺☺☺☺☺
	活动小组分工合作有序	☺☺☺☺☺
	有借鉴价值的经验与反思	☺☺☺☺☺

综上所述,"能动数学"课程秉承"学用融合"理念,通过"能动数学课堂"、"能动数学工作坊"、"能动数学节"、"能动数学之旅"、"能动数学社团"践行这一学科理念。该课程具有"开放性"和"能动性",不仅较好的达成了数学课程目标,更丰富了课程内容的开发与实施,丰富了学生的视野,拓宽了学生的思维,有利于学生数学核心素养的发展,使每个学生如一颗颗小种子拥有破土的力量。

(撰稿人:孙丽 杨宏蕾 陈瑞峰)

第二节 ▎ 经纬数学：让数学成就世界的长远

郑州市金水区沙口路小学数学组是一个由 15 名教师组成的团队，在这个团队中，中小学一级及以上教师 5 人，河南省教育厅学术技术带头人 1 人，金水区首席教师、学科带头人各 1 人，金水区骨干教师 2 人，金水区教学新秀 3 人。在数学团队的共同努力下，学校于 2017 年被授予"全国新世纪小学数学示范基地"荣誉称号，数学组的每位教师在课堂实践中都形成了各具特色的教学风格，其中 2 位教师在"一师一优课、一课一名师"活动中荣获部级优课，多位教师在郑州市、金水区的"基本功"和"希望杯"课堂教学展评中取得优异成绩。

随着课程改革的深入推进，数学团队在深入研究学科课程标准、解读教材的基础上，立足校情、生情，提炼出"经纬数学"学科课程理念，以此指导学科课程的深入推进，促进学科核心素养的扎实落实，最终促使每个孩子都能获得良好的数学教育，促使每个孩子都能在数学的世界中长远发展。

学科课程哲学　学习让生命呈现理性之成就

学科课程哲学引领着学科发展方向。基于《数学课标（2011 年版）》，我校数学团队深入挖掘、领悟数学学科性质，并基于学校数学学科实际，确立数学学科课程哲学。

一、学科性质

《数学课标（2011 年版）》中明确指出："义务教育阶段的数学课程是培养公民素质的基础课程，具有基础性、普及性和发展性。数学课程能使学生掌握必备的基础知识和基本技能，培养学生的抽象思维和推理能力，培养学生的创新意识和实践能力，促进学生在情感、态度与价值观等方面的发展，义务教育的数学课程能为学生未来生活、工作和学习奠定重要的基础。"①

基于这种认识,数学团队认为:小学数学课程应以学生的发展为出发点,充分挖掘数学学科"抽象性、逻辑严谨性、应用广泛性"②等育人功能。一方面,注重打通数学知识内部之间、数学与其他学科之间、数学与生活之间、数学与时代需求之间的联系,引导学生全面感悟数学抽象外表之下的立体化、多元化、鲜活化;另一方面,在引导学生掌握"双基"的基础上,注重学生从具体感知到抽象思维再到模型建构逐层过渡的理性思维能力的培养,注重学生简洁、严谨、富有逻辑的学习成长态度的养成与发展,注重学生学习能力的提升、学习方法的习得及情感态度价值观的发展,从而让数学成就学生生命世界的长远。

二、学科课程理念

数学团队依据《数学课标(2011年版)》的精神和学科性质,结合学校数学学科实际情况,确立数学学科的课程理念为"经纬数学"。

"经纬"最早出处于《左传》,本意指织物的纵线和横线,比喻条理、秩序。"经纬数学"学科理念,既包含融会贯通思想,又包含学科素养的养成。在内容上,注重勾连数学知识内部之间的链条系统,加强数学学科与其他学科的联系与整合,建立立体的数学学习模型与结构;在方法上,注重多维的学习方式,达成数学学习与生活实践、学会数学与会学数学的融会贯通。

(一)"经纬数学"是一门抽象的学科

《义务教育数学课程标准(2011年版)解读》中指出:"抽象是数学最基本的特征,数学的抽象不同于其他学科之处是,它舍弃了事物的其他方面而仅保留数量关系和空间形式。"③因此,"经纬数学"强调借助生活场景化静为动,把知识和问题还原到生活中,呈现生动、直观、鲜活的生活场景,把具体感知与抽象思维结合起来,理解抽象数学

---

① 中华人民共和国教育部. 义务教育数学课程标准(2011年版)[S]. 北京:北京师范大学出版社,2012:1—2.

② 中华人民共和国教育部. 义务教育数学课程标准(2011年版)解读[S]. 湖北:湖北教育出版社,2012:61.

③ 中华人民共和国教育部. 义务教育数学课程标准(2011年版)解读[S]. 湖北:湖北教育出版社,2012:54.

概念，构建数学模型，提高学生观察能力与思维能力。

（二）"经纬数学"是一门广泛应用的学科

"经纬数学"在其抽象的外表下与其他学科及客观现实世界之间都存在着深刻、复杂而又奇妙的联系。因此，"经纬数学"倡导在合理使用教材的基础上，进一步建立数学与生活实际、数学与其他学科的联系，关注生活情境的数学化和数学问题的生活化，增强学生数学应用意识，提高学生问题解决能力。

（三）"经纬数学"是一门理性艺术的学科

"经纬数学"主张用语言文化形态来认识和理解数学，主张论证简洁、推理严谨、思想清晰等理性思维能力的培养。正如《义务教育数学课程标准（2011年版）解读》中的阐述："数学作为一种文化创造活动，还具有艺术的特征，这就是对美的追求。这是一种抽象、简洁的逻辑形式与结构的完美。"[1]

总体而言，"经纬数学"旨在基于数学本质加强学科课程建设，以促进孩子的数学学习及发展，成就其数学素养的养成和提升。

学科课程目标　经纬成就数学学习的本真

《数学课标（2011年版）》指出："通过义务教育阶段的数学学习，学生能获得适应社会生活和进一步发展所必需的数学的基础知识、基本技能、基本活动经验；体会数学知识之间、数学与其他学科之间、数学与生活之间的联系，运用数学的思维方式进行思考，增强发现和提出问题的能力、分析和解决问题的能力；了解数学的价值，提高学习数学的兴趣，增强学好数学的信心，养成良好的学习习惯，具有初步的创新意识和科学态度。"[2]为了实现这一课程总目标，着力落实数学核心素养，成就数学学习的本真，学

---

[1] 中华人民共和国教育部. 义务教育数学课程标准（2011年版）解读[S]. 湖北：湖北教育出版社，2012：56.

[2] 中华人民共和国教育部. 义务教育数学课程标准（2011年版）[S]. 北京：北京师范大学出版社，2012：8.

校将"经纬数学"学科课程目标细解如下。

一、学科课程总体目标

依据《数学课标(2011年版)》,"经纬数学"学科课程总体目标从以下四个方面具体阐述。

(一) 数学知识技能

《数学课标(2011年版)》分别从数与代数、图形与几何、统计与概率、综合与实践四个领域阐述小学数学课程在知识技能方面应达到的目标:

① 经历数与代数的抽象、运算与建模等过程,掌握数与代数的基础知识和基本技能。

② 经历图形抽象、分类、运动、位置确定等过程,掌握图形与几何的基础知识和基本技能。

③ 经历在实际问题中收集和处理数据、利用数据分析问题、获取信息的过程,掌握统计与概率的基础知识和基本技能。

④ 参与综合实践活动,积累综合运用数学知识、技能和方法解决简单问题的数学活动经验。[1]

(二) 数学基本思想

数学思想作为《数学课标(2011年版)》中的新增内容,《数学课标(2011年版)》中明确指出:"数学思想蕴含在数学知识形成、发展和应用的过程中,是数学知识和方法在更高层次上的抽象与概括。"[2]可见,其目的在于进一步落实数学核心素养。《数学课标(2011年版)》提出了"数感、符号意识、空间观念、几何直观、数据分析观念、运算能力、推理能力、模型思想、应用意识、创新意识"[3]等10个核心概念,即数学基本思想,其中抽象思想、推理思想、模型思想是最核心的数学思想。小学阶段,学生在数学

---

[1] 中华人民共和国教育部. 义务教育数学课程标准(2011年版)[S]. 北京:北京师范大学出版社,2012:8.

[2] 中华人民共和国教育部. 义务教育数学课程标准(2011年版)[S]. 北京:北京师范大学出版社,2012:46.

[3] 中华人民共和国教育部. 义务教育数学课程标准(2011年版)[S]. 北京:北京师范大学出版社,2012:5—7.

基本思想方面应达到的目标为：

① 建立数感、符号意识和空间观念，初步形成几何直观和运算能力，发展形象思维与抽象思维。

② 体会统计方法的意义，发展数据分析观念，感受随机现象。

③ 在参与观察、实验、猜想、证明、综合实践等数学活动中，发展合情推理和演绎推理能力，清晰地表达自己的想法。

④ 学会独立思考，体会数学的基本思想和思维方式。[1]

（三）数学关键能力

基于创新型人才的培养考虑，学生发现问题、提出问题的能力比解决问题的能力更加重要。因此，《数学课标（2011年版）》提出："要增强学生发现和提出问题的能力、分析和解决问题的能力。"[2]在培养学生的这一关键能力方面应达到以下目标：

① 初步学会从数学的角度发现问题和提出问题，综合运用知识解决简单的实际问题，增强应用意识，提高实践能力。

② 获得分析问题和解决问题的一些基本方法，体验解决问题方法的多样性，发展创新意识。

③ 学会与他人合作交流。

④ 初步形成评价与反思的意识。[3]

（四）数学文化品格

《数学课标（2011年版）》在培养学生学科文化品格方面的课程目标集中体现为："了解数学的价值，提高学习兴趣；养成良好的学习习惯和科学态度，等等。"[4]具体表现为：

---

[1] 中华人民共和国教育部. 义务教育数学课程标准（2011年版）[S]. 北京：北京师范大学出版社，2012：9.

[2] 中华人民共和国教育部. 义务教育数学课程标准（2011年版）[S]. 北京：北京师范大学出版社，2012：8.

[3] 中华人民共和国教育部. 义务教育数学课程标准（2011年版）[S]. 北京：北京师范大学出版社，2012：9.

[4] 中华人民共和国教育部. 义务教育数学课程标准（2011年版）解读[S]. 湖北：湖北教育出版社，2012：124—125.

① 积极参与数学活动,对数学有好奇心和求知欲。
② 在数学学习过程中,体验获得成功的乐趣,锻炼克服困难的意志,建立自信心。
③ 体会数学的特点,了解数学的价值。
④ 养成认真勤奋、独立思考、合作交流、反思质疑等学习习惯。
⑤ 形成坚持真理、修正错误、严谨求实的科学态度。①

需要说明的是,"经纬数学"总体目标的这四个方面并不是完全独立存在的,而是密切联系、相互交融的,它是孩子经过小学阶段数学课程学习后应达成的整体目标。

二、学科课程年级目标

依据如上课程总体目标,根据学校实际,"经纬数学"进一步细化课程年级目标,具体如下(见表1-2-1)。

表1-2-1 金水区沙口路小学"经纬数学"年级课程目标一览表

目标 年级	知识技能目标	基本思想目标	关键能力目标	文化品格目标
一年级	在现实情境中理解百以内数的意义并比较大小;能计算百以内数的加减法并解决简单的实际问题;能从实际物体中抽象出长方体、正方体等几何体;能辨认长方体、正方形等简单图形。	在运用数描述生活现象的过程中发展数感;在学习抽象几何图形的过程中发展空间观念,通过"垃圾分类"等活动,能对事物或数据进行分类;初步形成独立思考问题的意识,并能简单表达自己的想法。	能结合日常生活,提出关于数和图形的简单问题,并在解决问题的过程中初步了解简单的分析和解决问题的基本方法;初步体验与同桌合作交流解决问题的过程。	对身边与数学有关的事物有好奇心,能参与数学活动,初步感受数学与生活的密切联系;能倾听别人的意见,并尝试提出自己的建议和意见。
二年级	会比较万以内数的大小并计算万以内数的加减法;能借助"九九争上游"活动计算表内乘除法;体会元角分、时分秒的实际意义;认识角、常见的平面图形及长度单位,掌握初步的测量技能。	提高运算能力及解决简单实际问题的能力;了解收集数据的简单方法,并会进行简单的数据归类,探索数据中蕴含着的信息。	结合实际情境,发展简单的提出问题和分析解决问题的能力;经历与他人合作交流共同解决问题的过程,并从中初步感知解决问题方法的多样性。	积极参与人民币、时间等相关活动,并对生活中的数学有好奇心;在数学活动中能感受到数学与生活的密切联系,感受到成功的乐趣,并初步形成尊重客观现实的意识。

---

① 中华人民共和国教育部. 义务教育数学课程标准(2011年版)[S]. 北京:北京师范大学出版社,2012:9.

(续表)

目标 年级	知识技能目标	基本思想目标	关键能力目标	文化品格目标
三年级	初步认识分数和小数，在体会四则运算意义的基础上能准确运算，并能结合实际情境进行合理估算；理解时间、质量、面积单位等常见的量；认识物体的相对位置，感受平移、旋转、轴对称现象。	能运用数及适当的度量单位描述现实生活中的简单现象；在对运算结果进行估计、想象图形的运动和位置等活动中发展数感和空间观念。	能从现实生活中发现数学问题，并借助文字、图画、表格等方式呈现分析、解决问题的过程和结果；能够体验与他人合作交流解决问题的过程。	感受数学与生活的密切联系，能够用所学数学知识描述生活中的一些现象；在综合运用所学知识分析和解决实际问题的过程中，能克服困难、感受乐趣。
四年级	认识万以上的数，理解小数的意义，了解负数的意义，掌握整数乘除法的运算技能，能用方程表示简单的数量关系并解简单的方程；认识线与角，了解三角形、四边形的特征；了解确定物体位置的基本方法；掌握简单的识图和画图方法。	通过观察、实践操作、想象等丰富的活动体验，初步形成数感和空间观念；经历以数据的收集、整理和分析为载体的实践活动，掌握简单的数据处理技能，体验事件发生的可能性，发展数据分析观念及合情推理能力。	能从生活中发现有一定价值的数学问题，并综合运用所学知识尝试解释自己的思考过程、解决有关数学问题；在问题解决过程中，能够团队合作，能够尝试解释自己的思考过程，了解解决问题方法的多样性。	能主动参与数学学习活动，在活动中体验克服困难、解决问题的过程，增强学习数学的信心，并充分体会数学的应用价值。
五年级	理解倍数与因数；掌握平行四边形、三角形、梯形的面积计算方法，了解体积意义及体积单位，掌握长方体和正方体的体积、表面积计算方法；认识复式统计图，体会平均数的作用并计算平均数。	在长方体、正方体的相关活动中发展空间观念；通过用统计图直观有效地表示数据，进一步发展数据分析能力；在丰富的观察、实验、猜想、验证活动中发展合情推理能力。	能从数学的角度发现、分析生活现象；能通过团队合作设计实践活动方案、开展实践活动，提高解决生活中实际问题的能力；能够完整表达问题解决的过程，并判断结果的合理性。	能主动观察社会生活，发现有价值的数学问题，并积极开展实践探究，挖掘数学的应用价值；在解决问题的过程中，能够积极克服困难，勇于有理有据地表达自己的观点。
六年级	理解百分数的意义，能进行小数、分数、百分数的转化；理解比与比例的含义，能找出生活中成正比例和反比例关系的量；认识圆、圆柱、圆锥、扇形，掌握圆的面积公式，掌握圆柱和圆锥的体积、表面积计算方法；认识扇形统计图。	发展空间观念，感受符号和几何直观在现实生活中的应用；经历综合运用所学统计知识解决生活中实际问题的过程，进一步发展数据分析观念；在问题解决的过程中，能清楚地表达自己的思考过程与结果。	在设计、测量、整理、猜想与探索等实践活动中，能够探索分析和解决问题的有效方法，了解解决问题方法的多样性；能够解释自己的思考过程，并对自己及他人结果的合理性进行判断。	能主动参与数学活动，并在回顾、反思、交流的过程中全面合理评价活动过程和方法等，进一步养成乐于思考、勇于质疑、言必有据等良好品质；能够在问题解决的过程中，体会迎难而上的乐趣，感受数学的无穷魅力。

总之,"经纬数学"依据《数学课标(2011年版)》的总体目标要求,以关注每个孩子的全面发展、关注学科核心素养的整体落实为出发点,进一步提炼学科课程总体目标、细化学科课程年级目标,并通过四个维度目标的相互融合与相互促进,实现每一个孩子全面、持续、和谐的发展。

学科课程框架　让思维体操飞舞

依照《数学课标(2011年版)》,"经纬数学"一方面充分依托基础课程,另一方面聚焦学科目标和学科素养开发丰富的拓展课程,两者形成相互促进、相互影响的整体,让每一个孩子的思维飞舞,让每一个孩子都能在数学上得到全面而个性的发展。

一、学科课程结构

依据《数学课标(2011年版)》中数与代数、图形与几何、统计与概率、综合与实践四大领域内容,基于学科课程哲学,我们将"经纬数算课程"、"经纬几何课程"、"经纬统计课程"、"经纬实践课程"四大类课程作为学科课程理念的基本物化形式,使之成为学生学习数学的蓝本,成为联结课程目标与课程学习的主要桥梁(见图1-2-1)。

图1-2-1　金水区沙口路小学"经纬数学课程"结构图

"经纬数算课程"聚焦数与代数领域，凸显数感、运算能力两大核心素养，以"趣玩扑克牌"为主题，结合学习内容开发系列扑克牌游戏，引导孩子在玩的过程中提高运算能力，并激发学习数学的兴趣。

"经纬几何课程"聚焦图形与几何领域，凸显空间观念、几何直观两大核心素养，结合孩子爱动、爱玩的天性，通过搭一搭、拼一拼、画一画、做一做等活动，引导他们探究图形世界的奥秘，学会用图形思考、想象问题，并发展空间观念。

"经纬统计课程"聚焦统计与概率领域，凸显数据分析和推理能力两大核心素养，结合该领域内容与实际生活存在密切联系的特点，以"小研究"的形式让孩子经历收集数据、整理数据、分析数据的全过程，提高自身运用数据分析问题、解决问题的能力。

"经纬实践课程"聚焦综合与实践领域，凸显模型思想和应用意识两大核心素养，通过"问题引领实践探究"的方式，让孩子通过综合实践的过程去学数学、做数学，感悟数学的应用价值和独特魅力。

二、学科课程设置

除了基础课程之外，"经纬数学"以课程目标的达成和核心素养的落实为出发点，基于数学的四大领域开发相应的课程，具体拓展课程设置如下（见表1-2-2）。

表1-2-2　金水区沙口路小学"经纬数学课程"设置表

课程 学期	经纬数算课程	经纬几何课程	经纬统计课程	经纬实践课程
一上	开心爆十赛	创意搭一搭	垃圾排排队	影子的秘密
一下	十一翻翻乐	趣拼七巧板	扣子分分类	妙趣填数字
二上	九九争上游	探索对称美	销量统计员	神奇的尺子
二下	谁的尾巴短	探索图形美	评选吉祥物	重复的奥秘
三上	扑克24点	妙眼识图形	日历大探秘	巧好搭配
三下	速算24点	妙手做图形	虚拟小鞋店	省钱小妙招
四上	巧算达人	手绘小世界	游戏小当家	破密小能手
四下	点石成金	手绘小天地	小小预测家	冠军争夺赛
五上	神机妙算	巧手玩图形	抽奖的奥秘	一起去秋游
五下	一目了然	动手做图形	巧目识统计	魅力马拉松
六上	争分夺秒	小小设计师	高度弹出来	理财小能手
六下	千方百计	拓扑巧设计	拒做低头族	校园比例尺

需要说明的是,以上四类课程虽然是基于教材的四个领域开发的,但是从数学的本质分析,不同知识、不同领域之间都存在着实质联系,所以这四类课程并不是相互独立的,而是形成相互关联的整体,共同指向每个孩子的发展。

学科课程实施　与数学深度遇见

"经纬数学"指向孩子的可持续发展和学科核心素养的培养,并从建构"经纬课堂"、建设"经纬社团"、开展"经纬小研究"、举办"经纬节日"、举行"经纬研学"、创建"经纬书社"等方面进行实施与评价,让孩子与数学深度遇见,实现教师"教"与学生"学"的共同提高。

一、建构"经纬课堂",夯实数学课程

"经纬课堂"是充满活动性、趣味性的课堂,是适应学生真实思维方式、注重学生实践探究的课堂,是着力让学生充分展现数学思维、感悟数学思想、领略数学文化的课堂。"经纬课堂"倡导在师生互动、生生互动的碰撞中改进教师的教学方式和学生的学习方式,使不同的孩子在数学学习中得到不同的发展,让师生实现自身的精彩绽放。

（一）实践与操作

"经纬课堂"是目标多元、内容丰盈、过程开放、方法灵活、效果突出的课堂。具体体现为:

1. 学习目标是多元的

"经纬课堂"要同时关注知识技能、数学思考、问题解决与情感态度四个维度的目标,并实现四个方面的有机整合,使孩子在获得数学知识的同时,发展数学思维能力,掌握数学学习方法,并在学习活动中获得积极的情感体验,从而促进课程目标的整体实现。

2. 学习内容是丰盈的

首先,注重选择符合时代背景、符合地域特征、贴近孩子现实、符合孩子年龄和认知水平的素材;其次,注重数学与其他学科的融合,选择与其他学科知识存在密切联系的内容。通过注重真实的生活情境、问题情境的创设,使孩子获得利用所学知识经验

解释生活中的现象、解决生活中的实际问题的机会。

3. 学习过程是开放的

一方面,强调留给孩子充足的时间和空间,引导孩子经历"观察、试验、猜测、验证、推理与交流、抽象概括、符号表示、运算求解、数据处理、反思与建构"[①]等数学活动,亲身经历将实际问题抽象成数学模型进行解释运用的过程,并在活动中感悟数学思想、积累数学活动经验、获得成功体验。另一方面,强调学习过程中能关注到不同层次的孩子,让他们都能够积极参与数学学习过程,并鼓励孩子数学学习的自主性,发展他们的个性。

4. 学习方式是灵活的

一方面,强调通过引导孩子采用动手实践、自主探索、合作交流等多样化的学习方式开展数学探究活动;另一方面,强调依据学习内容和孩子的实际情况,灵活选择恰当的学习方式,最大限度地激发孩子的学习兴趣、促进学习目标的达成。

5. 学习效果是突出的

引导孩子积极主动地参与到教学全过程,做到参与面广、参与率高。同时,学习目标达成度高,不仅做到知识掌握扎实,还要使相关能力得到发展,同时情感态度价值观得以正确引导和全面涵养。

(二)评价与标准

"经纬课堂"从学习目标多元化、学习内容丰盈化、学习过程开放化、学习方式灵活化、学习效果突出化等方面设计评价标准,达到"师生共同发展"的目的(见表1-2-3)。

表1-2-3　金水区沙口路小学"经纬课堂"评价表

评价项目	评价标准
学习目标多元化	学习目标的制定能够体现知识与技能、数学思考、问题解决、情感与态度四个方面的有机结合。
学习内容丰盈化	1. 学习内容的选择要贴近学生生活实际,有利于学生体验与理解、思考与探索。 2. 学习内容要反映时代、地域特征,符合数学的特点,符合学生认知规律。 3. 根据学习内容的实际情况,能体现与其他学科的联系。

[①] 中华人民共和国教育部. 义务教育数学课程标准(2011年版)解读[S]. 湖北:湖北教育出版社,2012:271.

(续表)

评价项目	评价标准
学习过程开放化	1. 学习环节完整,课堂容量适当,时间分配合理,学习过程紧凑流畅。 2. 在学生已有的知识基础和生活经验上,注重引导学生独立思考、主动探索、合作交流、勇于质疑,注重让学生亲身经历发现、提出、分析和解决问题的全过程,调动不同层次的学生积极参与。
学习方式灵活化	1. 学习方法灵活多样,借助观察、发现、猜测、推理、验证等方法,开展助力学习目标达成的一切富有创意、创新和创造性的活动。 2. 学习方式与学习内容相适应,既体现方式的个性化,又注重实效。
学习效果突出化	1. 学生学习积极主动,在学习活动中获得良好的数学活动体验。 2. 学生在数学知识、能力和情感态度价值观等方面得到和谐发展,学习目标达成效果好。

二、建设"经纬社团",享受数学快乐

社团作为孩子兴趣特长得以张扬的主要载体,"经纬社团"立足数学学科特点、结合孩子兴趣爱好,引导孩子在玩乐中探究数学,在实践中收获乐趣。

(一)实践与操作

一至六年级孩子以自主结合、合作研究的方式组建数学社团,并有固定的教师辅导孩子开展活动。社团活动将数学活动与数学学科课程的内容进行有机整合,并确定与数学有关的社团活动主题。主题确定后,对社团活动项目或课题进行讨论,制定具体的、可行的、有效的活动实施方案,激发孩子学习数学的兴趣。社团实施中,教师要和社团成员共同规划学期的社团活动,并定期按照要求开展社团活动。目前,"经纬数学"共开发了扑克数学社团、巧手数学社团、思维数学社团等三类社团。

扑克数学社团根据学生年龄特点和知识水平,运用扑克牌或者自制扑克牌开发系列小游戏,并将所学的数学知识与扑克牌游戏有机融合。其中一、二年级侧重于运用扑克牌培养孩子的口算能力及良好的学习习惯;三、四年级侧重于培养孩子对24点游戏的兴趣,了解24点的游戏规则,并运用扑克牌尝试速算24点;五、六年级孩子已经积累24点游戏的技巧及经验,侧重于以竞赛形式开展巧算24点的社团活动。通过一系列丰富的社团活动,让孩子在玩中学会学习,玩中学会创造。

巧手数学社团主要引导孩子通过动手操作、实践等方式,发现生活中的数学美,解决生活中的实际问题。在社团活动中,从学生已有的基础知识出发,通过巧移小棒、拼

七巧板、巧搭积木、设计图案等社团主题,在摆一摆、画一画、搭一搭、拼一拼等实践活动中探究图形的奥秘,培养孩子的空间观念、观察能力及创新能力。

思维数学社团旨在培养孩子的抽象、推理、模型等理性思维能力。在社团活动中,根据知识层次将活动分为不同的主题,每一个主题由浅入深、逐步递进,通过生活中实际问题、开放性数学问题的研究,进一步拓宽孩子的知识视野,培养孩子思维的灵活性,并提高孩子解决问题的能力。

(二)评价与标准

"经纬社团"实行多元评价方式,着重关注孩子自主、合作、探究的意识,让孩子学会倾听、协作、分享,能提出有意义的问题或能发表个人见解,亲身体验数学的好玩、好学,激发孩子学习数学的兴趣和探索求知的欲望,领略数学的奇妙,体验数学的美。具体评价内容包括如下几方面:

1. 社团组织建立

数学社团的组建应建立在孩子自愿的基础之上,由相同兴趣的孩子自由结合组建社团,并邀请辅导教师。

2. 社团活动内容

社团活动内容应体现数学核心素养、学校文化的基本导向,将数学活动与数学学科的内容进行有机整合,社团活动内容符合学生的年龄特点和认知规律。

3. 社团活动记录

每学期要有社团活动计划、社团活动总结;每次社团活动前按照"六定"的标准制定完善的数学社团活动方案,定活动时间、活动地点、活动人员、活动目标、活动内容、辅导老师;每次社团活动后要及时撰写活动反思。

4. 社团活动管理

社团活动中关注孩子发展情况,以孩子自主管理、自主操作为主,教师指导为辅。通过社团活动的开展使每位孩子能有机会在社团中锻炼自己,找到适合自身才能发展的位置。

5. 社团活动成果

对社团活动的评价包括文本资料评价和活动展示评价。其中文本资料评价注重社团活动的扎实性,包括社团活动计划、社团活动总结、社团活动记录及社团活动的过程性资料等。活动展示评价则是依托每年文化周时的社团展示活动，注重社团活动的创新性，从活动的形式、活动的参与性、活动的效果等方面开展评价。

三、开展"经纬小研究"，促进数学思考

结合金水区每年开展"学数学、用数学"成果展评的契机，数学团队也步调一致地在每年级开展"经纬小研究"活动，旨在引导孩子用数学的眼光观察身边的生活，基于数学的视角提出有价值的问题，在"做数学"的亲身体验中感受数学的应用价值，提升问题解决的能力，并从中感受到数学的无穷魅力。

（一）实践与操作

"经纬小研究"的研究内容主要是针对他们感兴趣的社会生活现象，如垃圾分类、汽车污染、雾霾等，在教师指导下综合运用数学知识和实践经验进行探究，发现数学学习与现实生活之间的联系，促进孩子问题解决能力的提升，促进孩子学习与应用能力的再发展。研究的成员可以是全班、小组或者个人，研究成果的呈现可以是数学小报、数学日记、研究报告等形式。

数学小报主要针对一、二年级的孩子，重点培养孩子发现问题的意识，激发孩子学习数学的兴趣。考虑到低年级的孩子虽然文字表述能力比较薄弱，但是爱涂爱画是他们的天性，因此鼓励孩子以数学小报的形式记录生活中发现的数学现象、数学问题以及自己的研究发现。数学小报的形式也是多样化的，可以是图片、照片或者图文并茂等多种形式，孩子们可以根据自己的研究内容和兴趣爱好自主选择、自主设计。

数学日记主要针对三、四年级的孩子，重点培养孩子研究问题的意识，感受数学探究的乐趣，鼓励孩子发现生活中的数学问题，在尝试运用所学知识解决问题的基础上，能够用日记的形式记录问题的提出和研究的过程。日记的形式可以是比较严谨的纯文字，也可以搭配图表、图片等等。

研究报告主要针对五、六年级的孩子，重点培养孩子研究问题的能力，体会数学的应用价值。对于高年级的孩子来说，要求他们能够从生活中发现有价值的数学问题，通过独立探究或者合作探究的方式开展问题研究，同时鼓励在研究问题的过程中获得新的发现。在问题研究的基础上，能够以规范的研究报告的形式呈现发现问题、研究问题、解决问题的全过程。

(二) 评价与标准

为培养孩子开展研究性学习的意识,提升孩子的问题解决能力,提升教师的课题研究指导能力,学校从以下几方面设计"经纬小研究"的评价标准:

1. 研究方案

研究方案包括研究内容、研究形式和实施设计三方面:研究内容要切合学生实际,符合学生认知规律、贴近生活、贴近社会、贴近时代、贴近数学应用;有一定的价值或新意,体现"用知识解决问题、在解决问题的过程中学习知识"的基本理念。研究形式要切实可行,符合孩子的年龄特点,实施设计要具体详实、可操作性强。

2. 研究组织

教师要作为一位引导者,有效组织、引导孩子开展研究活动,同时对于孩子必要的研究策略、研究中的困难进行有针对性的指导。

3. 研究过程

具体内容包括研究过程中孩子认真钻研、勇于克服困难的研究态度,研究过程中表现出的合作能力、实践能力与创新精神,在研究过程中获得的认识、体验,所形成的研究成果等。

4. 研究效果

研究效果,即研究活动要达到原定的目标、研究中要能产生新的发现、通过研究活动使学生的研究能力与研究兴趣得到提升等。

四、举办"经纬节日",展现智慧自我

每年 5 月举行的"经纬节日"是数学学科的传统活动,以"享受数学快乐、展示智慧自我"为宗旨,为全体孩子展示自身聪明智慧提供平台,引导孩子在活动中感受数学学科的魅力,享受数学学习的乐趣。

(一) 实践与操作

"经纬节日"以丰富的数学活动为载体,本着全员参与的原则,在班级海选的基础上,每班推荐 5 名学生参加年级层面竞赛活动。其中五、六年级在年级层面竞赛的基础上各择优推荐 5 名同学组成年级团队,参与五、六年级团体对抗赛。活动采用教师与学生、学生与学生、学生与家长联合对抗等多种组织方式,设立班级集体奖和学生个人单项奖。具体内容如下表(见表 1-2-4)。

表1-2-4 金水区沙口路小学"经纬节日"活动内容一览表

年级	活动主题	活动规则
一	玩转骰子	班级赛：从10个骰子中，随意抓出5个，撒骰子，将骰子按正面数从大到小或从小到大顺序排列，排列正确且用时短的人获胜。 年级赛：依次选择2—4个骰子，摇过之后，进行加、减、加减混合运算，以抢答的形式开展，三局两胜，胜出者获胜。
二	巧移小棒	参赛者每人准备50根小棒，按照提示要求摆出图案或算式，并巧移小棒，使算式成立或图案正确，速度快并正确者获胜。
三	玩转九宫格	数独游戏在9*9的方格内进行，分为3*3的"区"，用1至9之间的数字填满空格，一个格子只能填入一个数字，每个数字每一行、每一列、每一区只能出现一次，正确且速度快者获胜。
四	校园探秘	以班级为单位，每班选出五名选手以团队形式与年级其他班级进行比赛，比赛场地为整个校园，由单位时间内答出的计算题数量决定出发顺序，每组间隔一分钟，出发时每组携带学校平面图和信息卡各一张，参赛选手需根据信息卡指示到指定位置完成对应任务方可获得下一张信息卡，直至完成所有任务到达比赛终点，按完成时间排出对应名次。
五、六	巧算24点	使用游戏软件每次随机发四张牌（大、小王去掉），运用加、减、乘、除四则混合运算法则进行计算，计算结果必须为24。 晋级赛：以年级为单位根据正确率与计算速度选出晋级选手。 对抗赛：采用一对一、团队对抗的形式，根据正确率与计算速度选出获胜团体。

（二）评价与标准

为了促进孩子领略多元的数学文化，体会数学的魅力，提高孩子的数学素养，提升数学教研组教师的活动组织能力，学校从以下四个方面对"经纬节日"进行评价：

1. 方案制定

方案设计理念要契合学校办学理念、契合学科课程理念；能根据"经纬节日"活动的特点和要求，全面彰显孩子的数学个性、具体体现数学领域的教育价值；能够借助孩子已有的知识水平、认知水平和生活经验，做到全面、科学、合理地设计方案。

2. 活动实施

"经纬节日"的开发者以本活动的传统特点为抓手，以不同年级孩子的心理特点以及年龄特点为基石，设计孩子喜欢的数学活动。"经纬节日"倡导人人参与，给予孩子充分思考、探索交流的时间，营造良好的学习氛围并提供多样的学习材料，满足孩子的个性化需求。

3. 活动成效

不同年级的孩子在"经纬节日"活动中都能积极参与、情绪高涨、善于思考、主动表达。通过此次活动,孩子的合作能力、实践能力、创新意识等能力均有所提高,每位孩子能够运用迁移、转化等数学思想获得新的活动经验,最终使本活动目标基本落实。

4. 组织管理

教师有较强的活动组织能力,能对整个过程进行合理的调控,有灵活的应变能力;活动过程有序清晰,环节安排合理,过渡衔接自然,时间分配得当;师生互动有效,教师的介入适时、适度。

五、举行"经纬研学",丰富学生视野

数学来源于生活,又服务于生活。定期组织的"经纬研学"活动,能够引导孩子走出校园,将实践活动与数学学习有机结合起来,为孩子提供数学实践学习的机会,并从中培养孩子的实践创新能力,提升孩子的核心素养。

(一)实践与操作

"经纬研学"作为孩子数学学习的第二课堂,结合数学学习内容的需要,根据孩子的年龄特点、知识基础及学校周边的社会资源,分年段制定"经纬研学"方案,开展丰富多彩的实践活动。低、中、高年段的研学主题及安排如下:

低年级——走进月季公园,探索公园奥秘

低年级的孩子比较活泼好动,而且刚刚接触分类、测量、图形等基础知识,因此,依托该公园植物种类繁多、区域形状多样的特点,组织孩子开展研学。研学前,能根据研学地点的特点制定简单的方案,如需带的物品、工具等;研究中,在自由观察的基础上,能从数学的角度确定自己感兴趣的主题,并根据主题自由结合小组进行研究,引导孩子在园中玩、在园中学、在交流合作中获得丰富的活动体验,增强学习数学的兴趣;研学后,能借助照片与同学交流研学收获。

中年级——走进郑东新区,探究出行学问

中年级的孩子具有一定的研学经验,研学前,引导孩子结合自己以往的研学经历体会研学计划的重要性、结合研学主题收集相关资料、分组制定切实可行的活动方案;研学中,教师带领孩子依据制定的方案开展活动、验证方案的可行性,并在实践活动中根据实际情况进行及时调整;研学后,总结活动方案中存在的问题,小组展开主题交流,为以后的出行积累经验。

高年级——走进雕塑公园,探秘空间玄机

高年级孩子已经具备了一定的组织能力,具有一定的知识储备量,孩子的思维主要以抽象逻辑思维为主,具有一定的空间想象力,因此依托郑州雕塑公园的47件雕塑作品组织孩子进行研学。研学前,根据研学地点上网搜集资料,分组确定研学方案,并在搜集资料的过程中确定研学中打算重点研究的主题;研学中分为自由参观、主题研究和图形创作三个层面,孩子先分批对不同的雕塑作品进行观察、分析,然后结合所学数学知识、综合运用多学科知识开展主题研究,最后能综合运用所学知识进行图形创作;研学后,能及时调整研学方案,形成研究问题的报告,并能针对新发现的问题及时开展研究。

(二) 评价与标准

1. 研学准备

研学前,教师能做好全面的考虑工作,并能够结合研学内容,从数学的角度组织孩子做好充分的准备:低年级能够准备好相关工具和物品,中年级能够形成研学方案,高年级能够撰写研学方案、初步提出感兴趣的研究问题。方案的设计应强调知识和方法的实践性与综合性,实现课程的生成性,以孩子活动为主,突出体验实践。

2. 研学实施

研学中,能够结合孩子的研究兴趣合理组织分组,能够根据孩子的研究主题以团队合作的方式积极开展探究。在此基础上,能够以数学的眼光全面观察生活,发现生活中的数学美,当然更加鼓励孩子能够从多学科的角度进行观察,能够提炼出感兴趣的问题,并能综合运用所学知识开展研究。整个过程中,以孩子的爱好、需求、个性发展为宗旨,凸显孩子主动探究、合作探究的能力。

3. 研学效果

学生在活动中能够积极参与,主动与他人进行交流,具有团队合作的意识;能够在研学活动中进一步增强所学知识的灵活运用,并从解决生活实际问题中体会成功的乐趣;能够在丰富的活动体验中使孩子的学习兴趣和情感态度得到发展,做到"人人受益"。

4. 组织管理

教师要有高度的责任感,以学生的安全为出发点,合理安排研学时间,并做到全程参与、管理;能够适时地对孩子们的研究进行指导与鼓励;研学后能够及时从数学的角度采用小报、报告等形式梳理研学成果并交流。

六、创建"经纬书社",提升数学素养

为进一步增强孩子的数学阅读能力,感受数学与生活的密切相连,"经纬书社"引导孩子阅读与数学有关的主题故事、童话、名人趣事、数学元素演变史等,并以故事创作、舞台演绎等形式展现孩子对于数学更广泛的认识。

(一)实践与操作

"经纬书社"倡导孩子广泛阅读,阅读内容可包括课本、解题过程、数学家的故事,以及其他蕴含数学知识、方法、思想和精神的文字、符号、图画、表格等,让孩子在阅读中汲取智慧、启迪思考、陶冶情操、培塑人格。基于孩子家庭的实际情况,为了使阅读更具针对性、系统性,数学团队根据孩子的认知水平为各年级孩子推荐保底的必读书目和丰富的选读书目。具体书目如下表(见表1-2-5)。

表1-2-5　金水区沙口路小学"经纬书社"阅读书目一览表

年级	必读书目	选读书目
一	《陶小乐玩转数学之讨厌的数学》	《美丽的数学》 《爱阅读注音数学故事系列》 《李毓佩数学童话总动员》
二	《陶小乐玩转数学之可怕的数学》	
三	《陶小乐玩转数学之不一样的数学》	《数学小司令》 《智斗红孩儿》 《奇妙的数王国》 《几何时空历险记》
四	《陶小乐玩转数学之好玩的数学》	《数学就是这么有趣》 《爱数王国大战猫人部落》 《跟着课本读名人:小学生不可不知的数学家》
五	《陶小乐玩转数学之魔法数学》	《数学在哪里》 《数学奇遇记》 《数学帮帮忙》
六	《陶小乐玩转数学之玩转数学》	《有趣的数学旅行》 《李毓佩数学故事集》 《李毓佩数学历险记》

实施中,学校安排固定阅读时间,另外各年级灵活确定自主阅读时间,确保低年段每天总阅读时间不少于15分钟,中年段每天总阅读时间不少于30分钟,高年段每天总阅读时间不少于40分钟,尽可能让每个学生都能获得充分的阅读滋养。此外,采用

阅读存折、阅读成果展示等方式激励孩子养成坚持阅读的良好习惯。

（二）评价与标准

1. 阅读方案

以《陶小乐玩转数学》系列丛书为1—6年级的必读书目，各年级根据学生学习深度从推荐书目中选择一至两本选读书目。在此基础上，结合孩子年龄特征与认知情况，制定切实可行的班级阅读方案，做到目标合理、明确，策略可行性强，并建立以凸显阅读数量和阅读质量为主的评价机制。

2. 阅读管理

各年级能利用学校数学阅读时间，阅读每个年级所确定的必读书目，能在机动时间阅读选读书目；能根据班级孩子特点选择适当的评价工具对学生的阅读过程及时量化评价；能定期开展阅读成果的展示交流和阅读心得的分享。

3. 阅读指导

采用自主阅读、集体共读等多种方式开展阅读，教师能根据孩子的情况适时指导，给孩子以阅读方法的指导，促进孩子阅读能力的提升，并督促孩子养成主动、认真阅读的积极态度等。

4. 阅读效果

能够达到年级规定的阅读数量，在学校统一组织的阅读展示性评价中，能看到孩子们阅读兴趣的保持、阅读习惯的养成，能看到孩子们阅读、分析、表达能力的提高。

总之，通过多维途径的课程实施与评价，让每位孩子在数学学习的过程中，不仅获得数学的知识及基本技能，更重要的是亲自体验探索数学的乐趣，在探索的过程中提高利用数学知识解决生活中实际问题的能力，并从中获得尊重客观事实的理性精神及对科学执着追求的态度，从而落实学习的目标。

综上所述，"经纬数学"以丰盈而富有逻辑的课程体系、多维而灵动的实施途径、多元而适切的评价方式为抓手，深入落实数学课程的理念，达成学科课程的目标，持续发展学生的学科素养。最终使每个孩子都能在数学上获得长足的发展，让数学成就每一个孩子生命世界的长远。

（撰稿人：郭艳丽　李佳　李慧　邱亚楠）

第二章

赋予思维能量的平台

　　培养抽象思维、推理能力和创新意识,是数学课程设计和实施的重要目标,更是时代赋予数学教育的使命。数学教学应注重学生数学思维的激发和拓展,抓住数学的本质,创设合适的问题情境,让师生共同经历"发现问题、提出问题、解决问题"的过程,激发思维碰撞,感悟数学思想,让思维在数学学习过程中不断得以升华,让每一个生命在智海中自由飞翔,让数学课程焕发新时代的魅力和力量。

第一节 智趣数学：让每一个生命在智海中自由飞翔

文化路第一小学数学师资队伍优良，结构合理，共有35人，分为7个教研组，其中河南省名师1人，河南省学术技术带头人1人，河南省骨干教师3人，郑州市学术技术带头人1人，郑州市骨干教师2人，金水区首席教师1人，金水区学科带头人1人。多人次参加省、市、区各级优质课比赛和教学基本功大赛获奖，多项成果获国家级、省级、市级一等奖并做经验推广。

数学教师团队结合校情、学情，深化课程改革，不断研究教材、学法，在研究与实践中提炼出"智趣数学"的学科课程理念，以此推动数学课程品质的再提升。

学科课程哲学　智趣共生的能力成长

一、学科性质

《数学课标（2011年版）》指出："数学是研究数量关系和空间形式的科学……数学作为对于客观现象抽象概括而逐渐形成的科学语言与工具，不仅是自然科学和技术科学的基础，而且在人文科学与社会科学中发挥着越来越大的作用。特别是20世纪中叶以来，数学与计算机技术的结合在许多方面直接为社会创造价值，推动着社会生产力的发展。数学是人类文化的重要组成部分，数学素养是现代社会每一个公民应该具备的基本素养……为学生未来生活、工作和学习奠定重要的基础"，"义务教育阶段的数学课程是培养公民素质的基础课程，具有基础性、普及性和发展性"。通过"智趣数学"学科课程的实施，"使学生掌握必备的基础知识和基本技能，培养学生的抽象思维和推理能力，培养学生的创新意识和实践能力，促进学生在情感、态度与价值观等方面的发展。"[1]

---

[1] 中华人民共和国教育部. 义务教育数学课程标准（2011年版）[S]. 北京：北京师范大学出版社，2012：1—2.

二、学科课程理念

爱因斯坦指出:"兴趣是最好的老师,它可激发人的创造热情、好奇心和求知欲"[1]。在数学学习中,良好的兴趣更是学生主动学习、积极思维、大胆质疑、勇于探索的强大动力。

我校在长期的数学学科课程实施中,坚持提升、发展学生的数学素养,以兴趣为线索串起、引启数学学习的智性发展,明确提出"智趣数学"学科课程理念。

"智趣数学"旨在追求"智从趣生,趣由智始,智趣共生"的境界,使学生在智学、善思、乐享的学习过程中提升数学素养,在智慧中聪颖,在快乐中成长。

(一)"智趣数学":促思想

沈文选教授在《数学思想领悟》中说到:"数学思想是数学内容的精髓,是数学科学的灵魂,是数学科学赖以发展的重要因素。纵观数学史,大凡有所成就的数学家,在数学思想方面都有良好的表现,他们既探索科学的成就,更重要的是给后人留下从事数学研究的思想。"[2]

我们知道,探索数学结论的过程,是组织开展数学活动和构建数学知识结构的不可或缺的环节。学生通过探究活动,认识并理解知识的形成过程,回顾、发现、归纳、形成或建构数学的方法和思路,逐步沉淀常用的数学基本思想和方法。"智趣数学"正是在学生学习数学知识的过程中适时、科学、有效地渗透和建构基本的数学思想和方法,对学生未来的学习、生活和工作奠定基础。

(二)"智趣数学":重明辨

"数学是一门充满辩证法的学科。在小学数学教材中,正数与负数、定量与变量、有限与无限等辩证关系比比皆是,加法与减法、乘法与除法、因数与倍数等等,都是互相对立的矛盾关系,既独立存在又相互依存,同处于同一个矛盾体中,而矛盾着的双方在一定条件下又可以相互转化"[3]。

这些辩证的丰富素材,恰巧是数学味道的"趣"之所在。"智趣数学"在课程实施

---

[1] 爱因斯坦.爱因斯坦文集[M].北京:商务印书馆,1979:144.
[2] 沈文选,杨清桃.数学思想领悟[M].哈尔滨:哈尔滨工业大学出版社,2008:8—19.
[3] 李新保.谈创设情境与美育[J].经济与社会发展,2001(10):238—239.

中,有目的、有意识地逐步发展学生的明辨性思维,助推学生理性世界观的形成。

(三)"智趣数学":重应用

"学以致用"是学习的最终目的,各种知识与技巧的学习是为了更好地应用于生活实际中,这种"学以致用"的思维习惯更能调动学习者学习的积极性与主动性。

"智趣数学"在学习过程注重让学生体会"数学知识来源于生活,又回归于生活",主要途径有两方面:一是让学生应用生活经验理解或验证所学的知识;二是应用数学知识、概念、思维、方法解决生活中的实际问题。

(四)"智趣数学":乐创造

数学的创造性智慧,源于它是一种创造性的活动,这种创造性不是推翻已有的大厦重建,而是在原有的基础上添砖加瓦,即便是另立高楼,那也会在新楼与旧楼之间构造回廊。新楼、旧楼成为一体,数学大厦的根基更加牢固。

"智趣数学"追求在"发现问题—提出问题—分析问题—解决问题"的递进过程中提升学生的数学素养,每一次问题的发现、提出与解决都是一次数学智慧的生长,也是数学学习的愉快体验,更是创新的萌发。

(五)"智趣数学":有情感

良好的数学教育是以育人为本的,既关注数学能力的培养,也关注学生的兴趣、情感、态度、价值观的培养。

"智趣数学"课程内容的安排立足学生已有的经验基础,充分考虑学生的特点,挖掘各种学习资源,创设学生感兴趣的情境,调动学生的学习热情,关注并兼顾学生的差异性,引导学生互帮互学、乐思善述、启迪智慧、完善人格。

学科课程目标　让数学扬起学生智慧的风帆

《数学课标(2011年版)》提出的课程目标是:"通过义务教育阶段的数学学习",使学生"获得适应社会生活和进一步发展所必需的数学的基础知识、基本技能、基本思想、基本活动经验","体会数学知识之间、数学与其他学科之间、数学与生活之间的联系,运用数学的思维方式进行思考,增强发现和提出问题的能力、分析和解决问题的能力","了解数学的价值,提高学习数学的兴趣,增强学好数学的信心,养成良好的学习习惯,具有初步的创新意识和科学态度",在课程中"注重发展学生的数感、符号意识、空间观念、几何直观、数据分析观念、运算能力、推理能力、模型思想、应用意识和创新意识"[①]等数学素养。

鉴于此,我校提出如下"智趣数学"学科课程目标,让数学扬起学生智慧的风帆。

一、课程总目标

(一)学习核心知识:多领域的数学概念

经历数与代数的抽象、运算与建模等过程,掌握数与代数的基础知识和基本技能;认识自然数、分数、小数、百分数的意义,了解正负数的意义;掌握必要的运算技能;理解估算的意义;能用方程表示简单的数量关系,能解简单的方程。

经历图形的抽象、分类、性质探讨、运动、位置确定等过程,掌握图形与几何的基础知识和基本技能;认识空间和平面基本图形,了解其基本特征;感受平移、旋转、轴对称现象;认识物体的相对位置,了解确定物体位置的基本方法;掌握测量、识图和画图的基本方法。

经历在实际问题中收集和处理数据、利用数据分析问题、获取信息的过程,掌握统计与概率的基础知识和基本技能;掌握简单的抽样与整理调查数据、绘制统计图表等数据处理方法和技能;体验随机事件和事件发生的等可能性。

(二)形成思维方法:数学学科的科学思维

数学基本思想主要指抽象、推理、建模。

关于思维方法的具体目标为:建立数感、符号意识和空间观念,初步形成几何直观和运算能力,发展形象思维与抽象思维;在参与观察、实验、猜想、证明、综合实践等数学活动中,发展合情推理和演绎推理能力,清晰地表达自己的想法;体会统计方法的意义,发展数据分析观念,感受随机现象。

(三)掌握关键能力:数学的问题解决能力

初步学会从数学的角度发现问题和提出问题,综合运用数学知识、技能和方法等

[①] 中华人民共和国教育部. 义务教育数学课程标准(2011年版)[S]. 北京:北京师范大学出版社,2012:5.

解决简单的实际问题,增强应用意识,提高实践能力;获得分析问题和解决问题的一些基本方法,体验解决问题方法的多样性,发展创新意识;学会运用数学的基本思想和思维方式独立思考;学会与他人合作交流;初步形成评价与反思的意识。

(四)锤炼学科品格:数学学科的独特文化

积极参与数学活动,对数学有好奇心和求知欲;在数学学习过程中,体验获得成功的乐趣,锻炼克服困难的意志,建立自信心;体会数学的特点,了解数学的价值;养成认真勤奋、独立思考、合作交流、反思质疑等学习习惯,形成实事求是的科学态度。

(五)培养创新意识:数学学科的必然追求

《数学课标(2011年版)》指出:"创新意识的培养是现代数学教育的根本任务,应体现在数学教与学的过程之中"[①]。

"智趣数学"使学生自己发现和提出问题,重视学生独立思考、学会思考,引导学生运用归纳、概括得到猜想和规律,并加以验证,把创新意识的培养渗透于整个数学学科学习的始终。

总之,"智趣数学"秉承以上课程总目标发展学生的数学素养,为学生的全面发展奠基。

二、课程年段目标

在"智趣数学"课程总目标的基础上,学校根据学生不同年龄的特点,制定分年段的课程目标(见表2-1-1)。

学科课程框架　建构智趣数学学习图景

"智趣数学"课程框架,是在学校"乐享课程"体系基础上设立的数学"1+X课程群"框架。"1"指的是为学生未来生活、工作和学习奠定重要的基础、主要以国家统编

[①] 中华人民共和国教育部. 义务教育数学课程标准(2011年版)[S]. 北京:北京师范大学出版社,2012:7.

第二章 赋予思维能量的平台

表 2-1-1 "智趣数学"课程分年段目标

学段	年级	内容	核心知识 （知识技能）	思维方法 （数学思考）	关键能力 （问题解决）	学科品格 （情感态度）	创新意识
第一学段	一年级		1. 经历从日常生活中抽象出数的过程，理解100以内数的意义，认识钟表（整时、半时），减法的意义，掌握100以内体和常见的平面图形；认识上下、前后、左右；会从同方向观察单一物体的形状。 2. 了解一些简单几何体和常见的平面图形；认识上下、前后、左右；会从同方向观察单一物体的形状。 3. 能根据给定的标准对事物进行简单的分类。	1. 在运用数及适当的度量单位描述现实生活中的简单现象以及在对运算结果进行估计的过程中，发展数感。	1. 能在教师的指导下，从日常生活中发现和提出简单的数学问题，并尝试解决。 2. 了解分析问题和解决问题的一些基本方法，知道同一个问题可以有不同的解决方法。 3. 体验与他人合作交流解决问题的过程。 4. 尝试回顾解决问题的过程。	1. 对身边与数学有关的事物有好奇心，能参与数学活动。 2. 在他人帮助下，感受数学活动中的成功，能尝试克服困难。 3. 了解数学可以描述生活中的一些现象，感受数学与生活的密切联系。 4. 能倾听别人的意见，尝试提出自己的想法，知道应该尊重客观事实。	1. 经历发现和提出问题的过程，并养成独立思考、勇于探究的习惯。 2. 能运用归纳、概括得到的猜想和规律，并加以验证。 3. 在整个数学学习中始终保持创新意识。
	二年级		1. 经历从日常生活中抽象出数的过程，理解万以内数的意义及比较大小；认识元、角、分，时、分、秒；体会四则运算的意义；掌握万以内数的加减法的计算方法。 2. 直观认识角、直角、锐角、钝角，长方形、正方形、平行四边形；能辨认东、南、西、北四个方向；掌握初步的测量方法，认识千米、分米、毫米。 3. 经历简单的数据收集、整理的过程，了解简单的数据收集、整理方法。	2. 在从物体中抽象出几何图形、想象图形的运动和位置的过程中，发展空间观念。 3. 能在调查过程中获得的简单数据探索进行归类、探索数据中蕴涵着的信息。			
	三年级		1. 初步认识分数和小数及比较大小；掌握千克、克、吨；掌握一位数除两位数的计算方法；能计算一位小数、同分母（分母小于10）分数的加减运算；在具体情境中，能进行简单的估算。 2. 认识面积、面积单位；感受平移、旋转、轴对称现象；认识物体的相对位置，体会不同位置观察物体的范围和形状不同；掌握初步的测量、识图和画图的技能。 3. 再次经历整理数据的活动过程，能用自己的方式呈现整理数据的结果。	4. 在观察、操作等活动中，能提出一些简单的猜想。 5. 会独立思考问题，表达自己的想法。			

51

(续表)

内容 学段 / 年级	核心知识 （知识技能）	思维方法 （数学思考）	关键能力 （问题解决）	学科品格 （情感态度）	创新意识
第二学段 / 四年级	1. 体验从具体情境中抽象出数的过程，认识万以上的数及比较小数大小；理解负数的意义，了解小数、小数乘法；掌握三位数乘两位数、除以两位数加减法、小数乘法的计算方法；理解四则运算律、小数加减混合运算；理解方程的意义；能用方程表示简单的数量关系，能解简单的方程。 2. 认识线段、射线、直线，平行线、相交与垂直及梯形，进一步认识角和平行四边形；能在方格纸上用数对确定位置，描述简单的路线图，能从三个方向观察用小立方体搭成的立体图形的形状；掌握测量角、误图方法和画图形的基本方法。 3. 认识条形和简单的折线统计图，能用自己的语言解释有效地表示数据，认识平均数；能解释简单的随机事件，初步感受可能性有大有小。 4. 能借助计算器解决简单问题。	1. 初步形成数感和空间观念，感受符号和几何直观的作用。 2. 进一步认识到数据中蕴涵着信息，发展数据分析观念；感受随机现象。 3. 在观察、实验、猜想、验证等活动中，发展合情推理能力，能进行有条理的思考，能比较清楚地表达自己的思考过程与结果。 4. 会独立思考，体会一些数学的基本思想。	1. 尝试从日常生活中发现并提出简单的数学问题，并运用一些知识加以解决。 2. 能探索分析和解决简单问题的有效方法，了解解决问题方法的多样性。 3. 经历与他人合作解决问题的过程，尝试解释自己的思考过程。 4. 能回顾解决问题的过程，初步判断结果的合理性。	1. 愿意了解社会生活中与数学相关的信息，主动参与数学学习活动。 2. 在他人的鼓励和引导下，体验克服困难、解决问题的过程，相信自己能够学好数学。 3. 在运用数学知识和方法解决问题的过程中，认识数学的价值。 4. 初步养成乐于思考、勇于质疑，实事求是等良好品质。	
五年级	1. 认识倍数、因数、质数、合数，进行分数的再认识，比较大小；掌握小数除法、分数加减法、分数乘除法的计算方法。能正确进行小数混合运算，能解简单方程；能表述数量关系，能进一步运用方程解决问题。 2. 认识面积单位平方千米、公顷，简单组合图形的面积；能计算三角形、梯形、简单组合图形的面积，能估计长方体、正方体的表面积和体积；认识长方体、正方体、探索不规则物体体积的测量方法；体验简单图形的运动过程，能根据在方格纸上画出简单图形运动后的图形，能根据方向和距离确定位置。				

52

(续表)

内容\年段\年级	核心知识（知识技能）	思维方法（数学思考）	关键能力（问题解决）	学科品格（情感态度）	创新意识
	3. 认识复式统计图，用统计图直观、有效地表示数据；进一步认识平均数，体会平均性可能有大有小；通过一些游戏和活动，初步感受数据的随机性。				
六年级	1. 理解百分数的意义，能正确进行分数混合运算，能用比和比例的相关知识解决一些简单的实际问题；能用方程解决简单的百分数问题。 2. 认识圆及其特征，能正确计算圆的周长和面积；认识圆柱和圆锥，能计算圆柱的表面积和圆柱、圆锥的体积；进一步体验简单图形的运动过程，认识图和画图的简单的图形；进一步掌握测量、识图和画图的基本方法。 3. 认识扇形统计图，能选择合适的统计图直观、有效地表示数据；能把数据合理分组，初步体会数据的分布。				

教材为教学媒介实施的国家课程。"X"是依托数学学科特点以及学生学习需求,由师生自主开发、设计和实施的延伸课程,主要满足本校学生的个性化学习需求。"1"与"X"融合为一体实现"智趣数学"课程目标,建构智趣数学学习图景,即是"1+X"的涵义。

一、"智趣数学"课程结构

"智趣数学"课程依据《数学课标(2011年版)》、学生的发展特点而设置四大类别,即"智趣运算"、"智趣创意"、"智趣统计"、"智趣体验",具体课程结构图如下(见图2-1-1)。

图2-1-1 "智趣数学"课程结构图

(一) 智趣运算

智趣运算,与《数学课标(2011年版)》中所述"数与代数"领域相对应,旨在培养学生的数感,发展学生的运算能力,激发学生学习数学的兴趣,更有助于学生理解运算的算理,寻求合理简洁的运算途径解决问题。其开设的有"口算小能手"、"计算小行家"、

"除除有余"、"巧算专家"、"易学算术"、"妙趣算算算"、"数学百分百"等课程。

（二）智趣创意

智趣创意，与《数学课标（2011年版）》中"图形与几何"领域相对应，注重发展学生的空间观念、几何直观，让学生经历拼搭图形的过程，体会图形之间的联系与变化，在活动中提高动手操作的能力，发展初步的创新意识，感受图形之美。其开设的有"快乐拼搭"、"风筝的秘密"、"壁纸设计师"、"巧手包装"等课程。

（三）智趣统计

智趣统计，与《数学课标（2011年版）》中"统计与概率"领域相对应，注重发展学生的数据分析观念，经历在实际问题中收集和处理数据、利用数据分析问题、获取信息的过程，掌握数据收集、整理和分析的方法，使学生能对数据进行归类，体验数据中蕴涵的信息。内容为数据的分类、收集、整理、分析，感受简单的随机事件及其结果发生的可能性大小。其开设的有"整理我能行"、"环保小卫士"、"完善图书角"、"精彩足球赛"、"设计游戏规则"等课程。

（四）智趣体验

智趣体验，与《数学课标（2011年版）》中"综合与实践"领域相对应，在于培养学生应用有关的综合知识与方法解决实际问题，培养学生的问题意识、应用意识和创新意识，积累学生的活动经验，提高学生解决现实问题的能力。内容为创设生活情境，解决生活中真实存在的问题。开设的有"制作年历"、"购物小达人"、"节约用水"、"生活中的数学"和"旅游中的数学"等课程。

二、"智趣数学"课程年级设置

根据"智趣数学"课程的整体架构，除基础类的课程之外，根据不同年级学生的年龄特点设计和实施拓展类课程，其课程设置如下表（见表2-1-2）。

表2-1-2 "智趣数学"课程设置表

年级＼内容	智趣运算（数与代数领域）	智趣创意（图形与几何领域）	智趣统计（统计与概率领域）	智趣体验（综合与实践领域）
一年级上学期	易加易减	快乐拼搭（一）	整理我能行	家中数学
一年级下学期	百数能手	快乐拼搭（二）	分扣子的学问	小伙伴分家

(续表)

内容 年级	智趣运算 (数与代数领域)	智趣创意 (图形与几何领域)	智趣统计 (统计与概率领域)	智趣体验 (综合与实践领域)
二年级上学期	口算小能手	风筝的秘密(一)	环保小卫士	购物小达人
二年级下学期	除除有余	风筝的秘密(二)	完善图书角	我来当向导
三年级上学期	计算小行家	校园中的测量	我喜爱的运动	制作年历
三年级下学期	易乘易除	小小调查员	精彩足球赛	对称美学
四年级上学期	巧算专家	旅游路线图	生日party	节约用水
四年级下学期	易学算术	探秘内角和	生长的秘密	"砖"家
五年级上学期	加减乘除	壁纸设计师	设计游戏规则	设计旅游方案
五年级下学期	妙趣算算算	巧手包装	环保监测员	生活中的数学
六年级上学期	数学百分百	生活中的"圆"	家庭消费我参与	旅行中的数学
六年级下学期	玩转数字	小小创意师	我的变化我知道	妙笔绘图

学科课程实施　智慧中聪颖，快乐中成长

数学学习"应当是一个生动活泼的、主动的和富有个性的过程"[1]，这就要求：数学课程内容的组织，要重视过程，要重视直接经验的获得；数学课程的实施，要符合学生的认知规律，贴近学生的实际，有利于学生体验与理解、思考与探索；要为学生创造"足够的时间和空间经历观察、实验、猜测、计算、推理、验证等活动过程"[2]；要体现小学生学习数学的重要方式即动手实践、自主探索与合作交流，让学生在智慧中聪颖，在快乐中成长。

因此，"智趣数学"又依据其课程理念、课程目标，从六个方面进行课程实施及评

---

[1] 中华人民共和国教育部. 义务教育数学课程标准(2011年版)[S]. 北京：北京师范大学出版社，2012：2.

[2] 中华人民共和国教育部. 义务教育数学课程标准(2011年版)[S]. 北京：北京师范大学出版社，2012：2—3.

价，即：智趣课堂、"智趣数学"课程群、基于项目的学习、智趣研学、智趣社团、智趣方法指导。

一、构建"智趣课堂"，让"教""学"共同生长

"智趣课堂"力图体现"尊重、温暖、快乐、成长"的文化核心，坚守"智从趣生，趣由智始、智趣共生"的学科理念，兼顾"主体性、发展性、趣味性、实效性、创新性"，让学生在智慧中聪颖，在快乐中成长。

（一）"智趣课堂"的要素

"智趣课堂"，倡导教学是激发和维持学生自我学习及自我实现的过程，其实施策略是引发学生的好奇心，唤起学生思考，让学生学会学习。基于这样的思考，结合数学学科教学实践，提炼出"智趣课堂"四要素：

一是创设情境，激发兴趣。在教学实践中，立足学生已有的经验基础，充分考虑学生的兴趣，根据学习内容，挖掘教学资源（可以是文本资源，也可以是音像、视频，还可以是其他方面的学习资源），从引入到运用，创设学生感兴趣的情境，调动学生的学习积极性。

二是互动对话，积极质疑。师生在有组织的和有主题的引导下讨论和交流。交互对话中，互相质疑，深入思考，分享方法，体验合作之趣，达到对所学内容全面、正确的理解，完成所学知识的建构。

三是展示研讨，智慧分享。展示分享，达成共识，体验智慧共享。师生在展示中对展现的策略、态度等及时评价，以评价引导与鼓励自我纠正、反思与提高。

四是拓展延伸，共同成长。这是师生学习的延展，也是对学习目标达成情况的监测与评价，更是将学习的内容进行扩展与应用，体现师生的教学相长，共同成长。

从核心知识拓展出的问题情境或者以学生的学习生成作为"蓝本"设计出拓展延伸的学习内容，鼓励学生独立思考与综合应用，支持相互探讨，在思辨中更加明晰概念，并逐步建构起数学的知识网络体系与基本的思想方法。

（二）"智趣课堂"的评价要求

依据"智趣课堂"要素和课堂教学实践研究，学校逐步建立并完善《"智趣课堂"评价标准》（见表 2-1-3）。

表 2-1-3 "智趣课堂"评价标准

课题			执教人	评课人	班级
维度		A 85—100	B 75—84	C 60—74	D 60 以下
智趣相长	主体性 30 分	\multicolumn{4}{l	}{1. 目标明确。学习目标的制定明晰、正确,叙写规范,目标具体可测评。 2. 以学定教。立足学生已有的经验基础,充分考虑学生的兴趣,根据学习内容,挖掘各种教学资源创设学生感兴趣的情境,调动学生的学习热情。 3. 因材施教。在课堂教学的各个环节关注学生的差异性,兼顾各个层面的学生。}
	发展性 20 分	\multicolumn{4}{l	}{1. 活动自主。体现让学生自主"发现问题,提出问题,分析问题,解决问题"的原则。 2. 赏识激励。关注学习过程,课堂评价及时、准确、丰富,以激励、欣赏为主。 3. 寓教于乐。教态亲切,语言亲和,方法灵活。}
智趣共生	趣味性 20 分	\multicolumn{4}{l	}{1. 互帮互学。有效进行小组合作学习。 2. 乐思善述。学生的思维有广度和深度,勇于发表自己的观点,乐于听取别人的意见。 3. 积极参与。在学习过程中学生积极、投入,气氛活跃。}
	实效性 20 分	\multicolumn{4}{l	}{1. 知行合一。重知识与能力的综合、过程与技能的转化、体验与品质的过渡。 2. 目标达成。体现"教—学—评"的一致性,学习目标达成度高。 3. 智趣共生。体现"智从趣生,趣由智始、智趣共生"的学科理念。}
\multicolumn{2}{l	}{创新性 10 分}	\multicolumn{4}{l	}{恰当运用电子白板等多媒体,理念先进,教师创教、学生创学,课堂中有创新点。}

二、建设"智趣数学"课程群,让素养逐步提升

学校以国家统编教材为原点,按照"1+X"形式组建该课程群,促进学生数学素养的提升。

(一)"智趣数学"课程群的构建与实施

"智趣数学"课程群,包括"智趣运算"、"智趣创意"、"智趣统计"、"智趣体验"四大类别课程,根据学生的年龄特点和已有知识经验,每个学期开发设置横向分布的四大类别课程。同时,每类课程按学期开发设置纵向分布的 12 门课程,通过纵向、横向课程循序渐进的实施,激发学生的兴趣爱好和学习潜能,促进学生数学学科学习效能的提高,全面提升学生的学科素养。

(二)评价要求

针对"智趣数学"课程群的课程内容,进行过程性评价和阶段性评价相结合的评价。

1. 评价目标

从以下几方面的要求设计和开展评价:一是在知识或技能的某些方面获得进一

步的拓展或提高;二是兴趣爱好和潜能得到进一步开发和发展;三是在自学能力、合作能力、批判性思维能力、发现问题、分析问题和解决问题的能力等方面得到增强;四是勇于探索、积极创新、自觉钻研、进取向上的精神得到培养。

2. 评价内容

凸显过程性评价,主要依据师生的学习过程记录数据,包括课堂学习表现、任务完成情况、参与活动情况、团队合作情况、能力达成、学习体会等。

注重阶段性评价,针对学生学期或年段的学习情况开展阶段性学业测评,包括成果展评、学业测评、团队展示等,及时发现不足,并改进、完善。

3. 评价方式

采取自评、师评、互评、家长评多位一体的评价方式。一是自我评价:由师生商议、确立评价项目和评价方法,学生进行自我评价。二是教师评价:由教师通过观察、学习过程中记录,以及多种形式的作业、作品等,对学生进行评价。三是相互评价:借助评价量表,生生互评。四是家长评价:家长参与的评价。

三、实施"基于项目的学习",让学习回归真实[①]

基于项目的学习(project based-learning,简称 PBL)是一种教与学的模式,与传统教学方式相比,具有鲜明的特质和要素,强调真实情境、复杂问题、超越学科、专业设计、合作完成、成果导向及评价跟进。

项目化学习已成为我校"智趣数学"实施的重要路径之一,在部分年级采用微项目、学科项目、跨学科项目多种形式进行。

"智趣数学"项目学习包括设计八要素、实施七步骤、评价六原则。

(一)设计八要素[②]

"智趣数学"项目化学习在进行项目设计时要具备以下八个要素。

第一是学习目标的设定。一个项目的学习目标设计与学科的关键知识、21世纪核心素养等相关,这些是项目设计的起点与目标。

[①] 夏雪梅.项目化学习设计:学习素养视角下的国际与本土实践[M].上海:教育科学出版社,2018:6—14.
[②] 侯清珺,王黎超.基于项目学习的学习力培养实践探索[J].今日教育,2018(03):22—25.

第二是驱动性问题的确定。一个挑战性的任务和真实问题驱动学生在项目中不断探究、反复完善作品的动力，使学生的学习更主动、有意义。

第三是学生的意见和选择。在基于项目学习的过程中，学生是学习的发起者、主人翁，学生通过项目评价量规的制定，明白自己所承担的任务、角色以及即将完成的作品或者任务。

第四是持续性的学习探究过程。一个项目单元，小学生完成的进度快则几天完成，而有的可能会持续几个星期。在与同伴们积极、深入学习中，学生往往会提出新的、更多的问题，不断地寻求更多资源调整自己的解决方案，学习过程甚至根据学生的学习情况不断生成与迭代。

第五是作品制作与展示。在项目设计时，要考虑：学习成果是什么？阶段性的作品是什么？成果的评价量规是什么？明确而清晰的成果标准，不仅引领者学生朝着这个目标进行奋斗，也给家长、社区等专业人士参与到学生的学习过程中，提供明确的目标和机会。

第六是评价量规的设计。在学习开始之前，教师会设计大量的评价量规，如：学生团队学习的量规、成果评价量规等，这些评价量规应在学生开始学习之前明晰。它不仅起到评价引导的作用，同时为学生的各阶段学习锚定目标，不断地推进 PBL 的学习过程。

第七是自我反思的能力。自我反思的过程，可以不断地贯穿在 PBL 的进行过程中，还可以在学生作品完成的关键时间节点作为清晰的评价方式给出明确的指导，为学生知识和技能的学习搭好脚手架。

第八是资源和专业支持。在 PBL 中，社会资源和专业人士参与，决定项目学习的真实性和开放性，对学生学习动力也起着助推作用。

（二）实施七步骤

"智趣数学"项目化学习在实施时应遵循以下七个步骤有序开展实施：第一步，细化分解课程标准；第二步，项目导入事件；第三步，学生已知和需知的分析；第四步，制定项目的驱动性问题；第五步，提供项目脚手架知识；第六步，项目评价量规的设计；第七步，项目成果展示和反思。

（三）评价六原则

"智趣数学"项目化学习的评价分别由专家、学者、老师、同学以及学生本人共同完成。

在项目实施过程中制定系列科学的评价量表,涵盖过程和结果的评价,做到定量评价和定性评价、形成性评价和终结性评价、自我评价和他人评价的结合。

评价时坚持六个原则,即:评价实施一体化,评价内容多要素,评价等级多层次,评价主体多元化,评价任务更聚焦,评价量化易操作。

下表是评价量表之一的"小组学习效果评价量表"(见表2-1-4)。

表2-1-4　小组学习效果评价量表

第_____小组　姓名:_____

类别	评价内容	初级标准(C)	中级标准(B)	高级标准(A)	组别	等级	评论
小组评价	参与态度 沟通交流 大胆质疑 同伴合作 互相帮助	有参与小组活动,同伴交流时能回应,按照要求,配合同伴完成任务	有参与小组活动,能完成自己的分工,能与同伴交流,表述自己的想法,在同伴合作时,积极完成自己的任务	积极参与小组活动,在与同伴交流中,表述自己的想法,质疑别人的观点,能帮助同伴共同完成任务	1 2 3 4 5 6		
个人评价	学习兴趣 自我反思 重组信息 形成见解 自我表述 积极思考	有一定的学习兴趣,根据安排的任务去查找资料	有一定的学习兴趣,会查找相关信息,有一定的想法,能思考与之相关的问题,会表达自己的观点,并能在同伴的指导下进行自我反思。	学习兴趣浓厚,学习热情高涨,能根据老师、同伴提供的资料,重组信息形成见解,并清晰地表述自己的观点,积极思考,任务完成后能进行自我反思	自评 小组评 师评		

此评价量表在各小组之间进行展示和回到组内进行总结、交流的时候使用,通过多维度、多层面的评价和反馈,能够增强学生的自信心,激发学习的兴趣和动力。

四、开展"智趣研学",让体验学习深入生活

把数学问题生活化,生活问题数学化,让教育重归生活,是数学教育的一种趋势和共识。乐享研学体验,就是倡导生活场景即课程,鼓励孩子回归生活,打通生活世界与数学世界的通道,在研学探究中快乐学习。

（一）设计与实施

数学实践活动的主体是学生，教师在活动中处于辅导地位。

活动设计：一是教师根据学生的学习内容引导学生去观察生活，留心生活中的数学问题，从而产生研学活动主题；二是学生可以根据自己的实际，自定活动主题，根据活动主题去查找资料，设计活动方案等。

活动实施：依据活动设计，在同伴合作或老师、家长的指导下共同完成，运用所学知识去解决生活中的数学问题，体验数学与生活的联系，体验数学的应用价值，在解决问题的过程中提高动手操作能力，自觉进行数学思考，提高综合能力。

（二）评价要求

数学实践与应用的活动评价实行多元评价，以老师评价、家长评价、学生自评相结合，关注学生自主、合作、探究的意识。

评价主要从四个方面进行具体的实施，即：活动主题体现数学问题生活化，活动方案设计的合理化，活动过程中解决问题的科学化，活动成果呈现的数学化。"智趣研学"评价量表如下（见表2-1-5）。

表2-1-5 "智趣研学"评价量表

项目	A级	B级	C级	个人评价	同学评价	教师评价
积极参与	认真听讲，参与讨论态度认真。	能认真听讲，有参与讨论。	无心听讲，极少参与讨论。			
提出问题	大胆提出和别人不同的问题，大胆尝试并表达自己的想法。	有提出自己的不同看法，并作出尝试。	不敢提出和别人不同的问题，不敢尝试和表达自己的想法。			
解决问题	搜集整理材料，综合运用数学知识探究问题。	有搜集材料，有运用数学知识解题。	尚未搜集材料，没有运用数学知识。			
善于与人合作	善于与人合作，虚心听取别人的意见。	能与人合作，能接受别人的意见。	缺乏与人合作的精神，难以听进别人的意见。			
我这样评价自己：						
同伴眼里的我：						

五、开设"智趣社团",让特色丰富多彩

结合数学学科特点和学生的真实需要,开展丰富多彩的社团活动,学生在参与社团活动中,提高综合能力和合作精神,丰富特长与爱好。

(一) 建立与实施

与小学数学"实践与应用"领域相结合,或以学生自发的与数学有关的特长爱好为主题,成立相应的智趣社团。

社团以小组合作形式确定活动主题,设计活动方案,实施社团活动。

社团活动应具备情境、任务、过程、资源、成果与评估六个要素。

(二) 评价与要求

"智趣社团"的评价内容包含社团组织和组员参与两个方面。

社团组织的评价内容有:主题的选择,资料的查找,方案的设计,活动过程中小组成员的分工,活动的成果等。

组员参与的评价内容有:参与活动的主动性,在活动中是否贡献有价值的思考,会与其他组员合作解决问题,会倾听别人的意见或建议。"智趣社团"评价量表如下(见表2-1-6)。

表2-1-6 "智趣社团"评价量表

项目\内容	内容	分值	自评	校评
资料装订	有封面,装订规整,协调统一,有目录和具体的页码。	10		
活动目标	活动目标基于数学学科课程特点,合理清晰,符合学生年龄特征和认知规律,注重对学生数学素养的培养。	10		
活动内容	内容设计有吸引力,具有激励性与可操作性,彰显社团的数学个性特色。	20		
活动实施	《课程纲要》规范、合理,学期实施计划、活动设计内容、活动过程性资料详实,有团队成员的活动记录档案。	40		
活动评价	运用多种评价方式(观察与记录、问卷调查、面谈讨论等),注重学生的过程性评价与实践操作、创新思维的培养。	20		
总评等级				
备注				

六、实施"智趣方法"指导,让学习事半功倍

古人云:"授人以鱼,不如授人以渔。"

萨穆尔·斯迈尔说:"播种思想,收获行动;播种行动,收获习惯;播种习惯,收获性格;播种性格,收获命运。"

方法是养成习惯的重要途径,是解决问题的重要策略,是打开知识宝库的"金钥匙"。

(一)实施要领

在"智趣数学"课程实施过程中,学习方法的指导应贯穿始终,每一位数学教师都要认真负责,从小处着手,从点滴做起,培养学生的学习习惯和学习方法,在具体操作时坚持以下三个要领。

1. 端正态度,养成习惯

著名教育家叶圣陶说过:"凡是好的态度和好的方法,都要使它化成习惯。"学生掌握学习方法仅仅是第一步,必须通过反复实践,多次训练,才能逐步形成良好的学习习惯。从掌握方法到养成习惯是一个很大的飞跃,必须经过长时间的严格训练。如:掌握验算方法并不难,但要养成验算习惯却非易事,必须持之以恒,严格要求,严格训练。

2. 循序渐进,掌握流程

学生掌握一套科学的学习方法不是一朝一夕的事,必须从低年级开始,逐步加以培养。既保证培养的连续性,又能够随着年级的升高,逐步提高要求。如:课前预习,自主学习;课堂听讲,认真笔记;课后练习,巩固提高;测验查补,温故知新;回想归纳,创新提高。

3. 言传身教,潜移默化

模仿性强是小学生的心理特征之一。小学生的各种习惯,起始于模仿。因此,教师的示范作用对学生掌握科学的学习方法和形成良好的学习习惯有着极为重要的作用。如:教师在讲课时,要正确运用数学语言,条理清晰;在解题或演算的过程中,要自觉认真审题,按步分析,最后认真检查验算;批改作业或板书时,要坚持书写工整美观,格式布局合理等,这一切都会给学生良好的影响,产生潜移默化的作用。

(二)评价要求

从评价教师和评价学生两个方面进行评价。

一是根据平时观课、作业展评、班级成绩、质量分析等方面的情况对教师培养学生

学习方法的效果进行评价,及时发现问题,改进完善。

二是根据课前预习、课堂听讲、问题回答、同伴互助、学业成绩、作业书写等方面监测学生学习习惯的养成和学习方法的掌握情况,及时评价,促进学生的有效学习。

综上所述,"智趣数学"课程秉持学科理念,既面向全体学生,又适应学生个性发展需要,因学而教,顺学而导,因材施教,智趣共生,帮助学生找到适合自己的学习方法,不断建构自己的知识体系,逐步提升数学素养,使"人人都能获得良好的数学教育,不同的人在数学上得到不同的发展"[①]。

（撰稿人：张伟振　窦立涛　张丽娟　王黎超）

---

① 中华人民共和国教育部. 义务教育数学课程标准(2011年版)[S]. 北京：北京师范大学出版社,2012：2.

第二节　火花数学：让思维生长出绚丽的火焰

郑州市金水区文化绿城小学作为"新世纪小学数学研究与应用基地"百所示范校之一，拥有一支善于学习、努力钻研、勇于创新、团结向上的数学教师队伍，现有36名教师，其中国家级骨干教师1名，市骨干教师1名，区梯队教师13名。教师团队发挥合力，携手共进，取得丰硕成果。

学科课程哲学　促进学生思维生长的能量场

一、学科价值观

《数学课标（2011年版）》指出："数学是研究数量关系和空间形式的科学……数学是人类文化的重要组成部分，数学素养是现代社会每一个公民应该具备的基本素养……义务教育阶段的数学课程是培养公民素质的基础课程，具有基础性、普及性和发展性。数学课程能使学生掌握必备的基础知识和基本技能，培养学生的抽象思维和推理能力，培养学生的创新意识和实践能力，促进学生在情感、态度与价值观等方面的发展。义务教育的数学课程能为学生未来生活、工作和学习奠定基础。""作为促进学生全面发展教育的重要组成部分，数学教育既要使学生掌握现代生活和学习中所需要的数学知识与技能，更要发挥数学在培养人的思维能力和创新能力方面的不可替代的作用。"[1]

二、学科课程理念

"数学教学是思维活动的教学"[2]，"教育不是灌输，而是点燃火焰"[3]。我校数学教师团队的共识是：基础阶段的数学教育是要关心学生的思维过程，抓住数学的本质，

---

[1] 中华人民共和国教育部. 义务教育数学课程标准（2011年版）[S]. 北京：北京师范大学出版社，2012：1.

[2] ［苏］AA 斯托利亚尔. 数学教育学[M]. 北京：人民教育出版社，1985：89.

[3] 令婧. 苏格拉底教育理念的现代性反思[J]. 内蒙古电大学刊，2011(03)：59—62.

启发独立思考，参与有价值的讨论。"学会用数学的眼光观察世界，用数学的思维方式分析解决现实问题。在掌握知识技能的同时，感悟数学的基本思想，积累数学思维的经验，形成适应个人终身发展和社会发展需要的、具有数学特征的关键能力与思维品质"①。数学教育不仅要让学生"学会"（即掌握知识），更重要的是让学生"会学"（即掌握思想方法，发展思维，形成能力）。所以，发展学生的数学思维能力是培养学生数学核心素养的关键，也是实施数学课程的关键。鉴于此，学校提出"火花数学"的数学课程理念。

"火花"在汉语词典中解释为"迸发出的火焰"②。在这里寓意数学思维碰撞时所生发的火星，预示着学生思考力和生命力的成长。

"火花数学"以"让思维生长出绚丽的火焰"为学科理念，注重学生在数学学习中获取数学知识、形成数学技能、发展数学能力的思维活动。

（一）"火花数学"是"启思"的数学

"火花数学"强调在获取数学知识技能的同时，让学生经历完整思考的过程。其"以多维对话为形式，以交互反馈为保障"③，倡导敢于质疑、思疑，使数学思维经历扩散和创造，让学习过程充满积极求知的主动精神。

（二）"火花数学"是"碰智"的数学

在沟通表达中，展示共享，实现信息的交流与互补；碰撞共振，实现智慧的互动和共生。不同层次的学生相互寻证、辩护、比较和发展彼此观点，逐步达到对数学知识本质和规律的理性认识，形成对问题的独立见解。

（三）"火花数学"是"燃慧"的数学

通过思维碰撞的学习互动、思维对话和严谨的论证过程，"内化于头脑中的观察、分析、判断和推理等思维形式与理性精神，最终产出思维成果"④，并从数学的角度有

---

① 史宁中.学科核心素养的培养与教学——以数学学科核心素养的培养为例[J].中小学管理，2017（01）：35—37.
② 郝迟，盛广智，李勉东.汉语倒排词典[Z].哈尔滨：黑龙江人民出版社，1987：288.
③ 祝智庭，肖玉敏，雷云鹤.面向智慧教育的思维教学[J].现代远程教育研究，2018（01）：47—57.
④ 刁隆信.试论主体的认知结构在认识过程中的作用[J].新疆大学学报（哲学社会科学版），2004（02）：29—32.

条理地应用于实际生活,解决各种数学问题,体会学习数学的价值。

总之,"火花数学"立足于思维方式和课堂文化的变革,创设对话、争辩的机会,学生各抒己见、百家争鸣,发表自己的不同见解,碰撞出智慧的火花。其用数学学科特有的理解问题和分析问题的思维方式,发展深入思考问题时所需要的能力。从思维层面上构建数学学科核心素养体系的系统性、完整性和丰富性,并通过课程实施将其转化为内在品质。

学科课程目标　让学生思维火种生长绽放

《数学课标(2011年版)》中所述数学课程的总目标是:"通过义务教育阶段的数学学习,学生能获得适应社会生活和进一步发展所必须的数学的基础知识、基本技能、基本思想、基本活动经验;体会数学知识之间、数学与其他学科之间、数学与生活之间的联系,运用数学的思维方式进行思考,增强发现问题和提出问题的能力、分析问题和解决问题的能力;了解数学的价值,提高学习数学的兴趣,增强学好数学的信心,养成良好的学习习惯,具有初步的创新意识和实事求是的科学态度。"[1]

一、学科课程总体目标

为实现"人人都能获得良好的数学教育,不同的人在数学上得到不同的发展"[2]的培养目标,结合《数学课标(2011年版)》中知识技能、数学思考、问题解决、情感态度四方面阐述,我校提出"火花数学"课程目标,即让学生思维火种生长绽放,并从"知识能力、数学思维、问题解决、学习品格"四部分予以阐述。

(一)知识能力目标

基础知识的理解和基本技能的形成是学科核心素养生成的重要方面之一。在知

---

[1] 中华人民共和国教育部. 义务教育数学课程标准(2011年版)[S]. 北京:北京师范大学出版社,2012:8.
[2] 中华人民共和国教育部. 义务教育数学课程标准(2011年版)[S]. 北京:北京师范大学出版社,2012:2.

识能力方面,要重视经历数与代数的抽象、运算与建模等过程,掌握数与代数的基础知识和基本技能;经历图形的抽象、分类、性质探讨、运动、位置确定等过程,掌握图形与几何的基础知识和基本技能;在实际问题中收集和处理数据、利用数据分析问题、获取信息的过程,掌握统计与概率的基础知识和基本技能;参与综合实践活动,积累综合运用数学知识、技能和方法等解决简单问题的数学活动经验。

从学生的角度来说,理解和体验知识的形成过程非常重要,知识和能力是密切相关的,知识积累的转化就是能力。因此在基础教育阶段,应该将重点放在培养能力上,为学生的后续发展打下坚实的基础,为学生的终身学习做好充分的准备。

(二) 数学思维目标

"学科思维层是学科课程的灵魂,也是学科课程与'内在品质'相应的本质之所在。"[1]

数学思维的具体目标为:建立数感、符号意识和空间观念,初步形成几何直观和运算能力,发展形象思维、抽象思维与数据分析观念,在参与观察、实验、猜想、证明、综合实践等数学活动中,发展合情推理和演绎推理能力;学会有根据地思维、有条理地思维、有深度地思维,重视个体独立思考;强调主体性和创造性,并通过表达,将知识激活和转化,从而达到共享、共进。

(三) 问题解决目标

问题解决目标的具体内容为:学会从数学的角度发现问题和提出问题,综合运用数学知识解决简单的实际问题,获得分析问题和解决问题的基本方法,体验解决问题方法的多样性;增强应用意识,提高实践能力;初步形成评价与反思的意识;发展创新意识;学会与他人合作交流。

(四) 学习品格目标

学习品格目标的具体内容为:积极参与数学活动,拥有对数学的好奇心和求知欲;在数学学习过程中,能体验到获得成功的乐趣,建立自信心;体会数学的特点,了解数学的价值;养成认真勤奋、独立思考、合作交流、反思质疑等学习习惯;形成坚持真

---

[1] 喻平.发展学生学科核心素养的教学目标与策略[J].课程.教材.教法,2017,37(01):48—53.

理、修正错误、严谨求实的科学态度。[①]

需要说明的是,以上这四个方面不是相互独立和割裂的,而是一个密切相关、相互交融的有机整体。这些目标的整体实现,是学生受到良好数学教育的标志。

二、学科课程年级目标

依据如上课程总体目标,"火花数学"课程目标细化到各年级,具体如下(见表2-2-1)。

表2-2-1 "火花数学"年级课程目标一览表

目标 年级	知识能力目标	数学思维目标	问题解决目标	学习品格目标
一年级	经历从日常生活中抽象出数的过程;掌握100以内数加减法的运算技能并解决简单的实际问题;认识简单几何体和平面图形。	发展初步的观察、分析能力,建立初步的数感与符号感;初步形成独立思考的意识;初步发展观察、想象和动手实践能力。	能简单描述现实生活中的事物;发现并提出简单的数学问题;初步学会表达解决问题的大致过程和结果,有与同伴合作解决问题的意识。	对身边与数学有关的事物有好奇心与求知欲;在老师的指导下能参与数学活动;初步感受数学与生活有密切联系。
二年级	掌握万以内数加减法、100以内数加减混合的运算技能;认识乘除法,并能利用乘法口诀进行乘除法的计算;掌握初步的测量、识图和画图的技能。	发展观察、分析、抽象、概括能力;建立数感;初步形成独立思考和探索的意识;发展空间观念;经历数据的搜集、整理、分析过程。	能解决简单的实际问题,初步学会表达解决问题的大致过程和结果,体会解决问题策略的多样性;初步学会与同伴合作。	增强学习数学的兴趣和自信心;在数学活动中体会数学与日常生活的密切联系;感受学习数学的乐趣。
三年级	初步认识分数和小数;能进行同分母分数加减运算;掌握两位数乘两位数、两三位数除以一位数以及万以内数的四则运算;认识周长和面积并能计算长方形、正方形的周长和面积;感受平移、旋转、轴对称现象;再次积累收集、整理数据的活动经验并能呈现整理数据的结果。	发展推理能力;能对现实生活的有关数学问题进行分析和解释;能进行有条理地思考,对结论作出合理的说明与解释。	学会一些解决问题的策略,体会解决问题策略的多样性;在教师的指导下反思自己的学习过程,发展主体意识;能够尝试回顾解决问题的过程,体验与他人合作交流解决问题的过程。	对身边与数学有关的事物有强烈的好奇心;能克服困难,体验获得成功的乐趣;能倾听别人的意见,并尊重客观事实;感受数学与生活有密切联系。

[①] 中华人民共和国教育部. 义务教育数学课程标准(2011年版)[S]. 北京:北京师范大学出版社,2012:9.

(续表)

目标 年级	知识能力目标	数学思维目标	问题解决目标	学习品格目标
四年级	认识万以上的数；掌握三位数乘、除以两位数、运算律以及混合运算的运算技能；了解小数和负数的意义；能用方程表示简单的数量关系；认识线段、射线、直线、平行线、平角、周角、梯形、平行四边形等图形的基本特征；了解确定物体位置的基本方法；掌握测量、识图和画图的基本方法；认识条形和折线统计图，感受简单的随机事件。	初步形成数感和空间观念；发展推理能力，能有条理的思考；感受模型思想；通过实例感受简单的随机现象，发展合情推理能力。	能发现有价值的数学问题，提高分析问题和解决问题的能力，尝试解释自己的思考过程，发展应用意识；能根据统计图回答简单的问题。	养成独立思考、主动与他人合作交流、反思等良好的学习习惯；感受数学与日常生活的密切联系；初步培养对解题结果进行检验和解释的习惯。
五年级	理解掌握倍数与因数、分数的再认识及分数加减法、乘除法的运算技能；掌握小数混合运算；会运用方程解决问题；会计算长方体、正方体的表面积和体积；会用复式统计图表示数据，感受数据的随机性。	在探究长方体、正方体的相关活动中发展空间观念；通过用统计图直观有效地表示数据，进一步发展数据分析观念。	能解决生活中的实际问题，经历将现实问题抽象为数学问题的过程；在实践与探索的过程中，尝试用多种方法解决问题。	在问题探索的过程中，逐步养成善于猜想、敢于质疑、举例验证的数学思维习惯；培养面对挑战、克服困难的学习精神。
六年级	理解百分数的意义；认识比、比例、正比例、反比例和比例尺，并解决相关问题；认识圆、圆柱、圆锥及其特征，会计算圆的周长、面积和圆柱的表面积；认识扇形统计图，会根据实际情况选择合适的统计图。	发展空间观念；经历猜想与验证；体会数学思想方法；在问题解决的过程中，能清楚地表达自己的思考过程与结果。	能尝试回顾解决问题的过程，正确表达自己的想法，判断结果的合理性；经历多种方法解决问题的过程；经历与他人合作交流解决问题的过程。	养成独立思考，勇于质疑的学习习惯；形成热爱数学的积极情感；培养面对挑战、克服困难的学习精神。

总之，学校秉承"火花数学"课程理念，围绕课程目标，在达成"四基"、"四能"的基础上，促进学生数学核心素养的发展，让每一个学生都能获得适合自己的数学教育。

学科课程框架　建构思维生长的多维坐标系

"火花数学"课程旨在培养学生适应终身发展和未来社会发展所需的必备品格和关键能力，建构促进思维生长的多维坐标系，力争满足学生个性发展需求，开发和培育学生的潜能和特长，使学生获得更为全面的知识与能力，全面提升数学核心素养。

一、学科课程结构

根据教师、学生及本校资源，按照《数学课标（2011年版）》的"数与代数"、"图形与几何"、"统计与概率"、"综合与实践"四部分课程内容，以北京师范大学出版的义务教育数学教科书为主要教材与学材范本，学校将"火花数学"课程划分为"火花代数"、"火花几何"、"火花统计"、"火花实践"四大类别，具体课程结构如下（见图 2-2-1）。

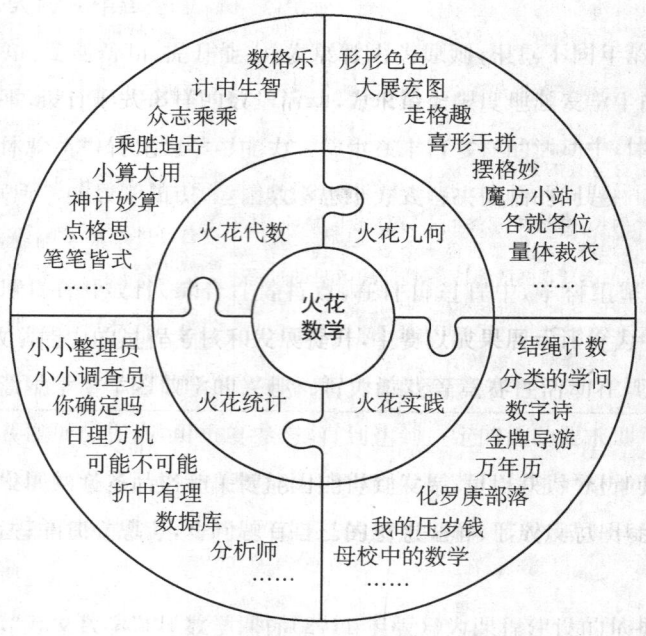

火花代数：数格乐、计中生智、众志乘乘、乘胜追击、小算大用、神计妙算、点格思、笔笔皆式……

火花几何：形形色色、大展宏图、走格趣、喜形于拼、摆格妙、魔方小站、各就各位、量体裁衣……

火花统计：小小整理员、小小调查员、你确定吗、日理万机、可能不可能、折中有理、数据库、分析师……

火花实践：结绳计数、分类的学问、数字诗、金牌导游、万年历、化罗庚部落、我的压岁钱、母校中的数学……

图 2-2-1　"火花数学"课程结构图

(一)"火花代数"课程

该课程聚焦数与代数领域,结合北师大版小学数学教材,选择凸显数感、运算能力、问题解决方面的课程内容,旨在提高学生的运算和解决问题的思维与应用能力,体会数学与生活之间的联系。

(二)"火花几何"课程

该课程聚焦图形与几何领域,通过眼看、手做、脑想、耳听、口说等活动,有效探究图形与几何的世界,培养发展学生空间观念和空间思维能力,感悟数学的趣味性和生动性。

(三)"火花统计"课程

该课程聚焦统计与概率领域,选择发生在学生身边的或学生需要了解的、熟悉的事物为调查主题,让学生经历简单的数据收集、整理、分析和推断的过程,认识统计的重要作用,体验概率的意义,培养统计意识和数据分析能力。

(四)"火花实践"课程

该课程聚焦综合与实践领域,通过了解数学的起源、数学的历史、数学科学家的故事等,沟通起数学与人文之间的关系,让学生感受数学的博大精深,培养高阶思维和综合应用能力。

二、学科课程设置

"火花数学"在基础课程实施的基础上,结合学校课程资源,对课程的内容体系进行了系统构建。遵循学生的身心发展规律,按照不同年级、学期编排拓展课程。

拓展课程保持由简至繁的整体连贯性,追求学科知识的"逻辑链"和学生头脑中的"思维链",相互融合与提升,关注学生的思维,使之在不断的探索和碰撞中得以深化和提升。具体设置如下(见表2-2-2)。

表2-2-2 "火花数学"课程设置表

年级册别	课程类别	火花代数	火花几何	火花统计	火花实践
一年级	上册	数格乐	形形色色	小小整理员	结绳计数
	下册	计中生智	大展宏图	小小调查员	分类的学问

(续表)

课程类别 年级册别		火花代数	火花几何	火花统计	火花实践
二年级	上册	众志"乘乘"	走格趣	你确定吗	数字诗
	下册	乘胜追击	喜形于拼	思前想后	金牌导游
三年级	上册	神计妙算	摆格妙	日理万机	万年历
	下册	小算大用	魔方小站	可能不可能	华罗庚部落
四年级	上册	点格思	各就各位	讲是说非	鸡兔同笼
	下册	"笔笔"皆式	巧夺"田"工	折中有理	我的压岁钱
五年级	上册	一题之师	左图右意	数据库	独数一帜
	下册	填格理	量体裁衣	凿凿有据	游中数学
六年级	上册	乘格智	破矩为圆	分析师	有史以来
	下册	老谋深算	小"图"大作	条分缕析	母校中的数学

学科课程实施　助力生命成长

"火花数学"课程,以"重体验、做中学、育思维"助力生命成长。该课程从"火花课堂"、"火花社团"、"火花数学节"、"火花竞赛"、"火花行走"几方面进行实施和评价。

一、建构"火花课堂",落实数学课程

(一)"火花课堂"的要义与操作

"火花课堂"通过建立统一的思维与运用模式进行分析、研究、思考。"火花课堂"注重五要点,即:了解起点,抓住重点,突破难点,解开疑点,凸显亮点。具体阐述为:

了解起点:学生的学习必须建立在已有的知识经验基础之上,强调学生带着自己原有的知识背景、活动经验和理解走进学习活动。这就需要教师充分了解学生的学习起点,站在学生的角度想学生之所想,想学生之所需。

抓住重点:重点是学科或学习内容中最基本、最重要的知识和技能。抓住学习重点就是学生掌握知识的前提,正确地讲解课程的基本内容,才能真正地理解和掌握课程的基本知识。

突破难点：一堂课是否成功取决于是否突破了难点。确定学习难点首先要明确一节课完整的知识体系框架和学习目的，并把课程标准、教材和教师用书整合起来，导之以趣、导之以思、导之以理、导之以情。

解开疑点：教学中让学生产生疑惑、产生模糊认识、干扰学生学习的知识点或教学点，都是教学疑点。无论哪一种疑点，都需要在课堂上及时解开，点亮学生智慧之灯，拨动学生思维之弦，使学生疑难顿解，茅塞顿开。

凸显亮点：教学过程中，在完成学习内容的前提下，使用各种教学手法最大限度地吸引学生的注意力，提高学生的参与度，使教学更加有效；充分地在课堂上创造亮点、发现亮点、利用亮点，让原本多变、多思维、多方法的数学课堂变得更加灵活多样。

"火花课堂"，点燃"三火花"。教师在教学中要注意点燃学生"思想的火花"、"智慧的火花"、"创新的火花"，让"三火花"闪耀课堂。有思想才能有智慧，有智慧才能有创新，师生应共同成长为"有思想、有智慧、有创新"的人。

（二）"火花课堂"的评价标准

首先，根据学习内容，在课堂关节点处事先设立观察点。其次，以学生学习、教师教学、教学内容、课程文化四个维度为切入点，结合"火花课堂"五要点进行课堂观察。最后，从实际出发，采取实事求是的态度，准确地记录观察过程，准确地描述观察结果，根据事实做出判断，得出结论，捕捉真实的课堂现象（评价表见表2-2-3）。

表2-2-3 "火花课堂"评价表

等级 项目	评价内容标准指标体系				综合评价
	A	B	C	D	
是否充分了解学生起点(10%)					
是否抓住本节课学习重点(30%)					
是否突破本节课学习难点(30%)					
是否解开学生疑点(20%)					
是否凸显本节课亮点(10%)					
合计					
A等，五朵❀；B等，四朵❀；C等，三朵❀；D等，二朵❀以下。					

用积攒"小火花"的方式对学生课堂学习的水平和进展进行综合评价,调动学习者的积极性。教师在课堂上对于学生的不同表现分别奖励"思考小火花"、"智慧小火花"、"创新小火花"的印章。每个班级遵循教育教学规律,尊重个体差异,结合学生身心特点,给每一名学生均等的机会。通过量化管理"积分制",在班级评选出每月的"火花之星"(评价表见表2-2-4)。

表2-2-4 "火花之星"评价表

姓名:	班级:		
评价指标		盖章处	合计
思考小火花	独立思考、积极发言		
	与同伴合作交流		
	倾听别人意见		
	作业完成情况		
	积极参与数学学习活动、专心听讲		
智慧小火花	会阅读,能选择有用的数学信息		
	能从日常生活中发现并提出简单的数学问题,并选择适当的方法解决问题		
	愿意与同伴合作解决问题,并能表达解决问题的大致过程和结果		
创新小火花	能对身边与数学有关的某些事物产生兴趣,认识到生活中处处有数学		
	能积极、愉快地参与数学讨论、探索、合作、操作		
	能努力克服数学活动中遇到的困难		
	能发现数学活动中的错误并及时改正		

二、成立"火花社团",丰富数学课程

"火花社团"以激发良好的数学学习兴趣,培养全面的数学思维素养,形成厚实的数学人文素养为目标,以有趣的数学活动激发学生学习数学的热情,激发学生努力克服困难、攻克难题的勇气。

(一)"火花社团"的组织形式

"火花社团"以数学教师为主要组织者,每个社团设立社团负责人即社长一名、副社长两名。具体活动由组织者和社团负责人共同实施和安排。社团利用课余时间进

行,根据学习内容,每周开设 1 至 2 节活动课。形式可以多种多样,如个别活动、小组活动或全班活动等。社团负责人制定社团活动计划,保证每次活动有目标,有内容,有提高。活动完毕由小组合作完成"火花社团"活动日志。"火花社团"以学生自主探索交流为主,教师讲授为辅,针对数学学习内容进行相应的训练。训练内容讲究趣味性、知识性、逻辑性和思维性相结合。

1. 数学童话社

主要面对低年级学生。该社团以数学绘本和童话的形式向学生展示数学的神奇智慧和艺术般的魅力,激发学生的数学兴趣和探索求知的欲望。同时,结合低年级学生的识字水平和年龄特点,带领学生进行数学阅读,并欣赏精彩的数学日记和数学绘本。从模仿开始入手,逐渐锻炼学生的数学阅读能力和表达能力。

2. 趣味数学社

主要面对中高年级学生。该社团以"发明数学,创造数学,像数学家一样思考"为社团宗旨,将对数学有浓厚兴趣与深厚感情的孩子们集聚起来,活动以课程标准为依据,力求题材内容生活化,形式多样化,解题思路灵活化。教师作为协助者,帮助学生塑造学习方法,提高学习能力,帮助他们逐步成为数学学科的卓越者、领袖人物。

(二)"火花社团"的评价标准

该社团以表演、展示、操作等形式评价学生的表达能力、思维能力、创造能力、实践能力。评价时要求学生演示、创造、制作,以激发学生高水准的思维能力和解题技能为基本要求,以社团为单位开展评选活动,如趣味数学社的"趣味数学家"评选、数学童话社的"数学明星"评选等,活跃校园数学生活,激发学生的数学兴趣,为学生搭建展示才华的舞台(评价表见表 2-2-5)。

表 2-2-5 "火花社团"评价表

社团名称		社长	
项目	具体指标		评估方式
机构与管理	1. 社团管理体制完善,机构设置合理,制定符合学生实际的社团建设实施方案。		1. 实地查看 2. 师生座谈 3. 活动展示
	2. 建立、健全并严格执行社团各项规章制度。		
	3. 社团成员资料档案齐全。		

(续表)

项目	具 体 指 标	评估方式
	4. 指导教师认真负责。	
	5. 社团突出学生的主体性和创造性,使学生在社团活动中自治自理、健康发展。	
	6. 社团活动空间固定,环境良好有相应的文化建设。	
组织与开展	1. 定期开展社团活动,组织有序、记录完善。	
	2. 社团活动内容丰富,形式多样,体现实践性和综合性,有利于培养和锻炼学生多方面的素质,再现和表现校园文化精神。	
	3. 社团成员或集体活动成果显著。	
	4. 活动取得良好的教育效果,在学生中有一定的影响。	

项目	具 体 指 标	自评	互评	师评
社团组长工作	1. 组长能积极地为小组服务。			
	2. 能平均、合理地分配任务。			
	3. 能做好材料的收集、整理工作。			
成员学习情况	1. 每个成员都能积极地参与小组活动。			
	2. 每个成员都有自己明确的任务,并能认真地完成任务。			
	3. 小组成员间能认真倾听,互助互学。			
	4. 小组合作氛围愉快,合作效果好。			

小组活动中遇到哪些困难,怎样克服(要求填写具体的事情和详细的解决办法)?
小组活动中谁在观察、记录、分析、讨论、总结方面表现最突出,他(她)的具体表现有哪些?
小组活动中存在哪些不足(比如,观察、记录、分析等),怎样改进?
组长签名:
小组成员签名:
备注:A 等,五朵✿;B 等,四朵✿;C 等,三朵✿;D 等,二朵✿以下。

三、举办"火花节日",点亮数学课程

"火花数学节"秉承"人人参与,快乐分享"的理念,以"和谐的数学、快乐的数学、创新的数学"为根本宗旨,以数学活动为基本载体,为全体学生展示自身聪明智慧提供平台。

(一)"火花节日"的实施与操作

以每年 3 月 14 日的"国际数学节"为契机,以课程内容中的"格格数学"为主题,以年级为单位自由组织。内容分别为一年级数格乐、二年级走格趣、三年级摆格妙、四年级点格思、五年级填格理、六年级乘格智。通过活动让学生在枯燥的学习数学中享受乐趣,充分感受到数学的魅力,扩大数学知识面,开拓数学视野;让数学能从课本走出来,走进生活,走到孩子们的身边。

(二)"火花数学节"的评价标准

"火花数学节"以赛事性评价为主要评价方式,以班级和年级为单位展开,由优秀教师、学生代表和家长代表作为评委,根据评分细则进行打分,最后评出"金火花"、"银火花"、"铜火花"以及最佳智慧奖、最佳合作奖。

四、开展"火花竞赛",激趣数学课程

"火花竞赛"旨在激发学生学习、钻研数学知识的兴趣,使学生逐步形成勇于实践、敢于创新的思维和良好品质,拓展学生的知识面,提高学生的数学素养,发展学生的个性特长。通过数学竞赛,提高学生分析问题和解决问题的能力、归纳推理的逻辑思维能力和探索实践的创新能力,进一步拓展学生的数学知识面,使学生在竞赛中体会到学习数学的成功喜悦,激发学生学习数学的兴趣。同时,通过竞赛了解小学数学教学中存在的问题和薄弱环节,为今后的数学教学收集一些参考依据。

(一)"火花竞赛"的实施与操作

"火花竞赛"每学期举办一次,面向全校学生,分为班级初赛、年级复赛、校级决赛三个阶段。数学教师按教学进度合理编制一至六年级竞赛内容,要求具有一定的基础性、灵活性、科学性、难易结合,体现趣味性,体现数学知识和生活实际的紧密联系。

(二)"火花竞赛"的评价标准

"火花竞赛"各年级根据结果评出各班"竞赛达人"奖项。

五、探索"火花行走"推动数学课程

《数学课标(2011 年版)》设置了"综合与实践"的学习内容,为学生提供了一种实践性、探索性和研究性学习的渠道。学生在已有知识体验的基础上,从所熟悉的现实生活中发现、选择和确定问题,主动应用数学知识解决问题,体现了现实性、问题性、实践性、综合性的学习过程。

(一)"火花行走"的内容与组织形式

"火花数学课程"结合实际,组织学生走出校园,走近生活。通过社会调查、参观访问、亲身体验、集体活动、同伴互助、文字总结等为一体的研学活动,使学生初步学会综合运用数学知识和方法解决简单的实际问题,探索数学规律,培养创新意识,获得成功体验。

"火花行走"活动每学期开展一次,围绕数学小调查、小课题研究、小项目设计、数学小游戏等主题,组织深入学习研讨。学生建立"火花行走"QQ群,将自己或小组开展的"火花行走"活动进行网络交流。每个教师和学生建立"火花行走"博客,学校通过网站发布研讨话题,激发学生的"话语欲",搭建思想与智慧碰撞的新平台。

(二)"火花行走"评价要求

"火花行走"主要以护照式评价为主。"火花护照"分为初、中、高三个级别,当学生的"荣誉章"积累到不同的量就可以获颁不同级别的"火花护照",不同级别的"火花护照"全部过关为"火花通行者",奖励"火花胸卡"做标志,可算作圆满完成"火花行走"的凭证(评价表见表2-2-6)。

表2-2-6 "火花行走"评价表

学校:	班级:	姓名:	时间:			
评 价 内 容				自评	组评	师评
参与态度	认真参加每一次活动,对每一次活动始终保持深厚的兴趣。					
	能发挥自身的优势为小组提供必不可少的帮助,努力完成自己承担的任务。					
协作精神	能积极配合小组开展活动,服从安排。					
	能积极地与组内、组间成员交互讨论,能完整、清晰地表达想法,尊重他人的意见和成果。					
	在活动中,能和大家互相学习和帮助,促进共同进步。					
创新实践	有浓厚的好奇心和探索欲望。					
	在小组遇到问题时,能提出合理的解决方法。					
	活动中,能发挥个性特长,施展才能。					
能力提高	在活动中,能运用多种渠道收集信息。					
	在活动中遇到问题不退缩,并能自己想办法解决。					
	与他人交往的能力提高了。					

(续表)

评 价 内 容		自评	组评	师评
体会	我的收获是:			
	我的感受是:			
	我还需努力的是:			
备注：A 等,五朵✿;B 等,四朵✿;C 等,三朵✿;D 等,二朵✿以下。				

综上所述,学科课程建设是学科课程变革的核心领域。一个人的生命成长,其本质是思想成长;一个学科的课程成长,其实质是智慧成长。每个教师要有对学科教育哲学的认识,要有对教育终极价值的理解,要有对本学科学术前沿的关注和研究。[①] 在"火花数学"课程建设的实践中,我们不断走向学科深处,回归学科育人的行动追求。

(撰稿人：杜豫　郑雯)

---

① 叶澜.重建课堂教学价值观[J].教育研究,2002(05)：3—7＋16.

第三章

蓬发探究活力的数学

　　数学是工具,亦是其他知识工具的泉源。这里将为学生展开一个丰富而炫目的世界,图形、数字、运算、关系……各种元素蓬发而出,多么的美妙与神奇,又是如此的震撼和愉悦。数学以丰富多样的内容和形式,鼓励学生独立思考、自主探究。从学生实际出发,引导学生认真观察、思考推理、交流反思,使学生获得多元的数学知识与技能,形成多维度的思维方式和能力。蓬发探究活力的数学,让学生与科学家一起寻觅世界的秘密,在变化中探寻真理。

第一节 ┃ 万象数学：让学生走近数学世界的内心

郑州市金水区纬五路第二小学数学组，现有教师23名，其中中小学一级教师12人，占数学教师总人数的52%；获得区级及以上荣誉称号教师15名，占数学教师总人数的65%；获得区级以上优质课奖项教师13名，占数学教师总人数的57%，其中1人为河南省学科技术带头人。教师业务精湛、结构合理，师资力量整体较强。

数学教研组坚持深耕课堂教学，通过课例研讨形成课堂文化认同，以文化为引领，依据对数学学科特点的认识，结合学校的实际情况，提炼出"万象数学"的学科课程理念，借此推动数学课程品质的再提升，力争使每一位学生都能在数学学习中获得丰富的体验与收获。

学科课程哲学　生命与数学世界连通

一、学科价值观

《数学课标（2011年版）》指出"数学是研究数量关系和空间形式的科学……小学数学课程作为培养公民素质的基础课程，具有基础性、普及性和发展性，为学生的未来生活、工作和学习奠定重要的基础。"[1]我们认为，数学和社会百科紧密相连，万事万物的存在和发展需要以数学为基础，数学学习蕴藏在大千世界中，教师要引导学生用数学的眼光、数学的思维观察和思考世界。

二、学科课程理念

著名数学家华罗庚教授说："宇宙之大，粒子之微，火箭之速，化工之巧，地球之变，生物之谜，日用之繁……无一不可用数学来表达。"由此可见，数学作为一切科学的基

---

[1] 中华人民共和国教育部. 义务教育数学课程标准（2011年版）[S]. 北京：北京师范大学出版，2012：1.

础,其内涵博大精深,其外延无所不在,包罗万象。基于此,数学教研组提出了"万象数学"的学科课程理念。

"万象"原为道家术语,表示"宇宙内外的一切事物或景象"。在这里,引用"万象"一词表示数学教育与现实世界联系的广博性、存在的广域性、应用的广泛性。概括来说,"万象数学"主张以学生为中心,让数学教育回归现实世界,引导学生"会用数学的眼光观察现实世界,会用数学的思维分析现实世界,会用数学的语言表达现实世界"①。

(一)"万象数学"是含有广域情境的学科

数学知识蕴藏在大千世界的万事万物中,"万象数学"从学生实际出发,把生活中各种情境问题作为课堂教学资源,带领学生发现数学多样原型,感受数学的包罗万象。在具体情境中,引导学生通过寻找数学和现实生活的链接点,创设足够的时间和空间引导学生认真观察、发现推理、交流反思。在此过程中发现新的知识,积累新的经验,体会数学的意义和价值。

(二)"万象数学"是注重逻辑思维的学科

《数学课标(2011年版)》指出:"学生能运用数学的思维方式进行思考,学会独立思考,体会数学的思维方式。②"万象数学"让学生用数学语言和符号作为思维的载体对数学知识进行探索与发现。"万象数学"注重启发学生独立思考,鼓励学生交流表达,引导学生会用准确、清晰、富有逻辑的语言表达自己的思考。在独立思考、交流碰撞中拓宽学生的思路,培养其思维的灵活性、逻辑性和条理性。

(三)"万象数学"是体现广泛应用的学科

《数学课标(2011年版)》指出:"数学课程能为学生未来生活、工作和学习奠定重要的基础。"③可见,数学的最终目的是使学生具备解决日常生活中所遇到的数学问题的能力。"万象数学"通过设计丰富多样的学科活动,让学生在活动中,运用所学相关

---

① 史宁中.数学基本思想18讲[M].北京:北京师范大学出版社,2016:前言2.
② 中华人民共和国教育部.义务教育数学课程标准(2011年版)[S].北京:北京师范大学出版社,2012:8—9.
③ 中华人民共和国教育部.义务教育数学课程标准(2011年版)[S].北京:北京师范大学出版社,2012:2.

知识技能，解决生活中的问题，加深对知识内在之间的联系，感受数学与生活的紧密联系。

（四）"万象数学"是促进能力发展的学科

《数学课标(2011年版)》指出："在课程设计与实施过程中，应注重发展学生的运算能力、推理能力、获取信息能力、探究能力、解决问题的能力和创造能力。"[1]"万象数学"注重培养学生观察、运算、推理、分析、应用、创新等能力。通过数学的形之美、理之美和用之美感受数学魅力，提升学生的审美能力和数学素养。

学科课程目标　用数学打开学生的缤纷世界

《数学课标(2011年版)》提出："通过小学数学课程学习，学生能获得适应社会生活和进一步发展所必需的数学的基础知识、基本技能、基本思想、基本活动经验；学生能体会数学知识之间、数学与其他学科之间、数学与生活之间的联系，运用数学的思维方式进行思考，增强发现和提出问题的能力、分析和解决问题的能力；学生了解数学的价值，提高学习数学的兴趣，增强学好数学的信心，养成良好的学习习惯，具有初步的创新意识和科学态度。"[2]

一、学科课程总体目标

基于《数学课标(2011年版)》对课程目标的阐述与要求，我们力求用数学打开学生的缤纷世界，因此将"万象数学"的课程总目标设置为：建立数感和符号意识，理解现实生活中数的意义，理解运算的算理，掌握运算方法，积累运算技巧；根据物体抽象出几何图形，能准确描述图形的运动和变化，会利用图形描述和分析问题，使复杂数学问题简单化；根据现实生活中的问题，会进行调查研究、收集分析数据、作出判断；能用

---

[1] 中华人民共和国教育部. 义务教育数学课程标准(2011年版)[S]. 北京：北京师范大学出版，2012：59.

[2] 中华人民共和国教育部. 义务教育数学课程标准(2011年版)[S]. 北京：北京师范大学出版，2012：8.

数学知识解释现实世界中的现象,解决现实世界中的问题,体验解决问题方法的多样性,养成认真勤奋、独立思考、合作交流、反思质疑等学习习惯。

二、学科课程年级目标

依据《数学课标(2011年版)》对课程总目标的阐述与要求,数学教研组将四大领域的课程内容进一步细化、分解为年级课程目标,具体如下(见表3-1-1)。

表3-1-1 "万象数学"课程年级目标一览表

维度 年级	知识技能	数学思考	问题解决	情感态度
一年级	1. 理解100以内的数及加减法运算的意义,借助"巧算在心"活动,提高学生运算能力,发展学生分析解决问题的能力。 2. 正确认识钟面上的整时和半时,加强学生对几何体和平面图形的理解,增强学生的空间观念。 3. 经历数据的收集、整理和分析过程,提升学生的数据分析能力。	1. 能利用度量单位和数进行简单描述,培养数感。 2. 能正确描述物体的位置和顺序,同时对物体进行比较;能辨认不同方向的简单物体的形状,发展空间观念。 3. 借助趣味分类实践活动,能够根据标准对事物或数据进行分类。	1. 能在教师指导下,从实际问题中发现潜在的数学信息,并根据信息提出数学问题,借助数学知识对实际问题做出有条理的分析,并设法解决。 2. 通过与同伴合作交流,体验与他人合作交流解决问题的过程。	1. 能用数学知识描述生活中的一些现象,感受数学的应用价值,激发数学学习的兴趣。 2. 在解决问题的过程中,能克服困难、解决问题,增强自信。
二年级	1. 在万以内数的学习中,理解数的实际含义;在解决问题的过程中体会乘除法运算的意义。 2. 结合具体情境认识人民币和时间;结合具体操作活动进一步感知方向、平移等现象,积累活动经验;初步感受确定现象和不确定现象。	1. 在对实际物体进行测量的活动中,加深对长度单位的理解,发展数感和空间观念。 2. 进一步认识角,在具体操作活动中,发现常见图形的特征。 3. 借助小小调查员活动,体验数据中蕴涵着的信息。	1. 能运用所学知识对生活中的实际问题进行分析并解答。 2. 通过智组多位数的活动,培养学生有序全面地思考问题,进而提高学生的计算、分析和推理能力。 3. 结合具体情境对简单数据做出整理和分析。	1. 通过交流,养成接纳、鉴赏他人意见的良好习惯,在表达自己的过程中,增强自信心和创造力。 2. 通过测量身体的数据,让学生感受到数学就在身边,对身边与数学有关的事物有好奇心。

(续表)

维度 年级	知识技能	数学思考	问题解决	情感态度
三年级	1. 能进行简单的小数和分数加减法计算，巩固整数四则混合运算（两步）的运算顺序，掌握一些简便计算的技巧。 2. 掌握年、月、日及24时计时法。 3. 认识角和轴对称图形，掌握长方形、正方形的周长和面积公式。	1. 能辨认、描述从不同角度观察到的简单物体；能根据给定的方向，辨认其他方向；能辨认简单图形平移后的图形。 2. 体会并认识长度单位、面积单位，能进行简单的单位换算，会选择合适的长度和面积单位。 3. 初步学会收集整理数据，能用自己的方式呈现整理数据的结果。	1. 在探索、发现运算规律中，体会相关知识和方法之间的内在联系，养成回顾与反思的好习惯。 2. 能根据一定的标准对事物和数据进行分类，能合理选择常用的测量工具和方法，解决简单的测量问题。 3. 了解解决问题方法的多样性，会选择最优策略解决问题。	1. 在解决简单实际问题中，经历与同伴交流各自算法的过程，并能对同伴的想法提出自己的见解。 2. 在动手操作、合作交流中激发学习数学的兴趣和好奇心，克服困难，体验获得成功的乐趣，建立自信心。
四年级	1. 认识小数、正数、负数及亿以内的数，会进行整数和小数的简便运算，加深对运算律的理解，会解决简单的方程问题。 2. 认识平面上两条直线的位置关系，进一步学习角等平面图形知识，能从三个方向观察立体图形的形状。 3. 认识统计图，能根据具体情境求平均数，体会平均数的实际运用。	1. 会根据数对，找到事物正确位置，借助现实情境，描述简单的路线图，用数学语言指引正确位置。 2. 通过实例观察、操作、想象，体会图形的运动过程，发展空间观念。 3. 初步体会运筹思想，对策论方法在生活中的应用。感受数据的随机性，感受事情可能性有大有小。	1. 能运用所学数学知识解决生活中的实际问题，初步学会运用数学的思维方式去观察和分析现实生活，体会解决问题策略的多样性。 2. 初步学会用思维导图的方式进行知识梳理。	1. 在综合运用所学知识解决问题的过程中，感受数学与生活的紧密联系。 2. 初步学习整理和复习知识的方法，养成自觉整理所学知识的良好学习习惯。 3. 在交流中，学会表达自己的想法，逐步养成认真倾听、善于思考的好习惯。
五年级	1. 了解倍数、因数、质数和合数；会计算小数除法、分数加减乘除及混合运算；会解简单方程及运用方程解决问题。 2. 认识长方体、正方体及其展开图；会计算	1. 通过观察、实验、猜想、验证等活动，发展合情推理能力，能进行有条理的思考，能比较清晰地表达自己的思考过程。 2. 能根据物体相对	1. 能利用数形结合的数学思想，尝试独立解决一些简单的数学问题。 2. 在实际的生活调查、数据分析中，培养学生表达交流、思考过程及回	1. 在运用数学知识和方法解决问题的过程中，认识数学的价值，感受祖先的聪明才智，增强学好数学的自信心。

(续表)

维度 年级	知识技能	数学思考	问题解决	情感态度
	简单图形及组合图形的面积。 3. 通过实例了解体积与容积，能进行体积度量单位之间的换算，掌握长方体、正方体表面积和体积的计算方法。	于参照点的方向和距离确定其位置，会描述简单的路线图。 3. 学会有意识地从不同媒体中获得数据信息，能读懂、解释简单的统计图表，根据结果作出简单的判断和预测。	顾反思的能力。 6. 能够运用数形结合的方法分析和解决简单的实际问题，了解解决问题方法的多样性，在交流中找到最优化的解决问题的策略。	2. 初步养成乐于思考、实践探究、勇于质疑、言必有据的良好品质，逐步锻炼与他人沟通交流的能力，培养小组合作学习意识，能够在团队中发挥自己的优势。
六年级	1. 认识并掌握圆、圆柱和圆锥的相关知识。 2. 能按一定比例将简单的图形放大或缩小，能运用平移、旋转和轴对称设计简单图案。 3. 能进行百分数与小数、分数之间的转化；理解比、比例和比例尺的意义并掌握相关知识。 4. 认识扇形统计图，能根据需要选择统计图有效地表示数据。	1. 在探索图形的周长、面积的计算经历中，体会"化曲为直""类比"等数学思想方法。 2. 通过实例观察、操作、想象，体会图形的运动过程，尝试有条理地表达图形的运动过程，感受观察范围随观察点、观察角度的变化而改变，能利用所学的知识解释生活中的一些现象，发展空间观念。	1. 尝试提出生活中的简单数学问题，经历探索分析和解决问题的思考过程，体会画图策略的优越性，感受统计的作用。 2. 在解决问题的过程中，尝试独立获取有效数学信息，能运用合适的方法与策略分析问题，在合作分享中交流质疑，总结自己的思考和收获。	1. 结合圆、圆周率的学习，感受图形世界的神奇和数学文化的魅力，体会人类对数学知识的不断探索过程，形成对数学的积极情感。 2. 在综合运用所学的知识解决问题的过程中，积累数学活动经验，发展数学学习兴趣和数学思考能力，体会数学学习的价值。

总之，学科课程总目标与年段目标在课程设计和教学活动组织中，相互渗透，有机融合为整体，共同为培育学生学科核心素养服务。

学科课程框架　建构万象数学的学习通道

在国家课程实施的基础上，数学教学以学生数学素养的形成发展为目标，从学校、家庭、社会多个渠道充分挖掘课程资源,按照数学核心素养要求的维度延伸、拓展,开发了一系列课程,形成了"万象数学"课程群,建构了"万象数学"学习通道,满足不同学生的发展需要,为学生终身学习和适应未来社会需要奠定坚实的基础。

一、学科课程结构

依据《数学课标(2011年版)》中"数与代数、图形与几何、统计与概率、综合与实践"四大学习领域,[①]数学教研组从"巧计妙算、巧拼妙搭、巧析妙决、巧学妙用"四方面设置课程结架,为学生数学核心素养的建构提供全面、丰富的课程滋养。"万象数学"课程结构图如下(见图3-1-1)。

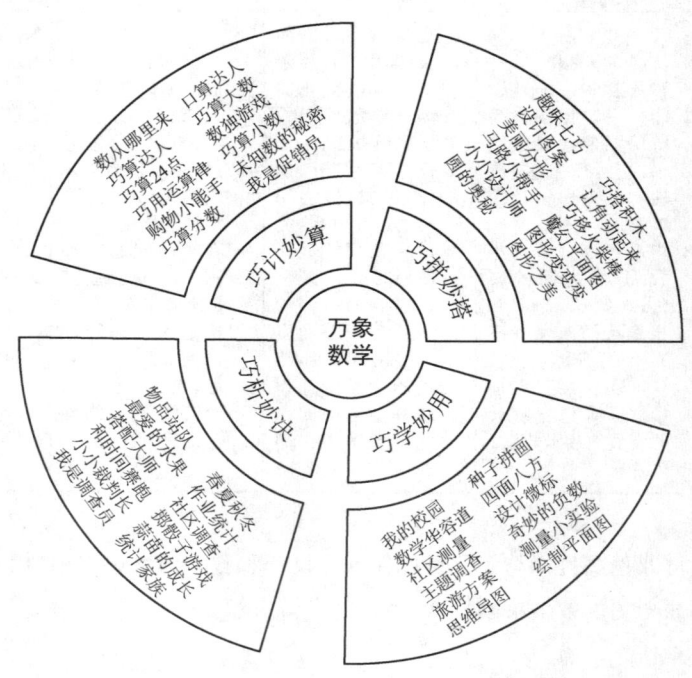

图 3-1-1 "万象数学"课程结构图

---

① 中华人民共和国教育部. 义务教育数学课程标准(2011年版)[S]. 北京: 北京师范大学出版社, 2012: 4.

(一) 巧计妙算

小学数学计算教学的双翼是算理和算法,缺一不可。数学教学从关注学生"巧算"和"妙算"入手,在问题情境中分别从"探究算法、理解算理、学会巧算、拓展妙算"四个环节组织课堂教学。同时,以数形结合的形式,培养学生"循理入法,以理驭法",让学生对各种计算方法不仅"知其然",而且更"知其所以然"。

(二) 巧拼妙搭

数学是培养和发展学生空间观念的学科。从关注学生"爱观察"、"巧动手"、"乐思考"三个方面入手,倡导自主探究的学习方式,让学生在活动中"眼—脑—手"协调发展,让图形在头脑中动起来。教师从学生的认知规律出发,呈现生活原型,引导学生观察原型,积累丰富的感性经验,构建空间模型的课堂教学形式,从而引导学生学会从"数"与"形"两个角度认识数学。

(三) 巧析妙决

数据分析是数学统计与概率的核心要素。从关注学生"会整理"、"巧分析"、"妙决策"三个方面入手,引导学生体会数据中蕴含着的数学信息,经历同一事件每次收集到数据可能不同,但可以通过大量数据发现规律,从而做出判断、体验随机性,并体会数学不仅是一门科学,也是一门艺术。

(四) 巧学妙用

数学来源于生活,应用于生活,增强应用意识是数学课程的重要目标。从关注学生"巧学习"、"妙应用"两个方面入手,引导学生学以致用。教师注重知识的来龙去脉,让学生知道数学知识"从哪里来,到哪里去",在综合实践活动中培养学生发现和提出问题的能力、分析和解决问题的能力,进而提升学生的数学应用意识。

二、学科课程设置

基于学生未来发展所需要的关键能力和必备品格,依据数学课标,除了基础课程,数学教研组将"万象数学"拓展类课程具体设置如下(见表3-1-2)。

数学学科课程群

表 3-1-2 "万象数学"课程设置表

课程＼学期	巧计妙算	巧拼妙搭	巧析妙决	巧学妙用
一上	数从哪里来	趣味七巧	物品站队	我的校园
一下	口算达人	巧搭积木	春夏秋冬	种子拼画
二上	巧算达人	设计图案	最爱的水果	数学华容道
二下	巧算大数	让角动起来	作业统计	四面八方
三上	巧算24点	美丽分形	搭配大师	社区测量
三下	数独游戏	巧移火柴棒	社区调查	设计徽标
四上	巧用运算律	马路小帮手	和时间赛跑	主题调查
四下	巧算小数	魔幻平面图	掷骰子游戏	奇妙的负数
五上	购物小能手	小小设计师	小小裁判长	旅游方案
五下	未知数的秘密	图形变变变	蒜苗的成长	测量小实验
六上	巧算分数	圆的奥秘	我是调查员	思维导图
六下	我是促销员	图形之美	统计家族	绘制平面图

学科课程实施　真实体验数学的包罗万象

"万象数学"主张数学教学创设广域的数学情境，引导学生在多样的学习活动中，积极思考、乐于探究、敢于创造，养成良好的学习习惯，掌握恰当的学习方法，发展优秀的学习品质，最终实现学生的全面发展。

为实现这一学科理念，我们从"万象课堂"、"万象课程"、"万象学习"、"万象社团"、"万象节日"五个方面实施"万象数学"课程，让学生真实体验数学学习。

一、打造"万象课堂"，提升课堂教学品质

"万象课堂"的设计符合学生心理特征和认知规律，在富有实践性、探索性的数学活动中体会和运用数学思想与方法，积累基本的数学活动经验，获得数学学科核心素养。

（一）"万象课堂"的内涵

课程实施的主阵地在课堂，"万象数学"课堂注重学习目标、学习资源、学习方式、

学生能力发展的广域性、多元性,通过确定丰富适切的学习目标,设计生活化、多样化的广域情境,整合包罗万象、涉及生活各领域的数学知识;采取基于学生个体差异需要的多元学习方式,致力于构建尊重生命、饱满有质、充满活力的课堂生态,让课堂因"万象"而缤纷,让每一个孩子都能在广域的学习中绽放生命精彩,获得立体多维的能力发展。

(二)"万象课堂"的评价

"万象数学"课堂评价主要对教师和学生的表现进行评价。每学期对教师的评价主要从学习目标的制定、课程资源的使用、教学指导的策略及教学效果四个方面进行评价,其中,对教学效果的评价从学生的学习成效上体现。对学生评价主要从学生的课堂学习习惯、学习方法、学习成效三方面进行评价。具体评价标准如下(见表3-1-3)。

表3-1-3 "万象数学"课堂评价表

评价维度	评价要素	等级 A	B	C
学习目标 全面适切	目标符合课程标准,符合教学实际。			
	从知识与技能、过程与方法、情感态度与价值观三个方面设计学习目标,重难点恰当,关键问题把握准确。			
课程资源 广域整合	广泛整合蕴藏数学知识的生活情境和课程资源。			
	学习任务符合学生的年龄和心理特点,利于学习目标的达成。			
教学指导 精准有效	教学设计具有层次性、针对性和科学性。			
	教学方法多样化,凸显学生的主体性。			
	课堂组织有序有效,教师的指导适时、适度。			
	教师的评价适时恰当,指导性强,具有激励性作用。			
	充分保障学生自主探究学习的时间。			
	教学环节和谐,组织协调顺畅,问题与探究的时空宽厚,学生思维活跃清晰,教学活动自然流畅。			
学习习惯 养成有序	按照要求认真准备学习用品及学具。			
	认真倾听老师的点拨、指导,认真倾听同学的发言,对他人的观点、回答能做出评价和必要的补充。			
	课堂作业及时完成,养成及时订正错题的习惯。			

(续表)

评价维度	评价要素	等级 A	等级 B	等级 C
学习过程方法多元	学生在学习中，能够自主探究、积极思考，敢于质疑，准确地表达个人想法。			
	学生在合作中，积极参与、分工有序、同伴互助，按时完成小组学习任务。			
学习成效立体多维	学生基本掌握相关的学科知识，知识目标达成度好。			
	学生掌握解决问题的方法，形成有效的学习策略，养成良好的学习习惯。			
	学生发现问题、提出问题、解决问题的综合运用能力得到提高。			
	学生学习过程愉悦，在学习中获得良好的情绪体验。			
总体建议				

二、开发"万象课程"，丰富课程实施内容

"万象数学"围绕数学核心素养，提供满足学生学科素养发展需要的广泛、真实的学习内容，将北师大版数学基础课程与教师自主开发的各类校本课程、微课程，以及以年级为单位开展的数学主题活动、体验活动等内容，统整建构为"万象课程"，以多种形式、从多个维度激发学生数学学习的热情，培养学生的数学素养。

（一）"万象课程"的实施

1. 整合实施

"万象课程"以在常规数学课堂教学中嵌入、统整实施为主要途径，可以基于相同的数学思想进行课程内容的整合，也可以在课前、课中、课后进行与知识点主题相关的微课程嵌入，从而使学科教学的内容更饱满，途径更活跃。

2. 独立实施

基于不同年龄段学生数学素养发展的需要，开发拓展相关的数学知识或主题活动，通过社团活动、项目学习等方式独立实施。

（二）"万象课程"的评价标准

"万象课程"评价主要从课程哲学的独特性、课程方案的可行性、实施途径的多维性、课堂教学的有效性、学生参与的主动性、学科团队的专业性六个方面进行教与学的

评价。具体评价标准如下(见表3-1-4)。

表3-1-4 "万象课程"评价表

评价维度	评 价 要 素	评价结果	
		自评	组评
课程哲学 鲜明独特	基于数学素养培养需要,植根学校课程文化,提炼形成特色鲜明的学科哲学和教学主张。		
课程方案 切实可行	立足教学实际,课程建设方案包含课程目标、建设思路、实施评价、保障与管理等。		
课程实施 丰富多维	依据数学核心领域,开发多种拓展性微课程,以丰富多维的课程满足学生发展和数学素养建构的需要。		
课堂教学 真实有效	以"智暖"课堂文化形态为引领,通过雕琢教学设计,打磨课堂行为,精炼教学机智,提升数学教学品质。		
学生参与 积极主动	在丰富多维的课程滋养中,学生用心体验学习过程,通过思维参与、情感参与及行为参与,发挥学生主体性。		
学科团队 精研善教	"数学共生体"达成理念共识,有较强的实施能力,形成有效的常态教研机制,能够以研促教。		

备注:评价结果采用等级制,共分为ABC三个等级,A为优秀,B为良好,C为待努力。

三、组织"万象学习",活跃课程实施路径

"万象学习"以学生为主体,在教师指导下,学生从生活中选择自己感兴趣的数学研究内容,通过有目的、有计划地收集、整理资料,能够选用合适的方法分析并解决问题,从而主动获取知识。

(一)"万象学习"的实施

"万象学习"分为"动员学习、主题选择、活动实施、活动展示"四个活动阶段,每一个阶段都有明确的目标和要求,以便加强对各个阶段学习活动的组织监控,切实提高"万象学习"的实施效果。

第一阶段,动员学习。教师向学生介绍"万象学习"的活动方案,使学生了解活动的意义、形式、要求和流程。

第二阶段,主题选择。学生自愿成立"万象学习"活动小组,在教师的指导下,从自己的数学生活中提炼学习主题,并制定活动方案,教师对活动方案进行精准指导并协助学生完善,使其更具可行性。

第三阶段，活动实施。学生根据活动方案开展实地调研、资料收集、数据分析、撰写报告等过程性研究活动，教师在整个活动中及时给予指导和帮助。学生在对资料汇集和整理的过程中，提升自我收集数据、整理数据以及分析数据的能力。

第四阶段，活动展示。学生以班级为单位进行"万象学习"成果展示、分享交流和总结反思，优秀作品参与上级比赛。

（二）"万象学习"的评价标准

"万象学习"评价注重学生、教师、家长的多主体参与，采用学生自评、生生互评、家长评价、教师评价相结合的实施形式，分别从学习动员充分有效、研究问题科学适切、研究过程完整详实、研究成果价值凸显四个方面进行评价，具体评价标准如下（见表3-1-5）。

表3-1-5 "万象学习"评价表

评价维度	评价要素	评价结果			
		自评	互评	家长评	师评
学习动员充分有效	明确研究性学习活动的意义和相关要求，研究活动方案的具体实施步骤及实施意义。				
研究主题科学适切	研究主题符合时代要求，具有一定的现实意义。				
	活动方案的制定具有一定的科学性、可操作性，研究性较强。				
研究过程完整详实	研究过程有研究背景、研究目的、调查对象、研究内容及方法、研究过程、研究发现和研究反思等相关过程性资料。				
	实践中有应变能力，能提出问题、分析问题，有解决问题的方法和思路，能克服困难，勤于动脑、动手、动口。				
	在研究过程中，态度积极，能主动组织或参与活动，小组合作良好。				
	能正确地运用数学的知识和方法，取得可靠的证据、事实。				
研究成果价值凸显	研究成果具有一定的创造性、实用性，符合科学规律，对现实问题的解决有一定的帮助。				
	报告论述清楚，有条理，证据充分，组织严密，内容丰富完整，形式规范，语言流畅，有说服力和感染力。				
备注：评价结果采用等级制，共分为ABC三个等级，A为优秀，B为良好，C为合格					

四、组建"万象社团",拓展课程实施平台

"万象社团"是学生兴趣培养、素质发展的重要平台,已成为我校"万象数学"课程建设的重要载体。

(一)"万象社团"的实施

为满足学生兴趣发展需求,结合数学课程标准要求,"万象社团"围绕数学核心素养以及四个领域的学习内容,利用每周五下午两节课的时间在1—6年级开展专题培训、学习实践、成果展示等数学社团活动,具体实施如下:

1. 专题培训

社团活动初期,社团辅导老师以专题培训的形式向学生介绍本学期社团活动的主题、形式及有关要求,以既有案例为载体,进行活动开展、学习成果集结等专题培训,如:如何写数学日记、如何写调查报告等,通过专题培训为学生后续的学习奠定坚实的基础。

2. 学习实践

社团活动中期,按照社团课程纲要及课程方案设计,学生在教师指导下组织开展主题学习活动,如古代数学小故事、世界建筑中的数学、数独游戏等专题学习,或社会调查、资料收集、数据分析、观察记录等实践活动,了解数学知识在工农业生产、国防建设、自然科技和社会生活中的应用,在学习实践的过程中发展学生解决问题的综合能力。

3. 成果展示

社团活动末期,学生对一学期的社团学习收获进行分类整理,集结有形成果,以小组汇报的形式进行分享、交流、展示,社团对每位成员的学习成效及个体发展予以综合评价。

(二)"万象社团"的评价标准

"万象社团"的评价以学生自评、生生互评和教师评相结合,分别从社团组织健全、社团活动有序、社团内容丰富、社团成果丰硕四个方面对教师、学生和活动本身进行综合评价,具体评价标准如下(见表3-1-6)。

表 3-1-6 "万象社团"评价表

评价维度	评 价 要 素	评价结果 自评	评价结果 互评	评价结果 师评
社团组织健全	社团活动有社团名称、社团口号、辅导老师、社团成员,制定有组织管理制度,确定活动时间和活动地点,保证活动的正常开展。			
社团活动有序	社团活动制定切实有效的活动方案,有明确的目标和活动要求;社团成员能够在辅导老师的组织下有计划、有步骤地完成相关主题的学习要求;学生能按时完成作业,学期结束时,以个性的方式展示社团活动成果。			
社团内容丰富	活动内容围绕数学四大核心领域,通过各种活动,提高学生的兴趣,如动手操作、实地考察、亲自测量等,让学生真正体会数学来源于生活;活动内容要注意知识的拓展与能力培养,注重知识的系统性、整体性、层次性;学生能在活动中贡献有价值的思考,能与其他组员合作解决问题,能倾听别人的意见。			
社团成果丰硕	每学期组织一次社团成果展示活动,并要求学校课程中心组参与指导,展示内容动静结合,展示形式丰富多样;整个活动时间安排合理,学生参与热情,达到预期活动效果。			
备注:评价结果采用等级制,共分为 ABC 三个等级,A 为优秀,B 为良好,C 为待努力。				

五、举办"万象节日",展示课程实施成果

"万象节日",每学年举行一次,每年十月份进行,通过一系列的数学活动,弘扬数学文化,激发学习兴趣,巩固学习成果,让学生喜欢数学、热爱数学、享受数学。

(一)"万象节日"的实施

"万象节日"包括静态展示和动态活动两个部分。

静态展示,分为年级有形成果展示和社团有形成果展示。各年级、各社团根据前期整理的有形成果,统一把作品布置到展板上进行交流展示。各年级再评选出优秀作品,在"万象数学节"展示。通过有形成果展示,增强学生学习数学的自信心,提高学生的应用意识和能力。

动态活动,面向全体学生开展不同的主题活动,有"数学'演说家'"、"巧拼七巧板"、"趣玩扑克牌"、"数独游戏"、"巧移火柴棒"、"数学华容道"六项活动,学生在活动中会获得相应的"课程过关卡"和"课程通关卡",活动结束后,学生可以凭卡片去兑换学习成果奖品。

1. 数学"演说家"

此项活动分为两个阶段,第一阶段在班级中展开,可以讲生活中的数学故事或数学家的故事等,参与者可获得一张"课程过关卡"。第二阶段,优胜者代表班级在"万象数学节"上进行展示,以年级为单位评选出若干名优秀演说家,同时获得"课程通关卡"。此项活动激发学生对数学的好奇心,增强学生的自信心。

2. 巧拼七巧板

此项活动分为三关。第一关:拼出指定的图案,即可获得一张"课程过关卡";第二关:在规定时间内拼出指定数量的图案,即可获得两张"课程过关卡";第三关:在规定时间内用一套七巧板拼出指定数量的创意图案,即为通关,可获得一张"课程通关卡"。通过此项游戏,提高学生的动手操作能力,发展空间观念。

3. 智玩扑克牌

根据不同年级,设置不同的内容与规则。如,一年级的孩子,每人任意抽取2张扑克牌,根据牌上的数字进行加减法计算,连续5次计算正确,即可获得一张"课程通关卡";三年级开展24点游戏。学生根据任意抽到的4张扑克牌,运用加、减、乘、除,使其计算结果为24。每张牌必须用一次且只能用一次,连续3次成功,即可获得一张"课程通关卡"。通过趣味扑克牌游戏,培养学生的数感,提高计算能力。

4. 数独游戏

根据不同的年级设置不同级别的数独游戏,游戏完成即可获得"课程通关卡"。通过数独游戏,既培养了学生的数感,又发展了学生的推理能力。

5. 巧移火柴棒

不同年级的学生利用火柴棒完成相应的任务。如,一年级进行"数字变变变"的闯关游戏。针对三年级学生设计的活动是"等式变变变"和"图形变变变",即移动一根火柴棒使等式成立,或移动一根火柴棒改变图形。学生过关或通关即可获得相应的"课程卡"。通过巧移火柴棒,发展学生的形象思维与抽象思维。

6. 数学华容道

不同年级的学生根据老师提供的游戏板,按照游戏规则运用平移的相关知识完成任务,即可获得"课程过关卡"或"课程通关卡"。通过此项活动,发展学生空间观念的同时，也锻炼了学生的逻辑思维。

（二）"万象节日"评价标准

"万象节日"的评价分别从活动方案的实效性、学生参与活动的主体性、活动形式的多样性和活动评价的发展性四个方面进行评价，具体评价标准如下：

1. 活动方案的实效性

活动方案设计要基于学生数学素养提升，立足课堂、面向生活，化抽象、枯燥的文本信息为具体、形象的活动内容，提升数学的开放性和趣味性，最大限度地满足小学生的心理需求。

2. 活动过程的主体性

活动实施以自主活动、亲身实践、主体体验的形式为主，过程组织井然有序、扎实有效，有利于诱发学生运用已有知识去探索、解决问题。学生在获得对"真理"发现与把握的同时，放飞思路、张扬个性，培育主体学习的责任心与热情。学生自觉集中注意力和思维力，主动、热情地投入活动过程。

3. 活动形式的多样性

以探索未知、发现新知、提升能力、发展智力为原则，根据不同年龄段学生的心理特点和认知水平，设计形式多样的数学活动，力求最大限度地激发学生的参与热情，促使他们将活动体验所得转化为学习能力。学生在丰富多样的活动中，体会数学乐趣的同时，能够根据所学的数学知识，运用数学思维方式解决面临的问题。

4. 活动评价的发展性

"万象节日"具有开放性、综合性等特点，在评价过程中，学科组坚持"暖评价"原则，注重学生数学能力的过程考核和发展提升，主要以成果展示评价为主，尽可能设置不同的奖项以激励学生学习数学的兴趣。智力游戏等竞赛性活动在规则上侧重学生学习能力的自我发展与提高，可重复参与，直到达到一定的活动要求即可。在活动中，学生适应社会发展的必备品格和关键能力能得到发展；可以获得分析问题和解决问题的一些基本方法；能独立思考，对问题有自己的思想见解，形成反思质疑的意识和回顾思考过程的习惯。

综上所述，"万象数学"以《数学课标（2011年版）》为课程建设的依据，以培育发展学生数学核心素养为目标，通过广域整合的课程资源，丰富多彩的课程内容，灵活多元的课程实施与评价,搭建数学学习与现实世界的通道,让学生在数学学习中走近数学世界的内心,体验并感受万象数学的缤纷,从而实现全面且个性化的发展。

(撰稿人:李肖静　于广敏　马丽　杨倩　张恒)

第二节 | 缤纷数学：绽放"理"花的芬芳

郑州市第七十一中数学师资队伍优良，结构合理，共有18人，分为3个教研组，其中郑州市数学学科带头人1人，金水区学科带头人2人，骨干教师2人，种子教师1人。多人次参加国家、省、市、区各级优质课比赛和教学基本功大赛并获奖。多项成果获省级、市级奖项，多篇论文获省级、市级、区级奖项，部分在CN刊物上发表。

数学教师团队深入研究教育理论和教材，秉持提高每一个学生的数学素养、教师教的有效、学生学的快乐的理念，结合校情、学情不断深化课堂改革，在不断的研究与实践中提炼出"缤纷数学"学科课程理念，借此推动数学课程品质的再提升。

学科课程哲学　让数学学习精彩纷呈

一、学科性质

《数学课标（2011年版）》指出："数学是研究数量关系和空间形式的科学"，"数学作为对于客观现象抽象概括而逐渐形成的科学语言与工具，不仅是自然科学和技术科学的基础，而且在人文科学与社会科学中发挥着越来越大的作用。特别是20世纪中叶以来，数学与计算机技术的结合在许多方面直接为社会创造价值，推动着社会生产力的发展"，"数学是人类文化的重要组成部分，数学素养是现代社会每一个公民应该具备的基本素养。作为促进学生全面发展教育的重要组成部分，数学教育既要使学生掌握现代生活和学习中所需要的数学知识与技能，更要发挥数学在培养人的思维能力和创新能力方面的不可替代的作用。"[①]

"义务教育阶段的数学课程是培养公民素质的基础课程，具有基础性、普及性和发

---

① 中华人民共和国教育部. 义务教育数学课程标准（2011年版）[S]. 北京：北京师范大学出版社，2012：1.

展性。数学课程能使学生掌握必备的基础知识和基本技能,培养学生的抽象思维和推理能力,培养学生的创新意识和实践能力,促进学生在情感、态度与价值观等方面的发展,为学生未来生活、工作和学习奠定重要的基础。"[①]数学教研组依据《数学课标(2011年版)》,结合教学实际、学生学情,构建"缤纷数学"课程体系。通过"缤纷数学"学科课程的实施,引导学生在学习中阅读、思考、表达、应用,鼓励学生用自己所学知识对生活中的一些问题进行数学抽象、推理、建模,鼓励学生尝试动手实践、阅读数学文化,培养学生的发散性思维,极大地增强了学生学习数学的热情,从而逐步落实和培养学生的数学阅读、数学抽象、逻辑推理、数学建模、信息技术与数学的融合等综合素养,培养具有严谨的科学精神和自主的实践能力的学生,让思维绽放"理"花,让素养缤纷盛开。

二、学科课程理念

学校在长期的数学学科课程实施中,坚持落实和培养学生的数学核心素养,以缤纷多样的课程促进学生不同素养的发展,促进学生思维的发展,最终引启数学学习的理性发展。由此,学校提出"缤纷数学"学科课程的核心理念为"让思维绽放'理'花"。

根据《新华字典》解释,"缤"本意指繁盛的样子,"纷"指盛多、各种各样。"缤纷数学"为学生提供丰富多彩的课程,满足不同学生的需要。每一门数学课程都以多样的内容和形式引领学生自主探究,鼓励学生提出自己的想法,能力层级不同的学生在缤纷的课程中都能绚丽绽放,最终达到思维和素养五彩缤纷的目的。因此,"缤纷数学"是使知识丰富的数学,是重能力培养的数学,是促思维绽放的数学。

(一)"缤纷数学"是使知识丰富的数学

数学是历史悠久的学科,它伴随着人类文明而产生,经过四千多年世界许多民族的共同努力,才发展到今天这样内容丰富、分支众多、应用广泛的庞大系统。随着现代社会的发展,数学在社会生产和日常生活的各个方面的应用越来越广泛。"缤纷数学"通过丰富多彩的课程内容,让学生既掌握必备的基础知识和基本技能,也让学生了解

[①] 中华人民共和国教育部. 义务教育数学课程标准(2011年版)[S]. 北京:北京师范大学出版社,2012:1—2.

数学的发展历史和简单的计算机软件的使用,有助于培养学生对学习数学的兴趣以及思维品格和科学态度的形成。

(二)"缤纷数学"是重能力培养的数学

数学与生活之间联系紧密,也具有严谨性和创新性。"缤纷数学"通过学生的自主阅读、思考、表达、应用以及方法多样的思维碰撞过程,让学生逐步学会分析和解决与数学有关的一些简单的实际问题,发散思维,探索同一个问题的不同解决方法,培养学生的抽象思维和推理能力,同时也培养学生的创新意识和实践能力。

(三)"缤纷数学"是促思维绽放的数学

数学是以思维为基础,研究数与形的科学,倡导学生主动地体验知识的产生过程,在知识的形成、相互联系和应用过程中发展学生的思维,让学生学会用数学的眼光和思维认识世界。

"缤纷数学"在丰富多彩的知识和方法的基础上,通过动手操作和综合实践,引导学生综合运用数学知识解决简单的实际问题,增强数学的应用意识,提高实践能力,让学生充分感受和领悟数学学科的思维方式和学科价值,进而促进学生数学思维的发展。

基于以上理念,我校的"缤纷数学"学科课程设置"数学新思维"、"动画数学"、"慧读数学"、"数学聊斋"四大板块,关注学生的阅读、思考、表达、应用,以此唤醒学生数学学习的自我培养意识,使每一个学生获得增值性的发展;让学生了解数学的价值,提高学习数学的兴趣;能够运用数学的思维方式进行思考,增强问题解决能力;发展学生的数学学科核心素养,培养具有严谨科学精神和自主实践能力的学生。

学科课程目标　用数学焕发思维光芒

《数学课标(2011年版)》提出的课程目标是:"通过义务教育阶段的数学学习,使学生获得适应社会生活和进一步发展所必需的数学的基础知识、基本技能、基本思想、基本活动经验","体会数学知识之间、数学与其他学科之间、数学与生活之间的联系,运用数学的思维方式进行思考,增强发现和提出问题的能力、分析和解决问题的能力","了解数学的价值,提高学习数学的兴趣,增强学好数学的信心,养成良好的学习习惯,具有初步的创新意识和科学态度。"①

一、学科课程总目标

根据《数学课程(2011年版)》,结合学生实际,我校提出"缤纷数学"学科课程目标,即用数学焕发思维光芒。从知识技能、数学思考、问题解决、情感态度四个方面具体阐述如下。

(一) 知识技能

① 体验从具体情境中抽象出数学符号的过程,理解有理数、实数、代数式、方程、不等式、函数等概念;掌握必要的运算(或估算)技能;探索具体问题中的数量关系和变化规律,掌握用代数式、方程、不等式、函数进行表述的方法。②

② 探索并掌握相交线、平行线、三角形、四边形和圆的基本性质与判定,掌握基本的逻辑证明方法和基本的作图技能;探索并理解平面图形的平移、旋转、轴对称;认识投影与视图;探索并理解平面直角坐标系及其应用。③

③ 体验数据收集、处理、分析和推断过程,理解抽样方法,体验用样本估计总体的过程;进一步认识随机现象,能计算一些简单事件的概率。④

(二) 数学思考

① 通过用代数式、方程、不等式、函数等表示数量关系的过程,体会模型的思想,建立符号意识;在研究图形性质和运动、确定物体位置等过程中,进一步发展空间观念;经历借助图形思考问题的过程,初步建立几何直观⑤。

---

① 中华人民共和国教育部. 义务教育数学课程标准(2011年版)[S]. 北京:北京师范大学出版社, 2012:8—9.
② 中华人民共和国教育部. 义务教育数学课程标准(2011年版)[S]. 北京:北京师范大学出版社, 2012:13—15.
③ 中华人民共和国教育部. 义务教育数学课程标准(2011年版)[S]. 北京:北京师范大学出版社, 2012:13—15.
④ 中华人民共和国教育部. 义务教育数学课程标准(2011年版)[S]. 北京:北京师范大学出版社, 2012:13—15.
⑤ 沈霞. 九年级数学欣赏活动的设计和实践研究[D]. 苏州大学,2017:24.

② 了解利用数据可以进行统计推断,发展建立数据分析观念;感受随机现象的特点。

③ 体会通过合情推理探索数学结论,运用演绎推理加以证明的过程,在多种形式的数学活动中,发展合情推理与演绎推理的能力。[1]

④ 能在具体情境中独立思考,体会数学的基本思想和思维方式。

(三) 问题解决

① 初步学会在具体的情境中从数学的角度发现问题和提出问题,并综合运用数学知识和方法解决实际问题,增强应用意识,提高实践能力。[2]

② 经历从不同角度寻求分析问题和解决问题的方法的过程,体验解决问题方法的多样性,掌握分析问题和解决问题的一些基本方法。

③ 在与他人合作和交流的过程中,能较好地理解他人的思考方法和结论,初步形成评价与反思的意识。[3]

(四) 情感态度

① 积极参与数学活动,对数学有好奇心和求知欲。

② 感受成功的快乐,体验独自克服困难、解决数学问题的过程,有克服困难的勇气,具备学好数学的信心。

③ 认识到数学具有抽象、严谨和应用广泛的特点,体会数学的价值。

④ 敢于发表自己的想法、勇于质疑、敢于创新,养成认真勤奋、独立思考、合作交流等学习习惯,形成严谨求实的科学态度。[4]

二、学科课程年段目标

在"缤纷数学"课程总目标的基础上,根据各年级学生不同的学情,我们制定的分年段课程目标如下(见表3-2-1)。

---

[1] 张明明. 初中生对角的理解和应用研究[D]. 闽南师范大学,2018:15.
[2] 杜静. 初中数学教师课堂教学目标设计的调查研究——以第八届全国初中青年数学教师优质课观摩与展示大赛参赛选手的教学设计为例[D]. 沈阳师范大学,2014:27.
[3] 季白云. 解读七~九年级数学思想的过程[D]. 河南师范大学,2012:34.
[4] 杜静. 初中数学教师课堂教学目标设计的调查研究——以第八届全国初中青年数学教师优质课观摩与展示大赛参赛选手的教学设计为例[D]. 沈阳师范大学,2014:28.

表 3-2-1 "缤纷数学"课程分年段目标

目标 年级	知识技能目标	数学思考目标	问题解决目标	情感态度目标
七年级	经历从具体情境中抽象出数学符号的过程,理解有理数、代数式、一元一次方程概念;能用适当的方式表示实际情境中变量之间的关系;掌握必要的运算技能;初步认识随机现象,会计算一些简单事件的概率。	在运用代数式、一元一次方程等描述数量关系的过程中,建立符号意识;在研究平面图形、立体图形性质的过程中,会借助图形思考问题,初步建立几何直观,进一步发展空间观念。	能从身边的日常生活中,从数学的角度发现和提出数和图形的简单问题,形成一些解决问题的方法,能综合应用数学知识方法解决问题,增强应用意识。	能够积极主动地参与数学活动,对生活中的数学有好奇心和求知欲;在学习过程中感受成功的快乐,有克服困难的勇气,敢于发表自己的想法,初步形成合作交流和评价的意识。
八年级	在探索数量关系和变化规律的过程中,理解不等式、分式、一次函数等基本概念;探索并掌握三角形、四边形的判定方法和基本性质,掌握基本的证明方法和基本的作图技能;"探索并理解平面图形的平移、旋转、轴对称,平面直角坐标系及其应用,掌握识图方法。"①	在数学活动中通过合情推理的过程探索数学结论,运用演绎推理加以证明的过程,发展合情推理与演绎推理的能力,发展逻辑推理的核心素养;了解利用数据可以进行统计推断,发展建立数据分析观念。	能从不同角度寻求分析问题和解决问题的方法,体验解决问题方法的多样性,掌握分析问题和解决问题的一些方法;"在与他人合作和交流的过程中,能较好地理解他人的思考方法和结论。"②	能积极参与各项数学活动,体验独自克服困难、解决数学问题的过程,具备学好数学的信心;在运用数学表述和解决问题的过程中,认识数学具有抽象、严谨和应用广泛的特点,体会数学的价值;"敢于创新,养成认真勤奋、合作交流等学习习惯。"③
九年级	理解一元二次方程、反比例函数、二次函数等基本概念,掌握基本的运算技能;探索并掌握圆的基本性质与判定,掌握基本的证明方法;进一步认识随机现象,能计算事件的概率。	在用代数式、方程、不等式、函数等表示数量关系的过程中,建立模型;进一步体会通过合情推理探索数学结论,运用演绎推理加以证明的过程,发展合情推理和演绎推理的能力;能独立思考,体会数学的基本思想和思维方式。	进一步综合应用数学知识和方法多角度解决问题,掌握一些基本方法,增强应用意识;能针对他人所提的问题进行反思,初步形成评价与反思的意识。	积极主动参与和设计数学活动,体验获得成功的乐趣;勇于质疑,养成独立思考、合作交流的学习习惯;形成坚持真理、修正错误、严谨求实的科学态度等。

---

① 杜静.初中数学教师课堂教学目标设计的调查研究[D].沈阳师范大学,2014:27.
② 杜静.初中数学教师课堂教学目标设计的调查研究——以第八届全国初中青年数学教师优质课观摩与展示大赛参赛选手的教学设计为例[D].沈阳师范大学,2014:27—28.
③ 黄艳芳.浅谈开放性题目在数学教学中的作用[J].青年科学(教师版),2013(1):19—20.

学科课程框架　建构品质数学景象

我校数学学科课程秉承叶圣陶先生"教是为了达到不需要教"的教育思想,力求培养自主能动的人。"缤纷数学"课程架构除了基础性课程外,还开发了符合学生身心发展规律,内容丰富多样的拓展性课程,采用课题研究模式,将数学与物理、化学、信息技术等学科相结合,融合教学,建构品质数学景象。

一、学科课程结构

"缤纷数学"课程依据《数学课标(2011年版)》学科目标中知识技能、数学思考、问题解决、情感态度四个维度,考虑到初中学生的发展特点以及我校学生的特质,设置"动画数学、慧读数学、数学新思维、数学聊斋"四大类别,如下(见图3-2-1)。

图3-2-1 "缤纷数学"课程结构图

"动画数学"与《数学课标(2011年版)》学科目标中"知识技能"维度相对应,旨在利用几何画板、动画大师、Excel表格等多款计算机软件,模拟点、线、图的运动轨迹,将数学与计算机技术结合,直观地显示出图形的形成过程和最终形状,易于理解一些数学概念和说明一些数学结论。学生在"动画数学"课程中利用计算机软件做出动态几何图形,增强了学生的数学建模能力,提升了学生的几何直观,有助于解决几何综合题型。

"慧读数学"与《数学课标(2011年版)》学科目标中"数学思考"维度相对应,针对《数学课标(2011年版)》中出现的"自己查阅"、"通过网络搜集资料"、"就某个专题查找、阅读、收集资料文献"等字眼[1]传递出的注重数学阅读理念,我们将"读教材、读习题、读答案"模块化,融入到三个年级教学的"概念课、习题课、试卷讲评课"之中,辅助常规教学,分学段有侧重地逐步提升学生的数学阅读能力,提高学生利用数学思维思考问题的能力。

"数学新思维"与《数学课标(2011年版)》学科目标中"问题解决"维度相对应,注重引导学生用数学知识解决生活中的问题,从数学的视角观察事物,发现问题、提出问题、总结规律,增强学生的数学应用意识,提升学生运用数学研究问题、解决问题的能力。

"数学聊斋"与《数学课标(2011年版)》学科目标中"情感态度"维度相对应,通过引领学生研读与数学基础课程相关的数学史,让学生徜徉在数学历史长河中,品鉴数学文化,追寻名家足迹,跨越时空与数学家们交流,在探寻中拓展学生的视野,在研究中对数学产生更加浓厚的兴趣和求知欲,逐步形成坚持真理、修正错误、严谨求学的科学态度。

二、学科年段课程结构

根据"缤纷数学"课程的整体架构,除基础性课程之外,根据不同年级学生的年龄特点设计和实施拓展性课程,其课程年段设置如下表(见表3-2-2)。

表3-2-2 "缤纷数学"年段课程设置表

学段	课程	动画数学 (知识技能)	慧读数学 (数学思考)	数学新思维 (问题解决)	数学聊斋 (情感态度)
七年级	上期	1. 利用Excel绘制统计图、统计表 2. 利用几何画板探索直线平行的条件	预习细读	1. 正方体的展开与折叠 2. 幻方 3. 折平行线	主题:方程的演变 1. 名师讲堂

---

[1] 屠桂芳.重视学习主体的数学阅读[J].上海教育科研,2011(1):89—90.

(续表)

学段	课程	动画数学 （知识技能）	慧读数学 （数学思考）	数学新思维 （问题解决）	数学聊斋 （情感态度）
八年级	下期	1. 利用几何画板探索轴对称图形的性质 2. 利用PPT制作动点按轨迹运动	预习品读	1. 折三角形"三线" 2. 拼图游戏	主题：方程的演变 2. 合作探究 3. 分享交流
	上期	1. 利用几何画板制作毕达哥拉斯树 2. 万彩动画基础篇	慧眼识题	1. 勾股定理的验证 2. 折纸与含30°角的直角三角形 3. 有趣的平面直角坐标系	主题：第一次数学危机：无理数的发现 1. 名师讲堂
	下期	1. 利用几何画板设计位似图形 2. 运用万彩动画令图形按要求放大或缩小	火眼金睛	1. 剪纸与中心对称图案 2. 中点四边形	主题：第一次数学危机：无理数的发现 2. 合作探究 3. 分享交流
九年级	上期	利用几何画板探索圆周角和圆心角的关系	案例品鉴	1. 折纸与黄金分割 2. 折纸与特殊角的三角函数 3. 游戏是否公平	主题：迷之"圆"源 1. 割圆术 2.《九章算术》之勾股容圆问题、黄金分割问题
	下期	利用几何画板探索二次函数图象的平移	反思提炼	1. 圆的对称性 2. 巧用圆规画图	主题：迷之"圆"源 3.《九章算术》之圆材埋壁问题

学科课程实施　充分体验数学的鲜活

"缤纷数学"，是使知识丰富的数学，是让方法多样的数学，是促思维绽放的数学。为此，"缤纷数学"课程依据《数学课标（2011年版）》，从数学思考、问题解决、情感态度、知识技能出发，打造"缤纷课堂"，建设"数学兴趣社团"，开展"数学文化品鉴"活动，举办"数学动画节"，组织"数学综合实践活动"，促进"缤纷数学"学科课程的实施与评价，让学生充分体验数学的鲜活。

一、建构"缤纷课堂",提升学科品质

"缤纷课堂"通过情境式引导,调动学生学习的积极性,让学生学习身边、生活中的数学;让学生学习有用的、现实中的数学;让学生学习有情景、有逻辑、有思维的数学。同时通过情境的创设,为学生提供发展的舞台,引导学生积极主动地学习;通过教师、学生学习共同体的建设,发展学生的思维,提高学生的学习能力。

(一)"缤纷课堂"的要义与操作

1. "缤纷课堂"框架

学习是在现有情境和学生原有认知之间相互作用,由学生自我建构起来的。"缤纷课堂"让学生在特定的任务或真实而有意义的情境中,通过实验设计、实验论证等科学探究过程有效进行数学学习。

2. "缤纷课堂"探索

"缤纷课堂"是教师运用自己的教学方式和教学艺术,进行多角度、多样化的设计,充分调动学生学习的积极性,使学生情智交融、协调发展的课堂。其主要任务是提炼"缤纷数学"的核心要素,探索"数学抽象、逻辑推理、数学建模、直观想象、数据分析、数学运算"六大数学学科核心素养在课堂教学中的实践研究,引导教师从学科教学走向学科教育。

"绽纷课堂"倡导自主、合作、探究的学习方式;探索"互联网+"数学课堂教学范式;探索先学后教、翻转课堂的教学模式。

(二)"缤纷课堂"的评价要求

1. 评价理念

评价方式丰富,多一把尺子衡量学生。采用质性评价和量化评价相结合的多重评价方式,增强学生的自信心,让学生能够发现自己的进步。

2. 评价目标

通过课堂评价,加深教师对"缤纷课堂"的深入理解,完善"缤纷课堂"的构成要素,总结已有经验,夯实基础,实现教学的最优化。

3. 评价内容

(1)教学课型丰富多样

为发展学生的学科核心素养,探索如何在问题情境中进行教学设计,着力打造"激

情、智慧、分享、生长"的课堂文化,创设平等、民主、和谐的课堂生态,数学教研组积极探索丰富多样的教学课型——概念课、讲评课、计算课、复习课、问题解决课、实践活动课,让学生在每一种课型中都能体会到学习数学的乐趣,找到属于自己的学习成就。

（2）学习方式灵活多样

针对学生基础的差异性,学生个性的多样性,以及学习方式、学习习惯的不同,数学教研组创设新颖的、符合初中生实际认知特点的学习情境,尝试用灵活多样的学习方式,将重点放在学生自主学习方法和习惯的培养上。

（3）特色课堂形成品牌

数学阅读是数学学习的重要基础,是学生必备的数学素养。数学阅读能够激发学生对数学学科的兴趣,更是学生了解数学历史、爱上数学的重要途径。数学阅读教学应当成为数学课堂教学的重要组成部分,数学史的阅读、数学故事的阅读、数学概念的阅读、数学题目的阅读,不同内容的阅读采用不同的方法,培养学生的数学阅读能力,开拓学生视野。

4. 评价方法

根据课型的不同,设计"缤纷课堂"教学评价表,分为基础性评价和特色化评价,评价表如下(见表3-2-3)。

表3-2-3 "缤纷课堂"教学评价表

学科		班级		授课时间		授课地点		分值	得分
执教者		课题							
基础性评价	教学目标	教学目标定位准确,内容具体,表述明确,符合课程标准和学习起点要求,体现核心素养和可持续发展的基本理念,可操作、可检测。						10	
	教学设计	设计结构合理,简洁实用,重点突出,以学生发展为本,联系社会生活实际,发挥学生的自主性,体现"缤纷课堂"的教学策略。						10	
	教学过程	学生学习: 1. 课堂气氛民主和谐,学生在尊重中思维活跃,在关爱中主动参与,在沟通中学得轻松,在体验中感受成功。 2. 学生在多种感官协调作用下主动参与知识的获得过程,学习情绪高涨,勇于探索,敢于发表自己的意见;教师能尊重学生的观点,鼓励学生求新、求异,师生交流融洽。 3. 每一个知识点都能有效落实,学生能理解和应用当堂所学的时候,学生基本能力的提高达到预期目标。						25	

(续表)

学科		班级		授课时间		授课地点		分值	得分
执教者		课题							
	4. 不同层次的学生在知识、能力、情感、道德品质等方面都有所提高和发展。①								
	教师教学： 1. 面向全体学生，因材施教，注重学生的差异性，能调动不同层次的学生积极参与。教学具有启发性、逻辑性、发展性，给学生充分的自主活动时间和空间，提供探索、尝试和思考的机会。 2. 教学环节组织有条理、有层次，衔接紧密，过渡自然，重点问题讲解突出，难点的分解、引导合理。 3. 运用新颖的教学方法，能激发学生的学习兴趣，调动学生学习的积极性和主动性；注重培养学生综合能力，有计划地给予学生学习方法的指导，恰当地选择和组织各种直观教学手段，充分发挥多媒体等现代教育技术在解决教学重点、难点及创设教学情境等方面的作用。							25	
特色性评价	设计符合不同课型的教学活动，体现"激情、智慧、分享、生长"的课堂文化，突出"缤纷数学"的核心要素，关注"数学抽象、逻辑推理、数学建模、直观想象、数据分析、数学运算"等数学学科核心素养的培养。							10	
教学效果	基本实现教学目标，课堂中学习的主动性、有效的互动性、过程的实践性、知识的理解性、良好的组织性等充分体现，数学学科关键能力和学科品质基本得到落实。							20	
评课意见									

二、推行"缤纷社团"，激发学习兴趣

社团是激发学生学习兴趣、继续探讨数学魅力的重要场所。通过社团活动，能拓展学生的视野，培养创新精神和实践能力，为学生实现自己的人生理想、从容地面对社会生活打下坚实的基础。

推行数学思维社团，实行多元评价方式，着重关注学生自主、合作、探究的意识，让学生学会倾听、协作、分享，能体验活动过程的愉悦，能提出有意义的问题或能发表个人见解。具体评价量表如下（见表3-2-4）。

---

① 丁星凡.抓实"三定一评"提升听课效益[J].教书育人(校长参考),2015(01):35—36.

表 3-2-4 "缤纷社团"评价表

评价项目	评价标准	分值	自我评价	小组互评	教师评分
出勤情况	出勤率高,按时参加社团活动	15 分			
活动过程	主动参与,充分发展自我特长	10 分			
	积极参与社团活动,过程有序开展,团结协作	15 分			
	有贡献性的想法	10 分			
活动效果	能形成自己的学习成果,积极参与社团成果展示交流	30 分			
特色创新	成果作品有特色、有创新、有亮点	20 分			
总体评价					

三、研读"缤纷文化",品鉴数学底蕴

"数学可以帮助人们更好地探求客观世界的规律,对复杂的信息作出恰当的选择与判断,同时为人们交流信息提供了一种有效、简捷的手段。"[1]"数学是博大精深、丰富多彩的,数学绝不是简单的加减乘除。数学是空间,是图形,是语言,是游戏,是故事,是问题,是发现和发明,是科学,是历史,是一座艺术的宫殿,更是一把金钥匙,让学生们用这把金钥匙去打开人生旅途上每一扇通向成功的大门。"[2]"品鉴缤纷文化"从七年级起开设,通过三年的学习,让学生初步了解数学发展史,了解中外数学家的故事,了解具有里程碑作用的数学成果及重大事件,掌握一些简单的数学思想、数学游戏,感受到数学好玩、数学有用、数学是美的,"学会用数学的眼光去看这个世界,用数学的头脑去解决身边的问题,从而养成品德,铸就健全人格"。

(一)活动目的

① 了解数学的发展史,知道一些重大的数学事件。

② 熟悉一些数学家的故事,会讲数学家的故事,感悟数学家的人格魅力。

③ 通过数学游戏、数学活动感受数学与生活的联系,掌握一些简单的数学思想方法,解决实际问题。

---

[1] 李彬.中学数学教学中问题情境创设的分析与研究数学学科教学论专业[D].四川师范大学,2006:6.

[2] 孙玉峰.初中数学校本课程开发初探[D].山东师范大学,2008:31.

④ 渗透数学与其他学科的联系。

⑤ 培养学生对数学的兴趣,激发学生对数学的热爱。

(二)活动内容

来源:网上下载;选自教材;学生课下收集;教师自编。

课程内容包括:数学故事、数学游戏、数学史上的重大事件、数学谜语、简单的数学思想方法、数学与生活、数学与美等。

(三)活动评价

① 以学生自评为主。

② 注重学习过程的评价,如学生在各种活动中的积极性、参与度。

③ 联系学生的内化情况,如能用数学的眼光看待事物,能用数学的方法解决生活问题。

四、举办"缤纷动画"节,让数学更具"动"感

著名数学教育家波利亚曾精辟地指出:"数学有两个侧面,一方面它是欧几里德式的严谨科学,从这个方面看,数学像是一门系统的演绎科学;但另一方面,创造过程中的数学,看起来却像一门实验性的归纳科学。"[1]大数学家欧拉说:"数学这门科学需要观察,也需要实验"。《数学课标(2011年版)》指出:"数学课程的设计与实施应重视运用现代信息技术,大力开发并向学生提供更为丰富的学习资源,把现代信息技术作为学生学习数学和解决问题的强有力工具,致力于改变学生的学习方式,使学生乐意并有更多的精力投入到现实的、探索性的数学活动中去。"[2]利用几何画板,结合其他相关软件,教会学生制作动画作品,通过开展数学动画节活动为学生提供展示自己的动画作品的平台,进而让学生体会数学的魅力,体验成功的喜悦。

(一)活动目的

① 学生通过对该课程的学习,为顺利进行新课程改革获得必要的信息技术、数学基础知识和基本技能。

② 了解"几何画板"在解决数学问题时的作用和意义,并能够利用"几何画板"解

---

[1] 董林伟.论开展"数学实验"研究与实践的意义与方法[J].中学数学月刊,2007(12):1—4.
[2] 李峰.谈谈数学教师在课堂教学中的作用[J].素质教育论坛,2008(12):75.

决学习过程中所遇到的数学问题。

③ 通过本课程的学习,改变传统的学习方式,能够利用"几何画板"开展探究性数学学习,并在探究活动中体会该课程所蕴涵的数学思想和方法,感受数学的价值,提高个体的数学素养。

(二) 活动内容

1. 学习几何画板的作图操作

首先认识几何画板界面,学会最基础的功能作图方式,例如:工具框作图、构造菜单作图、用变换菜单作图这三种基本的作图方式。在此基础上学习点动画以及操作类按钮的制作,在静态图的基础上学会制作动态图形。其次将几何画板与初中数学的整合。结合几何画板能实现的操作类型,融合初中数学知识结构依次向学生教授函数图像的制作(二次函数、一次函数)、函数变换(平移、对称)、立体几何(三视图、动态演示)、不等式等内容。

2. 学生自主设计,制作数学内容相关动画演示

(三) 活动评价

每学年的下半学期以举办"数学动画节"活动展示动画作品的方式进行评价,学生评价与教师评价相结合,选出每学年的"动画数学达人",评价标准如下(见表3-2-5)。

表3-2-5 "缤纷动画"节评价表

评价项目	评价内容	分值	教师评分	学生评分
技术难度	动画流畅衔接度高	30分		
	结合其他的软件	10分		
色彩搭配	色彩鲜明,引起视觉冲击	15分		
数学切合度	与数学内容的相关度	15分		
特色创新	体现创新意识	30分		
总体评价				

五、组织数学综合实践,感受数学与生活的联系

根据每学期课本上设置的综合实践活动,在七、八、九分年级开展综合实践活动。

学生事先研究课本综合实践的活动目标、活动内容,并自己设计相应的活动计划方案,在教师的指导下开展综合实践活动。学生经历数据的收集、整理、分析的过程,在活动中感受数学知识在社会生活中的应用,评价表如下(见表3-2-6)。

表3-2-6 "缤纷数学"综合实践评价表

评价内容	评 价 项 目	评 价 情 况
小组评价	解决问题时的主观能动性	
	解决方案的有效性	
	活动设计及操作的创新点	
	活动结果分析	
	整体评价	
教师评价	对活动原理和设计的理解	
	提出、分析、解决实际操作问题的应变能力	
	小组合作	
综合评价		

综上,"缤纷数学"坚持发展学生的数学核心素养,以缤纷多样的课程促进不同学生的发展。"缤纷数学"课程注重知识性、应用性、创新性,围绕课程目标,致力于发展学生的数学素养,培养具有严谨科学精神和自主实践能力的学生,让每位学生的思维绽放"理"花。

(撰稿人:刘娜 宋明鑫 郑璐 陈慧敏 陈梦园 王重阳)

第三节　立体数学：探寻神奇的数学世界

郑州市金水区经三路小学数学教师团队共有 20 人，其中河南省骨干教师 1 人、金水区学科带头人 2 人、金水区种子教师 1 人、金水区教学新秀 2 人。多数教师从教时间长，教学经验丰富，在长期的课堂教学实践中形成了自己的教学理念。

随着课程改革的不断深入，数学教师通过持续、深入地开展数学教学研究，依据学生现状、数学学科特点及育人目标，凝练出"立体数学"学科课程理念，构建数学学科课程体系。

学科课程哲学　让生命获得多维数学

《数学课标（2011 年版）》中指出："数学是研究数量关系和空间形式的科学……数学是人类文化的重要组成部分，数学素养是现代社会每一个公民应该具备的基本素养。义务教育阶段的数学课程是培养公民素质的基础课程，具有基础性、普及性和发展性。数学课程能使学生掌握必备的基础知识、基本技能、基本思想和基本活动经验，培养学生的抽象思维和推理能力，培养学生的创新意识和实践能力，促进学生在情感、态度与价值观等方面的发展。义务教育的数学课程能为学生未来生活、工作和学习奠定重要基础。"[1]

基于对上述学科性质的理解，我们认为，通过数学学习，应该使学生获得多元的数学知识与技能，形成多维度的思维，发展创新意识和实践能力。这是一个动态的、立体搭建的过程。因此，我们构建"立体数学"课程理念，努力让学生获得有广度、有深度、有思想、有智趣、有个性的数学。

---

[1] 中华人民共和国教育部. 义务教育数学课程标准（2011 年版）[S]. 北京：北京师范大学出版社，2012：2.

一、"立体数学"是有广度的课程

数学是一门基础性的学科,其涉及领域非常广泛,在微观上影响个体的衣食住行等,在宏观上指导政府决策、市场调控等,是金融、交通、医疗等多个领域研究的基础。

"立体数学"旨在让学生掌握数学基础知识和基本技能,引导学生运用数学思维方式进行思考,发展学生的思维能力,掌握基本的数学思想方法,为未来学习物理、化学、生物等提供基本学习思想和方法。

二、"立体数学"是有深度的课程

数学是一门古老的学科,早在文字出现前,人类通过石子计数、结绳计数等萌发数学,在漫长的岁月里数学不断向纵深发展。

"立体数学"注重引导学生经历知识与技能形成的过程,激发学生在掌握数学知识的同时,去追问和领悟知识所蕴含的应用价值。在此过程中,学生将知识内化,把思考推向纵深,实现深度学习。

三、"立体数学"是有思想的课程

"数学学科的教学应强调数学的精气神——逻辑思维的训练和抽象思维的构建等,教学活动安排应体现一种严谨的思维态度和缜密的思维方法。"[1]"数学作为培养人思维能力的学科,它的地位和作用是不可替代的。"[2]

"立体数学"注重对数学方法和数学思想的梳理和渗透,引导学生优化知识结构,促进知识的有效迁移,培养学生举一反三的能力,提高问题解决能力。

四、"立体数学"是有智趣的课程

"每门学科的知识都有其内在的情趣,都是神奇美丽、奥妙无穷的,都有激发情趣和涵养精神的价值。"[3]数学自然也不例外,从数学的产生和发展来看,数学的实用性和趣味性是兼而有之的。

"立体数学"在课程设置上注意展示数学规律之趣、对称之妙、逻辑之美……让学

---

[1] 徐祖胜.论学科教学的个性化[J].教育科学研究,2011(4):45.
[2] 王永春.小学数学与数学思想方法[M].上海:华东师范大学出版社,2014:5.
[3] 余文森.核心素养导向的课堂教学[M].上海:上海教育出版社,2017:61.

生探寻神奇的数学世界,为数学的美所吸引,沉浸到因智而生趣的世界中。

五、"立体数学"是有个性的课程

《数学课标(2011年版)》中提出义务教育阶段的培养目标是:"面向全体学生,适应学生个性发展需要,要使得人人都能获得良好的数学教育,不同的人在数学上得到不同的发展。"[1]

"立体数学"通过多样的活动、丰富的课程内容,为学生提供更多探索数学世界的途径和方式,满足不同学生的需求。

学科课程目标　用数学的思维方式认识世界

《数学课标(2011年版)》指出:"通过义务教育阶段的数学学习,学生能获得适应社会生活和进一步发展所必需的数学的基础知识、基本技能、基本思想、基本活动经验。体会数学知识之间、数学与其他学科之间、数学与生活之间的联系,运用数学的思维方式进行思考,增强发现和提出问题的能力、分析和解决问题的能力。了解数学的价值,提高学习数学的兴趣,增强学好数学的信心,养成良好的学习习惯,具有初步的创新意识和科学态度。"[2]基于此,我们将"立体数学"的课程目标设置如下:

一、学科课程总体目标

学校依据课程标准和学科特点具体从四个方面确立课程总体目标,让学生用数学的思维方式认识世界。

(一)知识与技能

"经历数与代数的抽象、运算与建模等过程,掌握数与代数的基础知识和基本技

---

[1] 中华人民共和国教育部. 义务教育数学课程标准(2011年版)[S]. 北京:北京师范大学出版社,2012:2.

[2] 中华人民共和国教育部. 义务教育数学课程标准(2011年版)[S]. 北京:北京师范大学出版社,2012:8.

能；经历图形的抽象、分类、性质探讨、运动、位置确定等过程，掌握图形与几何的基础知识和基本技能；经历在实际问题中收集和处理数据、利用数据分析问题、获取信息的过程，掌握统计与概率的基础知识和基本技能；参与综合实践活动，积累综合运用数学知识、技能和方法等解决简单问题的数学活动经验。"①

（二）思想方法

在数学基础知识与基本技能的学习中，经历实验、观察、操作等活动，发展猜想、类比、归纳等数学思想方法，促进学生抽象思想、推理思想和模型思想的构建；会用数学的眼光看世界、从数学的角度发现问题和提出问题、用数学的思维来思考问题、用数学的语言表达现实世界，综合运用数学知识解决简单的实际问题。

（三）关键能力

学科关键能力包括运算能力、形象思维与抽象思维能力、建模能力、数学抽象能力、推理能力、数据分析能力等，主要表现为：数感、符号意识和空间观念的建立，几何直观和计算能力的初步形成；体会统计方法的意义，通过数据的整理与分析，感受随机现象；通过综合实践活动，发展合情推理和演绎推理的能力，有条理地表达自己的想法。

（四）学科品格

激发学生积极参与数学活动，感受数学之美，对数学怀有强烈的好奇心和求知欲；"在数学学习过程中，体验成功的乐趣，锻炼克服困难的意志，建立自信心"；"养成认真勤奋、独立思考、合作交流、反思质疑等学习习惯"；"体会数学学科特点，了解数学的价值"；"形成坚定真理、修正错误、严谨求实的科学态度"②。

二、学科课程年级目标

根据课程总目标，结合学生实际情况，学校制定了"立体数学"的年级目标，具体如下（见表 3-3-1）：

---

① 中华人民共和国教育部. 义务教育数学课程标准（2011 年版）[S]. 北京：北京师范大学出版社，2012：8.
② 中华人民共和国教育部. 义务教育数学课程标准（2011 年版）[S]. 北京：北京师范大学出版社，2012：9.

表 3-3-1 "立体数学"年级课程目标一览表

目标\年级	知识与技能目标	思想方法目标	关键能力目标	学科品格目标
一年级	结合现实情境理解百以内数的加减法并比较大小;能解决简单的实际问题;能从实际物体中抽象出长方体、正方体等几何体;能辨简单图形。	在运用数描述生活现象的过程中发展数感,渗透数形结合思想;"在抽象几何图形的学习过程中发展空间观念,体会抽象思想;对事物或数据进行分类,感受分类思想"①;能初步独立思考问题。	"能从日常生活中发现和提出简单的数学问题,并尝试解决;了解简单的分析和解决问题的基本方法,并能够与同伴交流,说出自己的想法。"②	对数学充满好奇,乐意参与数学活动;通过解决问题,克服困难,培养直面困难的品质;初步感受用数学的眼光看世界,感受数学的魅力;能倾听他人的建议,尊重客观现实;养成及时订错的好习惯。
二年级	会比较万以内数的大并计算万以内数的加减法;认识角、常见的平面图形及长度单位,掌握初步的测量技能。	用数学语言表达自己的观点,发展演绎推理思想。	能够从具体的生活情境中,理清数学知识;能够进行深入的学习,理解数学知识在生活中的意义。	
三年级	"初步认识分数和小数并能列举生活中见到的小数;理解四则运算的意义,能进行合理的估算和准确运算;认识物体的相对位置,感受平移、旋转、轴对称现象"③。	"在运用数及适当的度量单位描述现实生活中的简单现象、对运算结果进行估计的过程中,发展数感"④;在想象图形的运动和位置的过程中发展空间观念,渗透几何变换思想。	能够掌握分析问题和解决问题的常用方法,能够从多种不同角度去思考问题。	

---

① 中华人民共和国教育部. 义务教育数学课程标准(2011 年版)[S]. 北京:北京师范大学出版社,2012:10.

② 中华人民共和国教育部. 义务教育数学课程标准(2011 年版)[S]. 北京:北京师范大学出版社,2012:11.

③ 中华人民共和国教育部. 义务教育数学课程标准(2011 年版)[S]. 北京:北京师范大学出版社,2012:10.

④ 中华人民共和国教育部. 义务教育数学课程标准(2011 年版)[S]. 北京:北京师范大学出版社,2012:12.

(续表)

目标\年级	知识与技能目标	思想方法目标	关键能力目标	学科品格目标
四年级	"能够从现实生活中找到数学知识,认识万以上的数,掌握整数乘除法的运算技能,理解小数意义;能用方程表示简单的数量关系并解简单的方程;熟练掌握画图的方法"①。	"经历数据的收集、整理和分析的过程,掌握一些简单的数据处理技能"②,发展数据分析观念;通过体验事件发生的可能性,发展学生推理能力,统计思想的渗透。	能从现实生活中发现与数学有关的问题,并综合运用所学知识,"通过思考运用多种方法解决问题,体会方法多样性"③。	体会数学的形之美、数之美、律之美,乐于参与数学活动,对数学有好奇心和求知欲。锻炼克服困难的意志,建立自信心;体会数学的特点,了解数学的价值;养成认真勤奋、独立思考、合作交流、反思质疑等学习习惯,形成实事求是的科学态度。
五年级	理解倍数与因数的意义;掌握基本图形的面积计算方法;认识长方体、正方体及求表面积、体积;认识复式统计图,并能够理解在现实生活中的作用。	通过寻找知识的内在联系,形成新的知识,发展类比思想;能够收集数据,制作统计图,并能够进行数据的分析,提取有用信息,培养统计思想。	能够与同伴合作解决学习生活中遇到的问题,分享自己的想法以及解决问题的思考过程,从而提高自身的表达能力、逻辑思维能力。	
六年级	理解分数、百分数、比和比例的意义,并解决实际问题;掌握圆、圆柱、圆锥的特征并能解决实际问题;认识扇形统计图,概括其特点,并能够绘制扇形统计图。	发展学生的空间观念和应用意识;通过收集数据、分析数据进一步发展统计思想。	在实际情境中提出问题,做出假设,通过实际操作验证假设;能够形成自己特有的数学学习方法,能够创造性的解决问题。	

---

① 中华人民共和国教育部. 义务教育数学课程标准(2011 年版)[S]. 北京:北京师范大学出版社,2012:11.

② 中华人民共和国教育部. 义务教育数学课程标准(2011 年版)[S]. 北京:北京师范大学出版社,2012:12.

③ 中华人民共和国教育部. 义务教育数学课程标准(2011 年版)[S]. 北京:北京师范大学出版社,2012:12.

学科课程框架　建构立体的数学学习图景

一、学科课程结构

我校根据《数学课标(2011年版)》、数学核心素养、小学生的身心特点、学生特质及文化氛围,围绕"数与代数"、"图形与几何"、"统计与概率"、"综合与实践"四个领域,建构立体的数学学习图景,分别设置"聪慧妙算"、"探秘空间"、"统统有理"、"数学好玩"四大课程。课程结构图如下(图3-3-1):

图3-3-1 "立体数学"课程群结构图

"聪慧妙算"课程与"数与代数"领域对应,以数的认识、数的计算、数量关系等知识为主要内容,促进学生数与代数方面知识和能力的提升,发展抽象思维、推理思想。

"探秘空间"课程与"图形与几何"领域对应,旨在使学生经历从现实情境中抽象出图形、从整体到局部、从立体图形到平面图形再到立体图形、图形的运动以及位置关系等学习过程,发展学生的空间观念,体会建模思想、转化思想等基本的数学思想方法。

"统统有理"课程与"统计与概率"领域对应,旨在让学生通过经历数据收集、整理、分析等活动,形成统计观念,培养用数据说话的意识;在游戏活动中,认识概率,感受游戏公平。

"数学好玩"课程与"综合与实践"领域对应,旨在通过数学阅读,让学生了解数学的发展历程,拓宽视野,感受数学魅力,领会数学家的精神;通过实践活动,将所学知识综合运用到实践中,积累经验,提升学生综合运用知识的能力。

二、学科课程设置

依据《数学课标(2011年版)》,在认真执行北师版数学教材的基础上,学校开发设置了丰富的课程,具体见下表(表3-3-2):

表3-3-2 "立体数学"课程框架

年级	课程名称	聪慧妙算	探秘空间	统统有理	数学好玩
一年级	第一学期	家宝寻数	奇妙城堡	玩具分家	数宝旅行
		我的一天	独具慧眼		
	第二学期	我爱跳绳	七巧慧心	环保卫士	校园寻宝
		计算超人	万花筒美		
二年级	第一学期	计算花园	国之利器	神秘尺子	光阴故事
		身边的量	移动图形		
	第二学期	算盘计数	四面八方	有理有据	扑克游戏
		计算能手	七巧世界		
三年级	第一学期	算得清楚	定位游戏	神秘盒子	火眼金睛
		精打细算	"表"的世界		
	第二学期	巧分细想	一绳之地	我爱数据	数之文化
		计算准确	美丽变换		
四年级	第一学期	数据王国	神奇的线	有奖竞猜	规律探索
		成算在心	纵横数对		
	第二学期	精打细算	图形解密	亲力亲为	解密中医
		成算在心	真相大白		

(续表)

年级 \ 课程主题 课程名称		聪慧妙算	探秘空间	统统有理	数学好玩
五年级	第一学期	熟能生巧	化繁为简	心中有数	畅游中国
		记忆犹新	有形有色		
	第二学期	巧算分数	面面俱到	心系蓝天	博海拾贝
		满打满算	追踪定位		
六年级	第一学期	计算达人	"圆"来是你	多元统计	趣味数学
		比"比"试试	真相大白		
	第二学期	奇妙比例	"圆"来如此	"统"筹规"画"	未来已来
		神机妙算	移形换位		

学科课程实施　让学生习得立体的数学

"立体数学"致力于让学生在数学学习中习得数学知识与技能，拥有适合自己的学习方法，体现个人成长。它具有丰富的实施途径、多样的组织形式，以及能促进学生发展的评价体系。

通过"立体数学课堂"、"立体数学节"、"立体数学探索"、"立体数学社团"、"立体数学研学"的构建，力图让数学学习活动有广度、有深度、有思想、有智趣、有个性。

一、建设"立体数学课堂"，让学生习得立体的数学

"立体数学课堂"从课堂目标精准化、素材多元化、形式多样化、评价多维度进行构建，使学生学习立体的数学，使不同的人在数学上获得不同发展。

（一）"立体数学课堂"的实施

"立体数学课堂"是课程实施的主要途径，课堂倡导目标精准化、形式多样化、素材多元化，让学生获得立体的数学。"立体数学课堂"建设符遵循以下原则：

一是目标制定精准化。课程目标制定围绕知识与技能、数学思考、问题解决、情感

与态度四个方面,目标表述清晰,具有较强的操作性,达成度高。特别是在"立体数学课堂"目标制定中要明确有关思想方法的目标设定。

二是选用多元的课堂内容。在认真执行北师大版数学教材的基础上,围绕《数学课标(2011年版)》,结合地方特色,充分发掘课程资源,做到教学情境紧密联系生活,避免陈旧、牵强附会的情境和练习。此外,选材内容要把握横向上的广度、纵向上的深度,以开启学生向外延思考的空间。

三是以生为本的课堂教学。教师要注重引导,调动学生的积极性,提高学生课堂参与度,有效激发学生学习兴趣。课堂形式多样化,比如教师传授、学生自学、分组讨论、动手操作、辩论等。建议中低年级采用问题串形式,高年级学生采用自学形式,促使学生主动思考,增强学生动手能力、合作能力、创新能力。

四是评价指向性强。课堂教学中,教师的评价具有较强的指向性,能够在某方面有效的引导学生,达到促进学生发展的目的。

(二)"立体数学课堂"的评价

"立体数学课堂"的评价本着教学相长的原则,围绕课堂教学目标和教学内容的广度与深度、教学形式的有效性和创新性、学生被关注的范围和指向性三个方面进行课堂评价,具体评价标准如下表(见表3-3-3)。

表3-3-3 "立体课堂"评价表

评价活动	评价要素	评价具体标准	评价		
			好	一般	未达标
评价活动	教材与目标	1. 能围绕知识与技能、数学思考、问题解决、情感与态度四个方面设置学习目标。			
		2. 学习目标中数学思想方法制定合理。			
		3. 准确把握教学重难点,可操作性强。			
		4. 能多角度利用教材,动态地使用教材,对教材有创造性的理解和使用。			
		5. 情境贴近生活,符合时代发展。			
		6. 教学内容多元化,教学资源选择具有深度和宽度。			
	教学方式	1. 组织形式实用、多样,符合学龄特点;能用多种形式创设情境。			
		2. 课堂氛围民主、和谐,学生参与度高。			

(续表)

评价要素	评价具体标准	评价		
		好	一般	未达标
	3. 以生为本的教学方式,体现基于项目的学习方式。			
	4. 教学中对学生评价合理且具有指导作用。			
学习方式	1. 学生能积极地参与学习、经历学习、体验学习。			
	2. 自主、合作、探究学习扎实有效、适时适度、过程合理。			
	3. 能做到多元互动,注重兴趣激发和习惯养成。			
	4. 学生能表现出学习后的喜悦、欣慰。			

二、举办"立体数学节",浓郁学习氛围

学校举办"立体数学节",开展丰富多彩的数学活动,让学生感受到数学的魅力,多维度的了解数学。

(一)"立体数学节"的实施

每年 4 月份开展"立体数学节",围绕一个主题,分年级开展系列数学活动。通过"立体数学节"让学生感受数学的魅力,获得成功的体验,增强学习数学的信心。活动设置时的具体要求如下:

① 活动要能够学有所用。活动设置中各年级必须依据学生已具备的知识与技能、思想方法,适应时代,贴近生活,有一定的应用性或前瞻性。

② 活动要有具有普及性,让全员参与。在形式上围绕展示类、闯关类等,让每个学生都参与,体验数学的魅力。

③ 活动要有成果展示。通过"立体数学节"各年级进行数学特色成果展示,展示内容可以是作品也可以是情景剧等,体现数学的创造性和创新性。

(二)"立体数学节"的评价

"立体数学节"旨在从多个维度增强学生学数学的兴趣,通过各类形式让学生用数学思想方法解决问题,促进学生创新意识和能力的提升。学生通过参与活动,依据达成目标,为每一个学生发放"通关文牒"(见表 3-3-4)和"投票卡"(见图 3-3-2)。学生拿"通关文牒"通过参与活动获得星星,根据星星数量换算得分,获得最终奖励。每位学生通过"投票卡"对数学节上展示的作品、节目进行投票。各类节目、作品依据获

得票数的多少设置奖励。

表 3-3-4 "立体数学节"通关文牒

参与项目	参与程度(涂色)	是否通关
	☆☆☆☆☆	是（　） 否（　）
	☆☆☆☆☆	是（　） 否（　）
	☆☆☆☆☆	是（　） 否（　）
	☆☆☆☆☆	是（　） 否（　）
	☆☆☆☆☆	是（　） 否（　）
	☆☆☆☆☆	是（　） 否（　）
合计	（　）颗	等级：＿＿

图 3-3-2 "立体数学节"成果展示投票卡

三、开展"立体数学探索活动"，学习有用的数学

（一）"立体数学探索活动"的实施

实践探索是沟通抽象与实际的有效途径。根据各年级的课程目标，依据北师大版数学教材所涉及的实践探究主题活动，开展教学。探索活动在实施前教师或教师团队制定方案，预设结果，上报审核通过后，进行实施。设置具体要求如下：

时间：一周以内。为避免探索活动时间过长被其他因素影响，使活动失去意义，在设计活动时不得超过一周。

目标：探索活动要具有明确的目标。

内容：探索内容要结合北师大版教材，选取贴近学生学习生活、当下社会情况的内容。

组织形式：组织形式上遵循多样化，如小组合作、集体探究等。

探究方法：依据内容可采用观察法、推理法、统计法、调查法、问卷法等。

活动成果：活动成果可以是精致、新颖的有关数学方面的小制作；也可以是学生应用数学知识开展社会调查，发现社会问题后撰写的数学活动报告、小论文；还可以是自编的数学小报册等等。

（二）"立体数学探索"活动的评价

探索活动的评价以鼓励性评价为主导。评价要指向学生探索品格、探索方法方面;通过评价指导学生掌握进行探索活动的方法、养成直面困难的品格。通过探索活动记录表(见表3-3-5)记录学生的探索过程、结论和收获,让学生获得自我认可。

表3-3-5 _____ 探索活动记录表

项　　目	内　　容
探索活动主题	
探索活动目标	
探索活动步骤	
探索活动运用的方法	
探索活动获得的结论(或建议)	
活动感受	
老师的话	
父母的话	
同学的话	

四、成立"立体数学社团",让不同的人获得不同的发展

"立体数学社团"旨在培养学生对数学学习的兴趣,引导学生树立正确的学习思想观念,促进学生兴趣爱好的向外拓展,让不同的人在数学上得到不同的发展。

(一)"立体数学社团"的实施

实施时间:每周五下午两节课。

实施方式:采用走班制。每学期发布社团招募令,采用双向选择的方式。学生先报名,教师依据社团设置要求录取合适成员。

课程开发:课程开发中采用丰富的活动形式,选材上符合所教年级学生身心特点,满足部分学生个性化需求。社团课程由数学教师进行开发,每学期开学初将社团方案上交教导处,经过评审通过后进行实施。

课程设置:课程设置遵循动态发展,每学期根据选课情况、授课情况进行优化,推陈出新。

(二)"立体数学社团"的评价

"立体数学社团"通过对社团实施和学生成长两方面进行评价。

学校通过给学生和家长发放调查问卷的形式对社团进行评价。经过数据的汇总评出金星社团、银星社团,对于不受欢迎的社团,查找原因,对其提出整改意见或取消。

社团采用过程性和综合展示评价两种方式对学生进行评价。过程性评价包括学生考勤、活动参与度与完成情况、合作情况等方面。期末各社团进行综合展示活动,对学生进行评价。

五、举办"立体数学研学活动",拓宽学生视野

校外研学活动是学校教育和校外教育衔接的创新方式,是综合实践育人的有效途径。活动中存在许多与数学有关的实际问题,正是让学生运用数学知识解决问题的好渠道。

(一)"立体数学研学活动"的实施

"立体数学研学"借助省气象厅、省环保厅、公安厅、中医学院、紫荆山公园等许多单位和科普机构开展研学活动,将课本上的知识运用到实际生活中,让知识升华,让学生做生活的小主人。研学活动要遵循以下原则:

一是审核备案原则。研学活动要有详细的方案,提前到教导处进行备案。

二是安全性原则。研学活动要坚持安全第一,建立安全保障机制,明确责任人,确保学生安全。

三是育人原则。研学活动要符合学生身心特点、接受能力和实际需要,注重知识性、科学性和趣味性,为学生全面发展提供良好成长空间。

四是实践性原则。研学活动让学生在与日常生活不同的环境中拓展视野、丰富知识、了解社会、亲近自然、参与体验。

(二)"立体数学研学活动"的评价

研学活动通过两种形式进行评价。一是活动表现评价,依据学生在活动中的表现进行评价,采用社会评价、教师评价和生生互评相结合的方式,注重引导学生形成正确接纳别人评价,尊重客观事实的品质。二是成长册评价,学生通过自己的作品如手抄报、小制作、日记等表达自己的研学经历或收获,收集到自己的成长册中。具体内容如下表(具体见表3-3-6)。

表 3-3-6　各年级校外研学评价表

课程内容	评价维度	完成情况
	社会评价	☆☆☆☆☆
	教师评价	☆☆☆☆☆
	同伴评价	☆☆☆☆☆
	自我评价	☆☆☆☆☆

综上所述,"立体数学"课程通过课程设置、评价引领,让学生从基础知识、基本技能、基本思想和基本活动经验,全方位、立体地学习数学,形成自己的学习方式,探寻神奇的数学世界,为未来生活和进一步学习奠定重要的基础。

(撰稿人：李茹　李艳　裴勇非　周洁　王桂英　孙永红　季伟丽
　　　　李巧霞　孙瑞红　李芬)

第四章

焕发理性之光的智行

　　数学享有"锻炼思维体操、启迪智慧钥匙"的美誉。慧,即聪明、有才智。慧数学,是开启智慧、激发灵性的数学,是注重学生个性发展的数学,是促进学生情智共生的数学。它将学生放在教育的中央,打开视野、拓宽思路、丰富学习体验,将数学学科思想和精神衍生,与课程完美融合,注重培养学生的数学思维能力,解决问题能力,使学生在发现中增加智慧,在思考中丰盈智慧,在探索和创新中超越智慧。

第一节　启慧数学：让智慧远航

郑州市第七十六中学数学教研组现有教师38名，其中高级教师10人，金水区首席教师4人，金水区学科带头人2人，教师队伍年龄结构合理，素质优良。其中，3人获得"一师一优课活动"部级优课，10人次获得郑州市优质课一等奖，15人次获得金水区优质课一等奖。我校数学教学质量在金水区一直是名列前茅，被评为金水区优秀学科及金水区学科课程研究基地。

为了进一步推进我校数学学科课程建设，使数学学科核心素养进一步落地、落细、落实，我校制定了数学学科"启慧数学"课程群建设方案。

学科课程哲学　让数学助引智慧的风帆

一、学科性质观

《数学课标（2011年版）》指出"义务教育阶段的数学课程是培养公民素质的基础课程，具有基础性、普及性和发展性。数学课程能使学生掌握必备的基础知识和基本技能，培养学生的抽象思维和推理能力，培养学生的创新意识和实践能力，促进学生在情感、态度和价值观等方面的发展。"[1]数学学科的核心素养是数学抽象、逻辑推理、数学建模、数学运算、直观想象、数据分析。[2]

义务教育阶段的数学课程需充分考虑学生身心发展规律和认知规律，尽可能地贴近学生的生活，从学生实际生活经验中提炼数学素材，启发和引导学生在生活中发现数学问题，理解其形成的实际背景，发展学生的数学思维，让学生用数学的眼光观察世

---

[1] 中华人民共和国教育部. 义务教育数学课程标准（2011版）[S]. 北京：北京师范大学出版社，2012：1—2.

[2] 中华人民共和国教育部. 普通高中数学课程标准（2017版）[S]. 北京：人民教育出版社，2017：4—7.

界,帮助学生学习对终身发展有用的数学。

义务教育阶段的数学课程还承担着培养学生数学素养的功能,不仅要让学生掌握一些数学概念和数学方法,还要让"学生在数学课程的学习中感悟一些数学的基本思想,积累数学学习经验,特别是思维经验和实践经验的积累。"[①]

二、学科课程理念

基于以上认识,我校以"启发思想,生成智慧"为课程理念,打造"启慧数学"课程。"启慧数学"课程旨在展示数学学科的基本内容,反映学科的本质,在实践中感悟数学学科思想。期待学生经历提出问题、获取信息、寻找证据、检验假设、发现规律等过程,养成理性思维的习惯,形成积极的科学态度,保持浓厚的学习兴趣,发展终身学习能力。

根据《新华字典》解释,"启"意为打开、开导、启动,象征有前途、有希望。"慧"是指聪明、有才智。因此"启慧数学"是唤醒心灵、激活心智的课程,是开启智慧、激发灵性的课程。

第一,"启慧数学"是使智慧萌发的数学。中小学阶段所涉及的数学概念都是非常基本、非常重要的。数学概念的引进或建立,都是前人的创造,也是学生智慧的萌生,我们要让学生在接受中感悟智慧,让智慧的种子在心中萌发。

第二,"启慧数学"是让智慧丰盈的数学。数学享有"锻炼思维的体操、启迪智慧的钥匙"的美誉,我们着重培养学生的数学思维能力,全面开发孩子的左右脑潜能,提升孩子的学习能力、解决问题能力和创造力,使学生在发现中享受智慧,在思考中丰盈智慧。

第三,"启慧数学"是促智慧超越的数学。数学体现着探索精神和创新精神,并在探索创新中累积新的智慧。能把所学知识进行应用和创新,是学习过程的最高境界。"启慧数学"重在培养学生的应用意识和创新精神,在创新和发展中促进智慧超越。

总之,"启慧数学"是真正为了实现启迪学生智慧的一种课程理念。"启慧数学"要求教师眼中有学生,心中有机智,教中有能力,敢于打破常规,走进学生心灵,把课堂打造成智慧的课堂,能够恰到好处地进行智慧引领,使学生处于开智的兴奋状态,拥有独

[①] 史宁中.数学基本思想18讲[M].北京:北京师范大学出版社,2016:115.

特的智慧思维,让学生的思维碰撞出火花,在争辩中明理,在动手中体验,在思考中提升。

学科课程目标　点燃智慧的心灯

《数学课标(2011年版)》指出:"通过义务教育阶段的数学学习,学生能获得适应社会生活和进一步发展所必需的数学的基础知识、基本技能、基本思想、基本活动经验。体会数学知识之间、数学与其他学科之间、数学与生活之间的联系,运用数学的思维方式进行思考,增强发现和提出问题的能力、分析和解决问题的能力。了解数学的价值,提高学习数学的兴趣,增强学好数学的信心,养成良好的学习习惯,具有初步的创新意识和实事求是的科学态度。"[1]

一、学科课程总目标

依据《数学课标(2011年版)》与学生实际情况,我校数学学科总目标为:"经历数与代数、空间与图形、统计与概率的学习过程,掌握数学的基础知识、基本技能;通过归纳、类比等数学思想推断某些结果,体会数学的基本思想和思维方式;学会从数学的角度发现问题和提出问题,综合运用数学知识,解决简单的实际问题,增强应用意识;了解数学的价值,形成坚持真理,修正错误,严谨求实的科学态度。"

课程总目标从以下维度进行分类:

(一)数学课程显性目标

1. 关于运算技能教学

运算能力主要是指根据法则和运算律正确地进行运算的能力,着重培养学生正确运算、理解算理、掌握算法的技能,要求学生能够按照一定的程序与步骤进行正确、熟练地运算,在运算过程中能够明确算理和算法,而且能根据题目条件寻求合理、简洁的

---

[1] 中华人民共和国教育部. 义务教育数学课程标准(2011版)[S]. 北京:北京师范大学出版社,2012:8.

运算途径来解决问题。

2. 关于识图能力教学

在数与代数领域的识图主要是函数图象的学习,学生能结合图象对简单实际问题中的函数关系进行分析。在空间与图形领域的学习中,识图能力是关键能力,通过培养识图能力,学生学会文字语言、图形语言、几何语言三者的转化,增强学生的空间想象能力。

3. 关于思维能力教学

结合具体的学习内容,设计有效的数学探究活动,使学生在活动中感悟数学思想,形成独特的数学思维方法,提升数学思维能力。

(二) **数学课程隐性目标**

1. 应用意识

一方面,有意识地利用数学的概念、原理和方法解释现实世界中的现象,利用数学知识建立模型解决现实世界中的问题;另一方面,认识到现实生活中蕴含着大量与数量和图形有关的问题,这些问题可以抽象成数学问题,能用数学的方法予以解决。在整个数学教育的过程中都应该培养学生的应用意识,让学生的数学素养真正落地生根。

2. 创新意识

培养学生的创新意识是现代数学教育的基本任务,应体现在数学教与学的过程之中。学生自己发现和提出问题是创新的基础;独立思考、学会思考是创新的核心;归纳概括得到猜想和规律,并加以验证,是创新的重要方法。创新意识的培养应该从义务教育阶段做起,贯穿数学教育的始终。

3. 情感态度

通过参与数学活动,增强数学学习的好奇心和求知欲。在整个数学学习的过程中,学生可以体验获得成功的乐趣,锻炼克服困难的意志,建立自信心,从而养成勤奋上进、独立思考、合作交流、反思质疑的良好学习品质。

二、学科课程年段目标

为了更好地实现学科课程总目标,结合学校实际情况,制定如下年段目标(见表4-1-1)。

表4-1-1 "启慧数学"课程年段目标

目标 年级	知识技能	数学思考	问题解决	情感态度
七年级	1. 体验从具体情境中抽象出数学符号的过程,理解有理数、一元一次方程,掌握必要的运算技能,掌握用代数式、一元一次方程进行表述的方法及其实际应用。 2. 认识多姿多彩的图形(立体图形、平面图形),以及最基本的图形——点、线、角、三角形等,并在自主探究的过程中,结合丰富的实例,探索出这些基本图形的性质。 3. 经历统计活动的过程,形成用数据"说话"的意识;能结合具体情境,选择合适的方式获取数据;学会制作扇形统计图和频数直方图;能读懂各种统计图,选择合适的统计图表示数据。	1. 在运用数与式描述现实生活中的简单现象,以及对运算结果进行估计的过程中发展数感。 2. 在观察、操作等活动中,能提出一些简单的猜想。 3. 能从数字规律、图形规律等方面进一步理解代数式的作用,初步体会数学的无穷思想。	1. 能在教师的指导下从生活中发现和提出简单的数学问题,并能用所学知识加以解决。 2. 了解分析问题和解决问题的基本方法。 3. 结合具体实践活动,能综合运用所学知识解决实际问题。	1. 了解社会生活中与数学有关的信息,积极参与数学学习活动。 2. 在他人的鼓励和引导下,体验克服困难、解决问题的过程,相信自己能学好数学。 3. 在阅读数学家的故事中,学习数学家为了追求自己的目标而努力奋斗甚至献身的可贵品质。
八年级	1. 会说出实数等概念,并会进行实数的简单计算;初步认识函数、一次函数的概念、图像及其性质,并能用一次函数解决简单的实际问题;理解二元一次方程组和一元一次不等式的概念和解法,会用二元一次方程组及一元一次不等式解决简单的实际问题,初步体会方程与函数的关系。	1. 初步形成数感和空间观念,感受符号和几何直观的作用。 2. 在观察、实验、猜想等活动中发展合情推理能力,能进行有条理的思考,并能比较清楚地表达自己思考的过程与结果。 3. 在具体教学活动中,渗透数学思想,培养学生数学思维能力。	1. 尝试从生活中发现并提出简单的数学问题并解决。 2. 能探索分析和解决问题的有效方法,知道解决问题方法的多样性,并能解释自己的思考过程。 3. 结合具体实践活动,进一步培养学生的观察、动手操作能力。	1. 积极参与各项数学活动,对数学有强烈的好奇心和学习欲望。 2. 在运用数学知识和方法解决问题的过程中,认识数学的价值;初步养成乐于思考、勇于质疑、言必有据等良好品质。 3. 通过对数学史的学习,了解数学概念的前世今生。

(续表)

目标 年级	知识技能	数学思考	问题解决	情感态度
	2. 在具体的情境中能运用勾股定理及勾股定理的逆定理,并能利用它解决简单问题;探索并掌握平行线、三角形和平行四边形的基本性质和判定定理。 3. 经历调查、统计、研讨等活动,掌握平均数、中位数、众数的概念并会在不同情境中应用。			
九年级	1. 理解一元二次方程、反比例函数、二次函数、三角函数及其相关概念,并能在实际问题中灵活运用。 2. 经历菱形、矩形、正方形及圆形等概念的抽象过程,以及它们的性质与判定的探索、猜测与证明的过程,丰富数学活动经验,进一步发展合情推理能力和演绎推理能力。 3. 经历试验、收集与统计试验数据、分析试验结果等活动过程,进一步发展数据分析观念,体会概率与统计的关系。能运用列表和画树状图等方法计算一些简单事件发生的概率。	1. 通过综合运用代数式、方程、不等式、函数等表述数量关系的过程,体会模型思想。 2. 体会通过合情推理探索数学结论,运用演绎推理加以证明的过程,发展合情推理和演绎推理的能力。	1. 能在具体的情境中从数学的角度发现问题和提出问题,并综合运用数学知识和方法解决简单的实际问题,增强应用意识,提高实践能力。 2. 能针对他人提出的问题进行反思,修正自己的错误,积累经验。	1. 积极参与数学活动,感受成功的欢乐,体验独自克服困难、解决数学问题的过程,有克服困难的勇气。 2. 在运用数学表述和解决问题的过程中,认识数学具有抽象严谨的特点。 3. 在解题过程中,培养学生的答题技巧和答题方法。

学科课程框架 让学习成为智慧的乐园

基于"启慧数学"的课程理念和课程目标,"启慧数学"课程分为基础课程和拓展课程。基础课程旨在培养学生终身发展和适应未来社会所必需的数学的基础知识、基本技能、基本思想、基本活动经验;拓展课程主要满足学生的个性化学习需求,培养学生的兴趣,开发学生的潜能,促进学校办学特色的形成。两者整合为一体,让学习成为智慧的乐园,服务于数学学科素养的培育,服务于学科教学质量的提高。

一、学科课程结构

依据《数学课标(2011年版)》,围绕"数学抽象、逻辑推理、数学建模、数学运算、直观想象、数据分析"六个数学学科核心素养,我们以国家课程为基础,从知识技能、问题解决、数学思考、情感态度四个方向进行课程构建,进而形成数学"1+X"课程群。数学学科课程结构图如下(详见图4-1-1)。

图4-1-1 数学学科课程结构图

(一) 运算达人秀

经历数与代数的抽象、运算与建模等过程,掌握数与代数的基础知识和基本技能。我们依据学情,设置巩固知识技能的课程内容,目的是让学生打好基础,为其他拓展课程的实施保驾护航。"运算达人秀"是一门赛事课程[①],在不同年级根据不同的学习内容,开展全校范围的"神机妙算擂台赛",争夺"运算达人之星",旨在锻炼学生的运算能力,培养运算技能,落实核心素养。

(二) 数学思维养成课

《数学课标(2011年版)》明确指出:"通过义务教育阶段的数学学习,使学生能获得适应社会生活和进一步发展所必需的基础知识、基本技能、基本思想、基本活动经验。"[②]"数学思考"着重培养学生的数学思维能力,提升学生的学习能力、解决问题能力和创造力。"数学思维养成课"主要学习初中阶段常用的数学思想,所用素材来源于课本又高于课本,重在培养学生的数学思维能力,学会用数学的眼光观察世界,用数学的思维思考世界,用数学的语言表达世界。[③]

(三) 行走的数学

《数学课标(2011年版)》明确指出:"为了适应时代发展对人才培养的需要,数学课程还要特别注重发展学生的应用意识……培养学生有意识利用数学的概念、原理和方法解释现实世界中的现象,解决现实世界中的问题。"[④]"行走的数学"课程通过开展一系列的活动,让学生发现数学就在我们身边,服务着我们的生活,美化着我们的生活,装点着我们的生活。初步学会从数学的角度发现问题和提出问题,综合运用数学知识解决简单的实际问题,增强应用意识,提高实践能力。

(四) 文化数学

《数学课标(2011年版)》明确指出:"数学是人类的一种文化,它的内容、思想、方

---

① 杨四耕.课程实施的18种方式[N].中国教师报,2017-12-27(012).
② 中华人民共和国教育部.义务教育数学课程标准(2011版)[S].北京:北京师范大学出版社,2012:8.
③ 余文森.核心素养导向的课堂教学[M].上海:上海教育出版社,2017:49.
④ 中华人民共和国教育部.义务教育数学课程标准(2011版)[S].北京:北京师范大学出版社,2012:5—7.

法和语言是现代文明的组成部分。"[1]数学的学习,不应只有理论知识的学习,也应该有情感态度的升华。"文化数学"课程通过介绍一些中外数学家的故事,学习他们刻苦勤奋、坚持不懈的精神。另外还涉及到一些数学概念的历史,让学生感受数学发展的脉络及这些概念的前世今生等等,拓宽学生的视野,感受数学的博大精深,感悟数学魅力,激发学习兴趣和学习热情。

二、学科课程设置

除了基础课程之外,"启慧数学"课程依据"启发思想,生成智慧"的学科理念,结合课程目标的要求,针对我校学生实际,设置了具有数学特色的拓展课程。具体课程设置如下(详见表4-1-2)。

表4-1-2 数学学科拓展课程设置

类别 年级		运算达人秀	数学思维养成课	行走的数学	文化数学
七年级	上册	"有理"我最强	神奇的规律	立体日历	数学家的故事1
	下册	"公式"小达人	数形结合	玩转七巧板	数学家的故事2
八年级	上册	"方程"智多星	分分总总	自行车里的秘密	有"史"以来
	下册	"分式"变形计	方案最优化	发现对称美	古题今探
九年级	上册	"方程"大练兵	思想大聚会	找寻黄金分割点	数学危机
	下册	运算集结号	触"模"未来	魔力数学	十拿九稳

学科课程实施 让智慧的风帆启航

数学是以量和量变为研究对象的科学,是内容具体、形象抽象、理论严谨、结论明确、应用广泛、方法精巧和地位特殊的一门基础学科,其目的在于培养人的数学思想和解决问题的方法,使不同的人在数学上得到不同的发展。下面从构建"启慧课堂"、设

---

[1] 中华人民共和国教育部. 义务教育数学课程标准(2011版)[S]. 北京:北京师范大学出版社,2012:1.

立"五彩缤纷数学节"、创建"手化数学社团"、搭建"神机妙算擂台赛"、开展"美轮美奂研学行"、开展"项目式学习"六个方面阐释"启慧数学"的具体实施与评价,让数学学习在智慧的海洋中扬帆启航。

一、构建"启慧课堂",提升数学思维活力

数学是最基础的学科,它源于生活,服务于生活,却又高于生活。在整个初中阶段的学习活动中,通过设定具体、可操作的目标,让学生能够紧密地沿着问题发展的脉络学习最基础的数学,学习有趣的数学,学习实用的数学,学习有严谨思维逻辑的数学,学习创造美好生活的数学,学习为现代社会发展服务的数学。

(一)"启慧课堂"的内涵

"启慧课堂"追求的目标是:开启学生的思考,发展学生的思维,丰盈学生的智慧。结合我校外来务工子弟众多、学生知识层次不均衡的学情,学校具体将"启慧课堂"的内涵定义为:教师通过创设真实的问题情境,让学生在可操作的学习目标引领下,能够自主探究新知,师生、生生之间平等地展示发现,共同交流收获与困惑,最终达到解决实际问题的目的;学生通过对学习目标和学习内容的自主思考,在教师引导和鼓励下,一步步地自主探究学习内容,解决学习过程中的困难,在掌握知识与技能的同时,积累活动经验、感悟数学思想、发展坚韧情感、形成创新意识。

(二)"启慧课堂"的实施

1. "启慧课堂"是目标明确的课堂

可操作、可量化的目标是"启慧课堂"的灵魂,它引领着教学的每一个环节。目标的设定要求教师结合课标、目标、学情,运用自己的理解、经验和感悟,制定具体的、可操作的目标,让学生一看就能懂,一读就知道要做什么、怎么做。同时,目标的制定必须可量化,一读就知道如何评价学生的学习目标是否达成。

2. "启慧课堂"是自主探索的课堂

学生是学习的主体,是活动开展的主体,是知识获取的主体,是过程感悟的主体,是思想凝结的主体。学习是学生的自我活动(自我生成的过程),教师无法替代其读书,无法替代其观察、实验、分析、思考和得出任何一个定理等。[①] 因此,在探索的过程中,若遇到什么问题,首先要自己思考解决方法,其次借助同伴或者其他学习共同体,最后再求助老师来寻求解决问题的方法,最终达成学习目标。

3. "启慧课堂"是展示交流的课堂

学生虽然是学习的主体,但不是孤立的个体。展示交流才是智慧发展、目标达成的重要推动力。展示是表达自己所获,是培养表达能力的重要途径。在具体可操作的目标的引领下,在自主探究的活动中,不仅仅要学生敢展示、会展示、能展示,更要在展示过程中学会交流。学生充分展示自主探究的过程及获得的学习成果,重点交流学习过程中存在的问题和不同的看法。教师关注学生知识建构的过程,关注学生在学习过程中的生成性问题,答疑解惑、点拨指导,注重培养学生的创新思维能力。

4. "启慧课堂"是实时达成的课堂

目标引领教学环节,也是评价教学效果的重要指标。"启慧课堂"目标的可测量性就是学习效果的评价标准。每一个学习目标对应一个学习环节。每开展一项活动,要关注的问题是学生的表现是什么,遇到问题是怎么解决的,能否达成知识的要求,能否达到能力的要求,能否落实核心素养,学生的情感方面生成了什么,等等。

5. "启慧课堂"是教学方式多样化的课堂

随着教育信息化的发展和"灵智课堂"文化建设的深入进行,教师的教学方式更加灵活多样。"翻转课堂"、"主体式课堂"、"体验式课堂"、"探究式课堂"、"合作式课堂"、"问题式课堂"等新教学方式都在"启慧课堂"中得以展现,让课堂更加丰富多彩。

(三)"启慧课堂"的评价

依据"启慧数学"学科理念和初中数学课程培养目标,从目标引领、学习过程(自主探索和展示交流)、目标达成三个方面,对"启慧课堂"进行量化评价,并将评价结果分为 A(90 分以上)、B(80—90 分)、C(60—79 分)、D(60 分以下)四个等级(详见表 4-1-3)。

[①] 余文森.核心素养导向的课堂教学[M].上海:上海教育出版社,2017:223.

表4-1-3 "启慧课堂"评价表

评价项目	评价内容	分值		得分
目标引领	1. 学习目标符合课标的要求,没有提升难度。	10	20	
	2. 学习目标中知识能力的要求具体,可操作,可测量,学生可以自主理解。			
	3. 学习目标中的重点、难点符合课标要求,符合班级学情。			
	4. 学习目标中体现数学十大核心素养。	10		
	5. 学习目标中体现学科品质与思维养成。			
学习过程	教师的教 1. 教学环节紧凑、详实,紧扣目标。	10	30	
	2. 教学思路清晰,活动开展有序,重点突出,难点突破。			
	3. 教学情境有趣、贴近生活。	15		
	4. 教学机智灵活,课堂生成处理恰当。			
	5. 教学语言简洁、易懂,具有可操作性。			
	6. 教学风格显著,学科素养落实到位。			
	7. 教学过程民主,体现学生主体地位。			
	8. 教学软件使用恰当,更好地阐释知识。	5		
	学生的学 1. 能理解学习目标,学习重难点,认真进行自主学习。	10	30	
	2. 能独立自主完成基本知识的梳理。			
	3. 能积极参加小组合作,探究学习内容,达成新知。	10		
	4. 能积极参与交流展示,有个人独特的见解。			
	5. 能准确无误地表达自己的收获,充分展示思维过程。			
	6. 能突破障碍,加深理解和应用知识,提升和拓展思维。	10		
	7. 能感知数学思想,落实数学素养。			
目标达成	1. 顺利完成课堂中各项任务。	15	20	
	2. 基本达成本节课学习目标。			
	3. 结合本节课所获,能自主完成知识的拓展。			
	4. 能准确将本节课所学知识,系统植入已有知识体系。	5		
	5. 能运用所学,解决生活中的实际问题。			
总评				

二、设立"五彩缤纷数学节",让数学学习丰富多彩

(一)"五彩缤纷数学节"的实施

为了激发学生学习数学的兴趣,增进数学学习道路上的色彩,我们结合数学综合实践课程,以平面几何图形为载体,运用几何图形的性质,设立"剪纸艺术节"、"平面图形的镶嵌节"、"玩转七巧板节"等五彩缤纷的数学节。"五彩缤纷数学节"是以"快乐学数学"为根本宗旨,借助彩笔或者彩图,将颜色、知识融入数学几何图形,以达到让学生的数学学习丰富多彩的目的(详见表4-1-4)。

表4-1-4 "五彩缤纷数学节日"课程

日期	年级	节日名称	课程内容	目的
3月6日—8日	七年级	剪纸艺术	大手拉小手	活用轴对称性,装扮我们的校园
5月7日—9日	七年级	玩转七巧板	变!变!变!	学会制作七巧板,设计有趣图案
4月11日—13日	八年级	中心对称	我一直是这样	认识中心对称,学会设计图案
6月16日—18日	八年级	平面图形镶嵌	小小艺术家	了解图形的镶嵌,设计镶嵌图案
10月23日—25日	九年级	对话风筝	我能飞多远	综合运用三角性的相关知识

数学节的内容是结合每个年级学习内容设定的,但它不是固定不变的。同年级教师可以依据自己班级的教学进程和学生的学习情况,增加一些有利于调动学生学习兴趣的节日活动。如:"穿越时空,对话总统"(勾股定理的验证)等。但每增加一项节日内容都需要先预设活动开展的时间、地点、目的、计划、实施评价和意义,时间上不能低于3天。

所有节日活动的实施必须遵循以下几方面的要求:首先,以班级为单位选拔5名优秀学生参加初赛;其次,按照40%的比例选出优秀学生作品,参加现场制作的决赛;再次,选出"最佳设计师奖"、"最佳时尚元素奖"、"优秀设计师奖"和各项作品的一、二、三等奖;最后,优秀作品会被镶嵌在学校各个角落,让艺术在学校生根发芽。

(二)"五彩缤纷数学节"的评价

"五彩缤纷数学节"致力于激发学生对数学知识的学习兴趣和运用数学知识的意识,使学生逐步爱上数学学习,因此要求人人参与,并围绕参与态度、小组协作能力、习得效果与体验、特色创新等维度进行评价(详见表4-1-5)。

表4-1-5 五彩缤纷数学节评价表

评价项目	评价内容	分值	教师评分
参与态度	参与节日课程的次数多	15分	
	参与态度积极、热情	15分	
协作能力	小组团结协作、优势互补，能及时有效地解决活动中的问题	20分	
	作品完成质量高	20分	
习得效果与体验	活动效果好，活动体验深刻	15分	
特色创新	体现创新意识，节日特色鲜明	15分	
总体评价			

三、创建"启慧数学社团"，让数学学习回归生活

（一）数学社团的实施

数学社团是课堂教学的延伸，它依托教师的特长，结合学生的知识层次和兴趣爱好，借助更加直观的动手制作来帮助学生解决现实生活和学习过程中遇到的几何入门难、知识较抽象等问题。我们共开设"智立方"、"指尖上的数学"和"触'模'未来"3个社团。

每年9月份，学校都会在校园网和校园里挂出社团课程，再由数学教师入班宣传，学生通过网络和现场报名两种方式选择自己喜欢的社团课程。为保障社团有序地开展，学生需要填写一份详细的社团申请表（包含个人基本信息和特长等）。经过老师、老社员的调研和考察，最终确定社团的学生名单。

社团活动课程主要在全校社团活动课时间统一开展进行，地点固定。社团活动每两周开展一次，每学期安排六至八课时，可以根据情况适时调整。每次社团活动均需设定一个操作性强的主题，有详细的活动目标、内容、计划、总结和反馈。此外，社团辅导员主要是由七、八年级专业数学老师担任，并以其为核心制定详实的社团章程和全面的规章制度。

（二）社团活动的评价

社团从出勤情况、活动过程、活动效果、特色创新等维度进行评价（详见表4-1-6）。

表 4-1-6 数学社团活动评价表

评价项目	评价标准	分值	教师评分
出勤情况	出勤率高，按时参加社团活动	15 分	
活动过程	成员充分发展自我特长，团结协作	15 分	
	成员积极参与社团活动，过程有序开展	20 分	
活动效果	能形成自己的学习成果，积极参与社团成果展示交流	30 分	
特色创新	成果作品有特色、有创新、有亮点	20 分	
总体评价			

四、搭建"神机妙算擂台赛"，为数学学习夯基固本

（一）"神机妙算擂台赛"的实施

数学运算能力是数学学科能力中的一项核心能力，数学运算能力可以改善学生的思维品质，培养学生的数学思维能力和创新能力。[1] 为了激发学生数学运算的热情，培养学生扎实有效的计算技能，提高计算速度和计算准确率，学校以擂台赛为依托，开展了"神机妙算擂台赛"这一赛事活动。采用笔试的形式，先以班级为单位进行初赛，每班选拔出 5 名选手，然后代表班级参加年级决赛，在限定时间内完成运算题目，争夺"最杰出运算达人"。整个赛事共设置"优秀运算达人"、"优秀运算班级"和"最杰出运算达人"三个荣誉。根据每个年级的运算能力不同，我们设置了不同的擂台赛。七年级设置了"有理我最强"和"公式小达人"，八年级设置了"方程智多星"和"分式变形记"，九年级设置了"方程大练兵"和"运算集结号"。

（二）"神机妙算擂台赛"的评价

从数学运算知识的理解层级、运算的精准度、运算的速度和运算过程中的情感这四个方面设计评价量表(详见表 4-1-7)。

---

[1] 曹一鸣，冯启磊，陈鹏举. 基于学生核心素养的数学学科能力研究[M]. 北京：北京师范大学出版社，2017：182.

表 4-1-7 神机妙算擂台赛评价表

评价维度	评价标准	分值	教师评分
运算知识理解层级	能准确写出基本的运算公式	10 分	
	能准确活用运算公式	15 分	
	能混合运用运算公式	15 分	
运算精准度	运算过程中无运算错误	20 分	
运算速度	能在限定的时间内快速完成运算任务	20 分	
运算情感	在运算过程中,遇到困难敢于知难而上,不放弃	10 分	
	在过程中,懂得相互帮助,相互协作	10 分	
总体评价			

五、开展"美轮美奂研学行",让数学学习美不胜收

研学作为学习的一种方式,旨在让学生通过经历一段有趣的、有意义的学习经历,体验世界的美好,感悟生活的意义,学会过有意义的生活。[①] 数学中的轴对称性在建筑中运用的最多。因此,我们的"美轮美奂研学行"便借助研学的方式,让学生在欣赏我国历史古迹和美好大自然的过程中,充分地感受数学轴对称性在生活中的作用,感悟数学之美。

"美轮美奂研学行"在保证安全的前提下,由班主任带队,每学年利用 5—7 天寒暑假,开展 1 至 2 次。"美轮美奂研学行"开展前,要求学生必须"四做":第一,通过网络搜集此次研学行的对象,手绘这个图形;第二,预设此次研学行可能出现的知识和问题,并提出相应的问题解决方式;第三,用镜头和文字记录每日观察到的轴对称图形,并写出其结合构成与特征;第四,每日写一篇研学日记,记录自己的所见、所闻、所感。

"美轮美奂研学行"的评价主要侧重于学生对学习过程的记录与感悟。每次研学后会选出 3 份"最精品的研学日记"和 5 名"最优秀的研学者"在全校进行表扬,同时将"最精品的研学日记"装裱起来挂在学校展览区。

六、开展"项目式学习",让数学学习真实发生

"项目式学习"是一种以学生为中心设计、执行项目的教学和学习方法,它能有效提

---

① 杨四耕.课程实施的 18 种方式[N].中国教师报,2017-12-27(012).

高学生实际思考和解决问题的能力。[①] 实际问题项目式学习以学生生活中真实的问题为驱动,通过师生、生生的研讨将问题拆分成若干个具体的小问题,然后分小组采取一系列的行动措施逐个解决,最终达到解决问题,收获过程体验的目的。

具体实施如下:

① 选取一个生活中的实际问题,依托这个问题制定可操作的目标,使学生感知到这个目标经过努力可以达到。如:为班级添置净化器。

② 将这个驱动的问题或引发的问题分解成为一个个具体的问题,尤其转化为学生身边可以触摸到的问题,使他们主动地去调查分析。如:净化器的品牌有哪些?功率都是怎样的?

③ 预设这些小问题中涵盖的多学科知识和要解决这个问题需要重新学习的知识。如:功率是什么?会影响什么?怎么计算?

④ 明确小组分工与个人分工,具体细化到我们要做什么,怎么做,怎么开展,去哪里开展。这样就可以把学习中遇到的问题,转化到课本、网络和生活经验上,从而使课内外的信息大融合。

⑤ 融合每个小组和个人的成果,进行展示,师生共同寻找出解决的具体结果。这个环节有利于学生增长自信心和发现思考中的问题,有助于孩子思维的提高。

⑥ 关注学生在研究过程中的情感变化,要做到相互鼓励,相互帮助。

"项目式学习"的评价兼顾目标、内容、过程、情感等几个方面,由教师、小组、家长等共同完成,以定性评价为主,结合过程中学生的表现分为 A、B、C、D 四个等级。

综上所述,"启慧数学"课程建设是师生形成共同愿景的过程;是一个不断完善、不断改进的过程;更是一个没有终点的过程。我们希望:不断推进与完善的数学学科课程建设能成为教师施展才华的舞台;成为学生勇于挑战的主战场;为数学学习烹饪出学科的味道;为孩子们的幸福人生奠基。这是我们的梦想,更是时代赋予我们的使命和责任。

(撰稿人:尚家茗 吴丹丹)

[①] 余文森.核心素养导向的课堂教学[M].上海:上海教育出版社,2017:226.

第二节 ┃ 慧美数学：在前行中慧智尽美

郑州市金水区南阳路第二小学，现有数学教师19人，中小学高级教师1人，中小学一级教师11人。其中河南省优秀教师1人，河南省文明教师1人；郑州市优秀教师1人，郑州市骨干教师1人；金水区学科带头人、骨干教师和教学新秀各1人。业务精湛、结构合理、团结向上的师资队伍为数学课程的架构与实施提供了强有力的保障。

学校依托课程建设，以促进师生共同发展为原则，根据育人目标、数学学科的专业特点，以及小学生身心发展的特点，在广泛调研、充分讨论的基础上提出了"慧美数学"的学科课程方案。

学科课程哲学　让学生具有智慧生长力

一、学科性质

《数学课标（2011年版）》中指出："义务教育阶段的数学课程是培养公民素质的基础课程，具有基础性、普及性和发展性。"[1]它指明了义务教育阶段数学课程的基本属性，即数学课程应为学生实现自我发展，提供不同的路径、视角、方法和策略；为学生提供一种唯有在数学学习中才可能获得的经历和体验；培养学生数学学科独特的观察、思考和表达能力，促进其在知识与技能、过程与方法、情感态度与价值观等方面的持久发展。

二、学科课程理念

《数学课标（2011年版）》指出："人人都能获得良好的数学教育，不同的人在数学上得到不同的发展。"[2]学校根据现状、师生发展需求，构建"慧美数学"学科课程群。

---

[1] 中华人民共和国教育部. 义务教育数学课程标准（2011年版）[S]. 北京：北京师范大学出版社，2012：1.

[2] 中华人民共和国教育部. 义务教育数学课程标准（2011年版）[S]. 北京：北京师范大学出版社，2012：2.

其课程理念是以"人人受益、人人成长"[①]为核心,把"以生为本"作为课程实施的基本要求,把"学生放在学科的中央"[②],尊重学生个体,呵护学生个性,促进情智共生,师生共同经历美好的学科学习之旅。具体阐述如下:

"慧美数学",是尊重生命个体的课程。每一个生命都是值得尊重和敬畏的,面向全体学生,我们要做适合学生发展的数学教育。同时,重视数学教育的发展性,让每一个学生在数学学习中有共性的发展又有其个性的凸显,达到"人人都能获得良好的数学教育,不同的人在数学上得到不同的发展。"[③]

"慧美数学",是乐享其内在美的课程。数学具有艺术的特征,是一种抽象的、简洁的、有序的美。"慧美数学"就是通过具体的课程,让学生在课程中感受、经历学科特有的美,并不断的自我发现、感悟和升华,在这样循序渐进的过程中享受成功的喜悦,真正感受到数学学科的魅力,激发学生创造美与追求美的兴趣。

"慧美数学",是促进学生情智共同发展的课程。数学教育不仅教学还要育人,"慧美数学"就是把情感、态度、价值观融合于学科课程实施中,依托问题情境,激发学生合作探究、互动交流、思考辨析,在此过程中使学生独立思考、解决问题、团队合作的能力得以提高。在学科知识、技能习得中,增强学科兴趣和信心。

"慧美数学",是有自我生长力的课程。"慧美数学"是"风物长宜放眼量"[④]的教育,"慧美数学"让学生不断产生对知识、真理探究的渴望,形成螺旋上升的思维方式,最大限度地开启智慧潜能,为每一个学生提供多样的弹性发展空间,保持数学教育应有的生命力及自我生长力。

"慧美数学",是实现美好人生的课程。每个学生都有追求美好生活的愿望,他们需要通过学习具备学科的关键品格和必备能力。"慧美数学"力争打开视野、拓宽思路、丰富学习体验,将数学学科思想和精神衍生,与课程完美融合,并不断地创造与升华,使学习生活丰富、开阔、充盈,实现美好人生。

---

① 史宁中. 义务教育数学课程标准(2011年版)解读[M]. 北京:北京师范大学出版社,2012:62.
② 朱英. 进入学科深处的六个秘密[M]. 上海:华东师范大学出版社,2016:1.
③ 中华人民共和国教育部. 义务教育数学课程标准(2011年版)[S]. 北京:北京师范大学出版社,2012:2.
④ 史宁中. 义务教育数学课程标准(2011年版)解读[M]. 北京:北京师范大学出版社,2012:64.

总之,"慧美数学"是站在学生立场实施教育的数学,是注重学生个性发展的数学,是促进学生情智共生的数学,是发现美、体验美、追求美的数学。"慧美数学"课程基于问题情境,促进思维间的智慧碰撞,激发学科学习的潜能,增强学习兴趣和信心,是一门实现人生美好,并具有自我生长力的课程。

学科课程目标　　引领学生实现慧美愿景

《数学课标(2011年版)》中指出"通过义务教育阶段的数学学习,学生能:获得适应社会生活和进一步发展所必需的数学的基础知识、基本技能、基本思想、基本活动经验;体会数学知识之间、数学与其他学科之间、数学与生活之间的联系,运用数学的思维方式进行思考,增强发现和提出问题的能力、分析和解决问题的能力;了解数学的价值,提高学习数学的兴趣,增强学好数学的信心,养成良好的学习习惯,具有初步的创新意识和科学态度"[1]。

在课程中"注重发展学生的数感、符号意识、空间观念、几何直观、数据分析观念、运算能力、推理能力、模型思想……还要特别注重发展学生的应用意识和创新意识"[2]。

鉴于此,提出"慧美数学"学科课程目标,即引领学生实现慧美愿景。具体阐述如下。

一、学科课程总体目标

学校根据《数学课标(2011年版)》中数学学科课程的总目标,以及"慧美数学"课程理念,确定"慧美数学"学科课程总体目标。

(一) 关键能力提升

获得社会生活和进一步发展所必需的基础知识、基本技能、基本思想、基本活动经

---

[1] 中华人民共和国教育部. 义务教育数学课程标准(2011年版)[S]. 北京:北京师范大学出版社,2012:8.

[2] 中华人民共和国教育部. 义务教育数学课程标准(2011年版)[S]. 北京:北京师范大学出版社,2012:5.

验；增强发现和提出问题的能力、分析和解决问题的能力；善于将学过的知识构建成网状体系，整体认知宏观把握；提高学习数学的实践能力、创新能力、审美能力。

（二）数学思维衍生

体会数学知识之间、数学与其他学科之间、数学与生活之间的联系，运用数学的思维方式进行思考；了解数学的价值，会用数学的方式理性思维、逻辑推理；经历唯有数学学习才能获得的体验，具备独有的数学思维方式并能衍生再创造。

（三）必备品格养成

提高学习数学的兴趣，增强学好数学的信心；养成良好的学习习惯，具有初步的创新意识和科学态度；培养与发展数学抽象、逻辑推理、数学建模、直观想象、数学运算、数据分析等数学学科核心素养；体验数学学科之美，有对数学热爱和崇拜的精神与态度，保持持久的学习动力。

二、学科课程年级目标

学校依据课程标准，基于"慧美数学"课程的特点，从数学学科的四大学习领域着眼，立足学生的长远发展，整合知识技能、数学思考、问题解决、情感态度四个方面，设置1—6年级的年级课程目标（见表4-2-1）。

表4-2-1　数学学科课程年级目标

年级＼目标	知识技能	数学思考	问题解决	情感态度
一年级	经历从日常生活中抽象出100以内数的过程，理解100以内数的意义，会比较其大小，掌握100以内数加减的计算方法。能对简单的物体进行分类，在玩七巧板的过程中了解平面图形；直观认识并能识别长方体、正方体、圆柱、球；会用大小、多少、长短、轻重对两个物体进行比较；会利用上下、前后、左右描述物体的相对位置。	在运用100以内数描述现实生活简单现象的过程中，发展数感。通过多种活动探索和交流算法，感受算法多样化，发展运算能力。经历分类活动，体会分类思想，积累活动经验；在比较中经历简单的推理活动，发展初步的推理能力。从生活中的物体抽象出几何图形，发展空间观念。	能利用一一对应的方法解决20以内简单的实际问题。能从日常生活中发现和提出简单的加减法问题，且能解决生活中简单的实际问题。能运用分类思想方法，解决生活中的实际问题，初步发展应用意识。通过多种活动探索和交流，感受解决问题方法多样化，发展创新意识。	养成仔细察、独立思考、认真倾听、大胆表达的学习习惯。对身边与数学有关的事物有好奇心，初步感知、体会数学美，保持对数学的兴趣。结合数学学习，初步体会数学的数字美和符号美。

(续表)

年级＼目标	知识技能	数学思考	问题解决	情感态度
二年级	理解万以内数的意义,会比较其大小,掌握万以内数加减运算的计算方法;体会乘法和除法的意义,掌握其运算方法,并能准确地进行运算;认识常见的量(元、角、分和时、分、秒)。直观认识角,能辨认直角、钝角和锐角,初步了解长方形、正方形、平行四边形的特征,认识长度单位分米、毫米和千米;会辨认东、南、西、北四个方向,了解东南、东北、西南、西北。了解收集数据的方法,学会简单的整理数据。	在运用万以内数和常见的量(元、角、分和时、分、秒)描述现实生活简单现象的过程中,发展数感。在学习乘除法的过程中,运用多种活动方法探索和交流算法,初步形成几何直观,发展运算能力。在认识长(正)方形特征和认识角、长度单位及辨认方向的过程中,发展空间观念。收集数据,学会简单整理数据,初步发展数据分析观念。	在教师的指导下,会从日常生活中发现并提出和乘除法有关的数学问题,并尝试独立解决问题。运用所学的图形、统计和测量的知识解决生活中的实际问题,初步培养应用意识。学会小组合作交流,并尝试进行小组互评和自我反思。	愿意参与数学活动,对数学学习有较强的学习愿望。养成认真倾听、独立思考、有条理表达的学习习惯。在教师的指导下,结合数学学习,阅读数学绘本,体会数学与生活的联系,体会数学的简洁美。
三年级	初步认识小数、分数,理解其意义,会比较其大小,能进行简单的加减运算;掌握一位数乘(除)两、三位数的运算方法;认识常见的量(年、月、日和千克、克、吨)。掌握长(正)方形的周长及面积测量与计算的方法;会从不同方向观察物体的形状;初步直观地感受图形的平移、旋转及轴对称现象。用自己喜欢的方式收集分析数据,呈现整理数据的结果。	在小数和分数的读、写、算及一位数乘(除)两、三位数运算中,在用年、月、日和千克、克、吨描述生活现象的过程中,发展数感。认识简单图形的平移、旋转及轴对称现象和探索长(正)方形周长和面积,发展空间观念。用喜欢的方式收集分析数据,整理数据的结果,发展数据分析观念。	能用所学的小数知识解决生活中的问题。运用所学的周长、面积,收集分析数据并呈现整理数据结果的数学知识,开发设计综合实施活动,解决生活中的实际问题,增强应用意识。	通过课堂教学和课外实践活动,对身边有关数学的事物有好奇心,主动参与数学活动。养成独立思考、验算、勇于探索的学习习惯。在教师的指导下,进行数学故事阅读,发现数学的对称美和奇异美。
四年级	认识亿以内的数,会比较其大小;初步认识自然数、整数、正数、负数;掌握三位数乘(除)两位数的运算方法;理解小数的意义,掌握小数加减乘法的计算技能;初步认识方程,会用方程表示简单的数量关系,掌握简单方程的计算方法。	在亿以内数的读、写、算及三位数乘(除)两位数、小数的加减乘运算中,发展数感,积累数学活动经验。在图形分类、探索活动中,发展空间观念。探索三位数乘(除)两位数和小数的加减乘法的计算方法,	能运用乘法和方程的知识解决简单的实际问题,提高分析问题和解决问题的能力,发展应用意识。	在探索与应用数学知识的过程中,体会数学知识的价值,激发探索数学的兴趣。培养仔细审题、认真计算、反思、质疑的学习习惯,在问题探索中,逐步养

（续表）

目标\年级	知识技能	数学思考	问题解决	情感态度
	认识线段、射线、直线、平行线、相交与垂直、平角、周角；认识直（锐、钝）角、三角形、等腰（边）三角形、梯形、平行四边形；探索发现三角形内角和、三角形三边关系；认识角的度量单位，会用量角器测量和画角；会从三个方向观察用小立方体搭成的立体图形形状；能在方格纸上用数对确定位置，描述简单的路线图。	经历学习表示数据的方法，从图表中获取信息，分析数据的过程，培养数据分析观念。在方格纸上用数对确定具体位置的抽象过程中，知道数对与方格纸上点的对应关系，体会数形结合的思想。	经历交流算法的过程。	成善于猜想、敢于质疑、举例验证的数学思维习惯。培养严谨求实的科学态度。学生尝试自主选择数学故事进行阅读，发现数学的和谐美。
五年级	认识倍数、因数、质数和合数；理解分数的意义并会比较其大小；理解分数与除法的意义，掌握小数除法的计算方法，会计算小数的混合运算；理解分数加减乘除的算理，并掌握分数加减乘除的计算方法；再次探索掌握简单方程的计算方法，并会解简单方程。探索三角形、平行四边形、梯形、简单组合图形、简单不规则图形面积的计算方法；认识千米、公顷两个较大的面积单位；再认识平移、轴对称，会在方格纸上画平移后的图形和轴对称图形；能掌握长（正）方体的基本特征，掌握长（正）方体表面积的计算方法；会根据方向和距离确定位置。会用分数表示可能性的大小；认识、了解复式条形和折线统计图的特点；且能根据数据的需要选择合适的统计图，对统计结果做出简单的判断和预测。	在探索分数加减乘法的意义，掌握其计算方法的过程中，初步形成数感。在分数加减乘法运算的过程中，体验直观模型与转化思想的运用，发展动手操作能力和抽象思维能力，感受数学思想方法的魅力；积累分析解决问题的经验。在经历长方体、正方体展开与折叠的活动过程中，体验其展开与折叠之间的关系，发展空间观念。在经历收集、整理、描述和分析数据的过程中，发展数据分析观念；通过游戏和活动，感受随机现象。	尝试从日常生活中发现并提出与分数有关的数学问题，并运用所学的知识分析解决，探索解决问题方法的多样性。经历独立思考，主动与他人合作交流解决问题的过程，尝试回顾解决问题的思考过程。	在分数加减乘除计算的探索过程中，增强学生的好奇心。养成认真勤奋、独立思考、勇于质疑与合作交流的学习习惯，增强学好数学的自信心。自主选择阅读数学方面的书籍，提高知识广度，发现、感悟数学的抽象美和对比美。

第四章　焕发理性之光的智行

(续表)

目标 年级	知识技能	数学思考	问题解决	情感态度
六年级	理解百分数的意义,并学会百分数的应用;掌握分数混合运算的计算方法;会运用方程解决简单的百分数问题;认识比,会进行比的化简和应用;认识比例、正(反)比例和比例尺,会进行图形的放缩。 通过多种方式认识圆、扇形、圆柱、圆锥,探索圆的周长和面积,圆柱的表面积及圆柱、圆锥体积的计算方法;学会三个方向观察用小立方体搭成的图形形状,体会不同角度观察到的物体不同;会综合运用图形运动的知识解决问题。 认识扇形统计图,会选择合适的统计图对数据进行分析;初步体会数据的分布。	通过观察、操作、想象、图案设计活动研究与圆、圆柱、圆锥有关的知识,积累研究图形的经验,形成空间观念。 在经历解决比、分数混合运算实际问题的过程中,会借助操作、画图、计算的方法分析解决问题,积累解决问题的经验。 综合运用所学的统计知识解决问题,形成初步的数据分析观念。	结合实际情境会解决有关百分数的简单实际问题,提高解决实际问题的能力,感受百分数与日常生活的密切联系,发展应用意识。 能运用圆柱表面积和比例尺相关知识解决生活中的一些实际问题。	结合发现圆周率的历史,体会数学的价值,形成热爱数学的积极情感。 养成独立思考,勇于质疑的学习习惯。 自主选择阅读数学方面的书籍,提高知识广度和宽度,发现、感悟数学的创新美。

(注:学科课程年级目标参照北师版教材、教学参考用书、课程标准以及实际情况制定。)

总之,学科课程总目标与年段目标的四个方面是相互交融的有机整体。"慧美数学"课程学习中凸显的以下三方面的隐性目标对小学学生全面、持续、和谐发展有着重要的意义。具体来说,有三方面的意义:一是发展学习力。通过系列课程,借助群聊学习、围坐学习等开放性学习方式,培养学生对数学的兴趣,增强学习数学的求知欲,促使学生主动学习;学生在数学学习过程中,提高数学表达能力和问题解决的能力;让学生树立敢于质疑、善于思考的科学精神,运用数学的思维方式进行思考,形成持续上升且精神饱满的内部动力。二是养成好习惯。学生在"体会数学特点,了解数学价值的同时,养成认真勤奋、独立思考、合作交流、反思质疑等学习习惯,形成坚持真理、修正错误、严谨求实、积极向上的科学态度"[①]。三是感悟数学美。"挖掘数学的内涵,提

---

① 中华人民共和国教育部. 义务教育数学课程标准(2011年版)[S]. 北京:北京师范大学出版社,2012:9.

炼数学的规律,揭示数学的特点,深化数学的应用,张扬数学的魅力。"[1]因此,我们既要重视数学知识,还要关注数学神韵对学生的熏陶,数学味道对学生成长的浸润,提高学生的数学审美能力,在慢慢体会和细细品悟中,感悟数学之美。

学科课程框架　建构丰盈多彩的数学学习境际

学校依据《数学课标(2011年版)》和培养小学生数学核心素养的基本要求,基于"慧美数学"课程理念,建构丰盈多彩的数学学习境际,设立了基础性课程和拓展性课程相统一的"慧美数学"课程体系。

一、学科课程结构

我们严格遵循国家课程目标,以国家统编教材北师大版小学数学为主要教学媒介。同时,结合课程标准,基于数学学科四大领域内容,确立"心中有数"、"随物赋形"、"统而概之"、"智以践行"四块拓展课程,目的在于培养学生有才情、有慧智、有雅趣、有涵养。以下是"慧美数学"课程结构示意图(见图4-2-1)及其阐述。

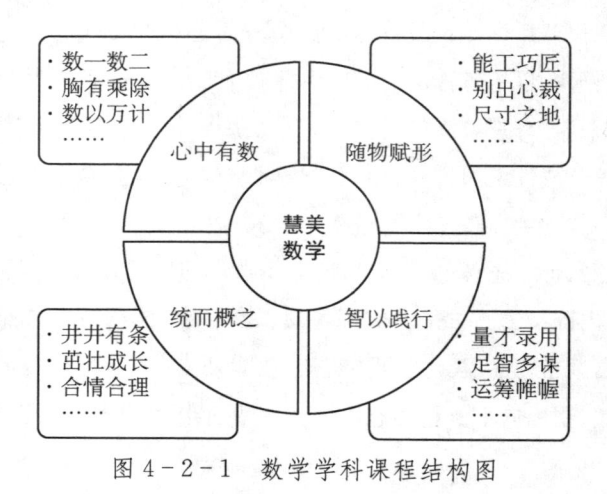

图4-2-1　数学学科课程结构图

---

[1] 余文森.核心素养导向的课堂教学[M].上海:上海教育出版社,2017:62.

（一）心中有数

"心中有数"课程的内容依据数学课程四大领域中的数与代数领域的内容进行设置,旨在反映数学本质,总结计算法则和方法,注重发展学生的数感,提高运算能力,培养符号意识及模型思想,欣赏数学的抽象美、神奇美。

（二）随物赋形

"随物赋形"课程依据数学课程四大领域中图形与几何领域的内容进行设置。结合1—6年级基础课程内容,联系生活实际,学生在观察、动手、动脑等实际操作中感悟几何直观,发展空间观念,发现数学蕴含的图形与几何之美。

（三）统而概之

"统而概之"课程依据数学课程四大领域中的统计与概率领域的内容进行设置。依据基础课程,结合学生年龄特点,设置丰富多样的主题式活动,通过收集、整理、描述、分析数据等数学活动,培养学生数据分析观念及推理能力,感悟数学逻辑推理之美。

（四）智以践行

"智以践行"课程依据数学课程四大领域中的综合与实践领域内容进行设置。该课程以数学实践活动为主线,贯穿于1—6年级,让学生运用所学知识、形成的能力、积累的经验等,开展多样且具有层次性和整合性的实践活动,唤醒情智,培养学生的应用意识与创新意识,体验数学与生活间的和谐之美。

二、学科课程年级设置

在仔细研读《数学课标(2011年版)》的基础上,学校结合"慧美数学"课程总目标及年级课程目标,除基础课程外,设置了拓展课程。

拓展课程,纵观之,独立并层级上升;横观之,联系且相互交融。具体如下(见表4-2-2)。

表4-2-2 学科课程设置表

课程 年级	学期	心中有数 （数与代数）	随物赋形 （图形与几何）	统而概之 （统计与概率）	智以践行 （综合与实践）
一年级	一上	数一数二 （20以内的数）	能工巧匠 （立体图形）	井井有条 （分类一）	梦寐以"求" （睡眠时间）
	一下	数以百计 （百以内的数）	"巧"夺天工 （七巧板）	井然有序 （分类二）	博览群书 （阅读数量）

(续表)

课程\年级	学期	心中有数 （数与代数）	随物赋形 （图形与几何）	统而概之 （统计与概率）	智以践行 （综合与实践）
二年级	二上	"诀"以高下 （乘法口诀）	别出心裁 （动手剪折）	精打细算 （家庭开支）	玉尺量才 （小单位测量）
	二下	"诀"算高手 （活用口诀）	涉笔成趣 （图形设计）	阴晴圆缺 （天气变化）	量才录用 （校园测量）
三年级	三上	胸有乘除 （乘除计算）	兜兜转转 （周长）	日积月累 （积蓄）	足智多谋 （旅游中的数学）
	三下	数来知往 （数的认识）	尺寸之地 （面积）	量入为出 （水电气费用）	别出心裁 （绘图与制作）
四年级	四上	数形象成 （数的发展）	华丽转身 （线与角的旋转）	时来运"转" （抽奖游戏）	斗转星移 （方向与位置）
	四下	"计"多取巧 （简便运算）	觅迹寻踪 （建筑物中的图形）	茁壮成长 （栽蒜苗）	天衣无缝 （密铺）
五年级	五上	神机妙算 （神奇的数）	遮天盖地 （大面积的感知）	合情合理 （游戏方案）	出谋划策 （出行方案）
	五下	数有文化 （分数的奥秘）	包罗万象 （体积与容积）	曲折有度 （生活中的统计）	决策千里 （象征性长跑）
六年级	六上	数以万计 （方法多样）	立竿见影 （观察物体）	鞭辟入里 （生活中的统计）	执策而行 （生活实践）
	六下	车量斗数 （数理归类）	多姿多彩 （图形的美与设计）	条分缕析 （数据整理与分析）	运筹帷幄 （校园平面图）

学科课程实施　感悟数学的智慧之美

学校基于"慧美数学"学科课程理念、课程目标，以学科核心素养为标尺，从构建"慧美课堂"、搭建"慧美乐园"、展开"慧美研学"、建设"慧美社团"、开放"慧美悦读"、创设"慧美空间"、乐享"慧美嘉年华"这七个途径进行实施与评价，引领学生感悟数学的智慧之美。

一、构建"慧美课堂",推进课程实施

"课堂是点亮心灵的地方,课堂教学是富含智慧和艺术的活动。"[①]"慧美课堂"关注师生有效互动,倡导以学生为主体,重视评价多样化使其产生智慧碰撞,让其知识、经验、技能、思想、情感得以提升,促使其具有主动学习的能力和毅力,并逐渐自我认可,绽放个性。

(一) 实践与操作

"慧美课堂"根据学生的特点,依据知识横向交织、纵向螺旋上升的规律,从"兴趣入手、问题引领、任务驱动、实践探究、情智共生"五个方面,开展目的明确、内容丰富、形式多样、气氛愉悦的学习活动。

1. 兴趣入手

兴趣是最好的老师,但是不同于好奇心,兴趣是保持长时间的注意力并有主动学习的欲望及相应的行为。"慧美课堂"的构建要求教师能提前了解学情,做好学习前测,从学生的兴趣点入手,展开一堂课。

2. 问题引领

《数学课标(2011年版)》中指出"增强学生提出和发现问题的能力、分析和解决问题的能力。"[②]"慧美课堂"教学中鼓励学生会"问",然后会"学",在思考、分析、解决问题的过程中,自然转变学习态度,进而升华为行为跟进。学生以问题引领进行深度思考,推动学生达到高阶思维,有助于课堂生成与学生数学素养提升。

3. 任务驱动

教师要根据学生的实际给予学生明确的任务,学生要明白自己具体要干什么,才会极力去寻找怎么干的方法。任务像是一个点,学生的思维与方法像是从这个点引发出的无数条线,其是一个自我开发、自我认可、自我发展的过程,学生在此建立正确的个人价值观。

4. 实践探究

态度决定一切,内部动力及明确的目标促生实践探究,学生在足够的时间和空间

[①] 牛秀娟.课堂,与美最近的距离[M].上海:华东师范大学出版社,2018:3.
[②] 中华人民共和国教育部.义务教育数学课程标准(2011年版)[S].北京:北京师范大学出版社,2012:8.

中"经历观察、实验、猜测、计算、推理、验证等活动过程"[①],确立自己的目标,指引学习的方向,磨砺学生的意志,提升学生的品格。

5. 情智共生

经历情智升华、内化,通过课堂中的展示交流,学生与同伴产生思维共鸣、智慧碰撞;通过知识梳理,进而进行内部吸收;通过体系构建,学生的知识技能、数学思想、问题解决、情感态度得到全面提升。

（二）评价标准

以"慧美数学"课程目标及理念为核心,教师采取定性与定量评价相结合形式,对学生在慧美课堂上知识技能、数学思考、问题解决、情感态度方面的表现进行综合评价。

学校以过程性评价为主,对学生学习结果进行定性评价。一是课堂观察:制定《慧美课堂:学生学习状态评价表》(见表4-2-3),从参与互动、语言表达、数学思维、情感态度、学习生成等方面综合评价学生的学习过程;二是师生谈话:在交谈中了解学生对课堂知识的理解掌握程度,存在的困惑、疑问,有什么建议,在面对面的围坐谈话中感知学生学习态度、情感的变化。根据评价情况给学生提供二次评价的机会,提升学习数学的信心。同时,以形成性评价为辅,在学生学习周期中进行定量评价,制定《慧美课堂:学生学习结果评价量表》(见表4-2-4),以纸笔测试、情境问答、闯关游戏等多样化的形式进行,了解学生在慧美课堂中的学习过程及结果。

表4-2-3 "慧美课堂"学生学习状态评价表

评价指标		自评	互评	师评	综合评价
过程性评价	参与互动				
	语言表达				
	数学思维				
	情感态度				
	学习生成				

[①] 中华人民共和国教育部. 义务教育数学课程标准(2011年版)[S]. 北京:北京师范大学出版社,2012:2—3.

表4-2-4 "慧美课堂"学生学习结果评价量表

评价指标		自评	互评	师评	综合评价
形成性评价	纸笔测试				
	情境问答				
	闯关游戏				
	个性展示				

二、建设"慧美社团",丰富课程形式

"慧美社团"以学生为本位,从兴趣点出发,根据学生个性发展需求,开展丰富多样的数学团体活动。在"慧美社团"中,学生个体与团队协作的潜能得以开启,不同的人在数学上能够得到不同的发展,从而体会不一样的数学,并感受到数学别样的美。

(一)实践与操作

"慧美社团"从数学的文化性、趣味性、广泛性、生活性等方面,开展"悦读类、游戏类、应用类"数学社团。悦读类社团,旨在让学生了解数学的发展,讲述数学家的故事,感受数学家的人格魅力,发现数学之美;游戏类社团,通过网络益智游戏、情境类游戏,益智愉情,发展学生手、脑协调能力及专注力,感受数学的趣味与快乐;应用类社团,通过发现问题、挖掘潜能等,让学生经历动手操作、实验、辩论等活动,体验数学与生活的紧密相连,与之共存的和谐美。

社团可以由教师组织也可以由学生组织,分10人以下微社团、以班级为单位的大社团、年级团建的特色社团。团长要根据需求制定实施方案,确定社团的活动主题、内容和形式。学生可根据自己的兴趣选择不同类别的社团进行活动,最后结合"慧美嘉年华",以活动展示、图片展示、作品展示等形式,开展静态与动态相结合的社团成果汇报。

(二)评价标准

针对"慧美社团"开展情况设置相应的评价标准,让教师、学生、家长共同参与评价过程。一方面以过程性评价为主,制定《慧美社团:我参与我成长》学生记录表(见表4-2-5),通过对社团活动观察、社团活动记录、社团特色形成、特色成果展示这四方面对学生进行量化评价。另一方面以形成性评价为辅,制定《慧美社团:"星星闪耀"学

生成果展示》量表(见表4-2-6),根据社团成果特色、展示形式、预期效果三个方面对社团进行评价,让教师、家长、同伴、第三方多元评价主体参与评价。最后通过社团活动展示、网络成果展示等形式,确定金星、银星社团。这样的评价可以使学生经历团队合作,从而促进学生个性发展,增强团队合作意识及团体荣誉感。

表4-2-5 "慧美社团：我参与我成长"学习评价表

评价指标		自评	同伴评	老师评	综合评价
过程性评价	社团活动观察				
	社团活动记录				
	社团特色形成				
	特色成果展示				

表4-2-6 "慧美社团：'星星闪耀'学生成果展示"评价表

评价指标		自评	同伴评	老师评	家长评	评委	综合评价
形成性评价	社团特色成果						
	社团展示形式						
	社团预期成果						

三、搭建"慧美乐园",形成课程特色

"慧美乐园"以学校、家庭、自然为活动场所,以网络平台为展示交流主阵地,根据多样化的教学内容,从学生实际出发,引导学生在探索实践、思考交流的过程中获得知识技能、活动经验,促使学生主动地、富有个性地参与学习,经历多维开发、思维共享的过程,体味数学带来的智慧与华美。

(一)实践与操作

"慧美乐园"从家庭乐园、学校乐园、自然乐园三个方面开展。家庭是学生释放自我的乐园,学校是学生学习交往的乐园,大自然是学生探寻奥秘的乐园。学生可以"我的地盘我做主",全方位探索,利用一切资源,获得经历与体验,然后通过以下乐园体系进行。为此,学校搭建"PROCESS"乐园体系,重视学生生命成长的过程。

P即people,指"人,人们",参与的教师、学生、家长及其他人,在这里特指"学生"。

R 即 record 指"记录",学生记录下观察、思考、探究、参观、演说的全部过程,感受生命成长的快乐。

O 即 observe,指"观察",数学知识源于生活,数学之美蕴藏于自然,大部分的发现皆源于学生善于发现的眼睛。教师要引导学生学会从身边的事物开始观察,逐渐放眼社会、自然,开阔眼界,尝试透过眼睛看到隐藏在生活中的数量、形态、规律等奥秘,感悟大自然中无穷的数学魅力。

C 即 cogitate,指"思考",把观察的事物及时记录,并抽出问题,进行深度思考。

E 即 exploration,指"探究",利用身边的资源,逐步分析、整理、归纳出结论或者事物之间的联系。

S 即 see,指"理解",了解家庭、学校、大自然中所蕴含的数学知识,理解生命与生命的交集,感受数学的灵动与优美。

S 即 speak,指"演说",学生借助学习交流乐园或者现代化网络平台,开展"我是演说家"活动,把研究的结论、成果、疑惑等进行讨论交流。

学生在"慧美乐园"中,进行"PROCESS"乐园体系学习活动,经历一系列由感官到大脑深层次的思考及行为研究过程,进行智慧与心灵的碰撞,思维与探索的共享,促进学生的全面发展,发现数学之美,感悟美之数学。

(二) 评价标准

学校基于多样性特色课程的实施,以统一形式评价与根据年级特点评价相结合的形式,师生、家长共同参与,采取相应的评价标准对学生进行评价。建设过程性评价标准,让一至六年级的学生统一建立个人成长册,以"活动记录+活动总结"的形式整理成长历程,并于学习周期结束时进行展示评价。其中针对学生特点,一至三年级的学生在过程性评价的基础上,采取定性评价为主,侧重描述性评价结果;四至六年级学生采取定性评价和等级评价相结合的评价方式。同时制定《慧美乐园:学生成长手册》,从课程开展情况、学生学习的精神状态、学习的参与程度和参与效果等方面展开,融合学生自评、同伴互评、教师评价等多元主体参与的星级评价,增强学生参与慧美特色课程学习的自信心,使学生养成良好的学习习惯,促进学生的全面发展。

四、展开"慧美研学",凸显课程魅力

陶行知说:"生活即教育"。"慧美研学"积极建构行走类课程——研学之旅,进行有目的、有计划地实践与研究,让学生在真正的生活中,感悟数学的意义和学习的价值,体验一段美好的人生历程。

(一) 实践与操作

"慧美数学"根据每个年级的课程设置,以"问题承载—实践探究—行走研学"为统领,从学生视角出发,以研学小组为单位,分"我计划、我旅行、我感悟"等板块开展。

小问题,随机研学;大问题,规划研学。学校鼓励学生走出校园、走进社区、走向生活。学生不论"旅行"到哪里,"行"前都要确立研学主题、查阅相关资料、制定研学计划等准备工作;"行"中要做好观察、欣赏、拍照等记录;"行"后要做到解决问题,形成研学结论,并写下研学感受,与家长、同伴一起分享。学生经历相互协作、思维触碰,培养应用意识及创新能力,在行走中感悟自然,在旅途中研学知识,探索并感知数学之美在生活中的完美呈现。

(二) 评价标准

为了对学生的研学之旅进行有效评价,我们从研学态度、研学能力和研学成效三个方面入手(见表4-2-7),以过程性评价与形成性评价相结合的形式进行,对于学生最后呈现的结果以定性评价为主,采取多样化的评价方式,如研学记录、研究报告、主题演讲、研学展示,结合学习过程中的评价量表,对学生研学之旅进行客观、整体地评价。评价旨在让学生感受研学乐趣,培养他们社会调查和动手实践的能力,有追求美好生活的信心、能力,及创造美好事物的渴望。

表4-2-7 "慧美研学课程"评价量表

项目	评价内容	评价等级
研学态度	1. 学生富有浓厚的学习兴趣,高涨的学习热情。 2. 学生主动思考、积极探索、乐于互助。	
研学能力	1. 学生主动参与的时间长(>70%),投身在自主探究、动手操作、合作学习之中。 2. 学生通过认真观察,能够主动发现和提出问题,有条理地表达思考过程。 3. 学生善于倾听,在倾听中思考,在倾听后评价他人发言、及时补充自己的想法。 4. 学生善于思考,能找出解决问题的策略,表达自己独特的见解。 5. 积极参加小组学习活动,分工明确,主动与同学合作交流,并且能够确实解决问题或产生新的认识。	

(续表)

项目	评价内容	评价等级
研学成效	1. 学生普遍具备良好的学习意志品质和道德品质。 2. 学生养成自主学习的习惯,有竞争意识和合作意识。 3. 学生普遍具有问题意识,敢于质疑问难,发表不同的见解。 4. 研学记录清晰完整,研究报告完善详细,研学展示有特色。	
自评	互评	师评	改进建议

(评价分为:五星、四星、三星、二星共四个等级。)

五、开放"慧美悦读",品味课程内涵

"慧美悦读"旨在以数学阅读为依托,倡导学生广泛阅读,在师生、生生互动交流的过程中,培养学生阅读、思考和数学表达能力,乐享数学的灵动美和智慧美。

(一)实践与操作

"慧美悦读"专门针对数学好玩、数学真美、数学文化三个方面开展,利用阅读中心、校园图书长廊、班级图书角、周边图书馆等资源,通过开展亲子阅读打卡、阅读漂流、名家讲坛、华润之角、数学创作等途径进行阅读活动。"慧美悦读"皆在扩大学生的学习领域,满足学生学习的欲望,并通过提供多样的学习途径,营造学习氛围,塑造学生气质,引导学生自主管理,自主发展。

亲子阅读打卡是一个家庭互动的阅读平台,也是"慧美悦读"课程重要的场所。它能鼓励家长参与孩子共读,有助于促进亲子关系及家校沟通。

阅读漂流是一个以书会友的阅读平台,通过组织乐淘活动,与志同道合的人进行书籍互换、心得交流,发挥书籍的最大价值,发展学生语言表达及沟通能力。

名家讲坛是一个展示自我的阅读平台,学生自愿报名参加,讲述数学历史、数学家、数学故事等,由指导教师固定时间与地点组织学生开展活动,提升学生自信。

华润之角是一个自发交流的阅读平台,由"华罗庚与陈景润"两数学家名字简称而来。利用图书长廊建设华润之角,学生可以在一固定的常规交流场所,受数学名家的影响,做一个有追求、有梦想的孩子。

数学创作是一个想象与创造的阅读平台,学生根据自己数学阅读的知识、经验等进行作品设计,创作绘本、海报、画册等特色成果,感知数学的奇妙与精彩。

（二）评价标准

开放"慧美悦读"，让学生在阅读中进行跨学科知识整合，感知数学文化与数学美，培养情感态度，塑造个人气质。基于此，"慧美阅读"设置了相应的评价标准，以过程性评价为主，制定《慧美悦读：我阅读我成长》学生记录表，通过学生的阅读记录、阅读参与、阅读成效这三方面进行评价；以形成性评价为辅，制定《慧美悦读：学生成果展示》量表，让教师、家长、同伴、第三方多元评价主体参与评价，通过动态、静态的多样化形态展示或者成果网络展示，对学生进行等级评价，乐享数学的文化内涵、品味数学文化的味道。

六、创设"慧美空间"，提升课程品质

"慧美空间"打造立体、全面的数学学习场所与平台，立足于不同学生的发展，创造不一样的数学空间，让学生的思想、认知、情感、体验插上会飞的翅膀，体会生命成长的快乐，实现自我价值的追求。

（一）实践与操作

从"网络空间、教室空间、校级空间"三方面，挖掘一切可利用的资源，由教师、学生、家长共同参与，积极创设"慧美空间"。

网络空间是一个利用网络创设的空间平台，鼓励学生建立个人博客，记录所有课程中的足迹，并建立班级及校级的互动网络，相互学习，共同提升。

教室空间是一个利用教室创设的现实空间，教室是学生学习活动的主要场所，可以创造性的开发空间价值。如专门开辟一面墙，用于展示优秀数学作业、荣誉榜、优秀作品、数学小积累等，并以积分的形式存入"数学银行"。

校级空间是一个更为开阔的空间场所，有供学生学习的图书中心、文化长廊、多媒体教室、数学仪器室、实验室等，并为学生留有足够的空间，让学生进行快乐农场种植、观察植物生长规律等，满足学生探究、实践的需求。总之，校级空间是让学生捕捉校园中的数学影子，收集数学碎片，进而创造性地开展学习活动的地方。

（二）评价标准

由于"慧美空间"的空间跨越性，"慧美空间"主要以定量评价为主，定性评价为辅，采用积分制，建立"数学银行"的评价机制。网络空间方面，发表博客一篇积1分，优质博客一篇积2分；教室空间方面，登上展示板一次积1分；校级空间方面，参

与数学活动一次积1分,形成活动报告一篇积3分。一个月进行一次展评,根据"数学银行"积分的多少,选出"数学创新明星"、"数学设计明星"。在不断积累的过程中,使学生享受成功的喜悦,感受美好的体验,培养学生的自信心,提高学生的自我认可感。

七、乐享"慧美嘉年华",彰显课程形态

"慧美嘉年华"是一场集交流、竞技、展示于一体的数学盛宴,生命在这里流淌,智慧在这里徜徉,精彩在这里绽放,师生、家长共享数学带来的幸福与愉悦,成长与美好。

(一)实践与操作

定期在"六一儿童节"开展"慧美嘉年华"数学文化节,促进情智共生,乐享其美。具体实施如下:

① 活动策划。制定"慧美嘉年华"活动方案,确定参与对象,规划活动场地,拟定活动内容及形式等。

② 活动推进。以"慧美学科负责人+学生代表+家委会成员"为主要成员,组成慧美嘉年华活动小组,统一组织、布置、规划、推进活动。

③ 活动实施。严格按照规划,整合慧美数学课程所有成果,以学生自主申报为主,"静态+动态"的形式,展示学生课程学习成果,交流、分享、体验一次慧美数学盛宴,实现自我价值。

④ 活动总结。活动负责人、参与活动的学生、家长在活动结束后要对整个活动及个人表现进行总结。

(二)评价标准

"慧美嘉年华"活动涵盖学生活动参与情况、合作交流、数学思维、情感体验和实践创新五个方面。针对学生特点及慧美嘉年华的活动形式,以过程性评价为主,结合定性评价,对学生在嘉年华中的表现、展现的能力、成果展示等进行一个描述性评价与等级评价,其中融入多元的评价方式,如活动记录、成果等级等进行综合性评价,旨在促进学生数学思维的发展,增强情感体验的愉悦性,乐享慧美嘉年华。

综上所述,"慧美数学"是注重学生个性发展,促进学生情智共生的数学。"慧美数学"课程基于问题情境促进思维间的智慧碰撞,以学科核心素养为标尺,从构建"慧美课堂"、建设"慧美社团"、搭建"慧美乐园"、展开"慧美研学"、开放"慧美悦读"、创设"慧美空间"、乐享"慧美嘉年华"这七个途径进行实施与评价。通过课程的实施,使每个学生都能在成长前行中慧智尽美。

（撰稿人：孙琳丽　弋光辉　靳晓强　刘敏　许媛媛　郭亚娟）

第三节 ▎ 灵慧数学：开启生命智慧

郑州市金水区农科路小学国基校区数学教研组共有教师 13 人，其中河南省骨干教师 1 名，郑州市骨干教师 2 名，金水区学科带头人 3 名，金水区种子教师 1 名。这是一支专业素质过硬、工作态度积极的团队，教师多人、多次在省、市、区优质课和基本功大赛中荣获奖项。

学校数学组以《数学课标（2011 年版）》为导引，以发展学生数学核心素养为目标，依据校情、学情，深入解读教材，研究教法学法，在不断地研究与实践中提炼出"灵慧数学"学科课程理念，以此推动学校数学课程品质的提升。

学科课程哲学　　让少年具有智慧的灵气

《数学课标（2011 年版）》指出："数学与人类发展和社会进步息息相关，随着现代信息技术的飞速发展，数学更加广泛应用于社会生产和日常生活的各个方面。"[1]数学学习的内容应当是现实的、有意义的，要使学生认识到现实生活中蕴含着大量的数学信息，数学在现实世界中有着广泛的应用。

一、学科性质

数学教育要培养"学生具备适应终身发展和社会发展需要的必备品格和关键能力"，"能为学生未来生活、工作和学习奠定重要的基础。"[2]学生拥有较高的数学学习热情，对"双基"能够牢固掌握，但是缺乏将知识灵活运用到实际生活中的意识和能力，即不能将数学与生活实际很好地融会贯通。基于以上情况，学校提出了构建"灵慧数

---

[1] 中华人民共和国教育部. 义务教育数学课程标准（2011 版）[S]. 北京：北京师范大学出版社，2012：1.
[2] 中华人民共和国教育部. 义务教育数学课程标准（2011 版）[S]. 北京：北京师范大学出版社，2012：2.

学"课程,使学生获得必要的基本知识和技能,为学生终身可持续发展打好基础,把具有时代特征的生活情境引入课堂,让数学走进学生生活,使学生感受到数学与生活的紧密联系,感受学习数学的价值,增进学习数学的兴趣。通过课程的实施,使学生成为有灵气、有智慧、有思想的灵动少年。

二、学科理念

"灵慧数学"的课程理念是:以灵促慧,慧由灵始,灵慧和谐。

灵,乃灵气,灵动;慧,即聪慧,智慧,指的是一种高级创造思维的能力。在数学教学中,只有教师有意识地培养学生的数学灵气,才能使学生自觉主动地学习数学,形成一种求知的内部动力,点燃思考的火花,智慧由此生长。

"灵慧数学"坚持以灵为始。数学是一门使人聪慧的学科,让学生感受到数学的灵气,以丰富的生活情境引出数学问题,促使学生带着问题思考,激发他们求知的欲望,点燃他们学习的热情。"灵慧数学"设置丰富多彩的课程,如"点金有数"、"比例人生"、"农历的奥秘"等,以此培育学生的数学灵气,使学生感受数学与实际生活的紧密联系。

"灵慧数学"坚持以启为领。小学生对于任何事物都充满好奇,喜欢争论,因此不能把学生简单地看成是接受知识的对象,结合学生的思维特点,适时地启发引导学生主动思考,合作交流,在交流碰撞中促进思维的发展,拓宽学生的思路,打造数学灵气。

"灵慧数学"坚持以慧为本。灵慧数学追求学生智慧的生长,以发展学生的智慧为根本目的。从多角度培养学生的学习能力,促进学生的长远发展。通过"快乐阅读"、"眼观六路"、"汽车大分类"等课程使学生具有一双善于观察的慧眼;通过开设"妙手绘图"、"巧做妙算"等课程使学生有一双灵巧的慧手;通过"妙用搭配"、"优化生活"、"规律之美"等课程使学生拥有一颗善于思考的慧心,促使学生的思维走向更高的层次。

学科课程目标　润养灵慧少年

《数学课标(2011年版)》中指出:"数学教育既要使学生掌握现代生活和学习中所需要的基础知识与技能,更要发挥数学在培养人的思维能力和创新能力方面的不可替代的作用。"①

鉴于此,"灵慧数学"确立课程目标为:润养灵慧少年。具体阐述如下。

一、学科课程总目标

"通过义务教育阶段的数学学习,学生能获得适应社会生活和进一步发展所必需的数学基础知识、基本技能、基本思想、基本活动经验;体会数学知识之间、数学与其他学科之间、数学与生活之间的联系,运用数学的思维方式进行思考,增强发现和提出问题的能力、分析和解决问题的能力;了解数学的价值,提高学习数学的兴趣,增强学好数学的信心,养成良好的学习习惯,具有初步的创新意识和科学态度。"②为实现这一目标,着力培养小学生具有"数感、符号意识、空间观念、几何直观、数据分析观念、运算能力、推理能力、模型思想、应用意识、创新意识"③十大数学核心素养。

二、学科课程年级目标

依据以上数学学科课程总目标以及学校实际情况,进一步细化"灵慧数学"课程年级目标。具体如下(见表4-3-1)。

表4-3-1 "灵慧数学"年级课程目标一览表

课程目标 年级	灵慧数算 (数与代数领域)	灵慧图形 (图形与几何领域)	灵慧统计 (统计与概率领域)	灵慧应用 (综合与实践领域)	灵慧数学文化
一年级	在学生掌握100以内加减法运算的基础上,让学生通过填数等游戏培养学生的数感,初步感受规律。	在认识基本图形的基础上,让学生用儿童化、拟人化的语言来描述图形的特点及在生活中的应用,加深对图形面与体的认识和理解。	在简单分类的基础上,让学生走进生活,对常见的事物(如汽车、楼房等)从颜色、功能、用途等角度进行合理分类,培养学生分类意识。	通过寻找身边的数学信息,综合运用已学的数学知识解决问题,感受数学无处不在。	通过阅读课外读物,了解数字的来历及分类思想在生活中的应用。

---

① 中华人民共和国教育部.义务教育数学课程标准(2011版)[S].北京:北京师范大学出版社,2012:1.

② 中华人民共和国教育部.义务教育数学课程标准(2011版)[S].北京:北京师范大学出版社,2012:8.

③ 中华人民共和国教育部.义务教育数学课程标准(2011版)[S].北京:北京师范大学出版社,2012:5.

(续表)

课程目标 年级	灵慧数算 （数与代数领域）	灵慧图形 （图形与几何领域）	灵慧统计 （统计与概率领域）	灵慧应用 （综合与实践领域）	灵慧数学文化
二年级	1. 在掌握乘法和除法运算、元角分知识的基础上，创设购物情境，解决购物中遇到的实际问题。 2. 在有余数除法的基础上能根据生活实际合理取舍，渗透"进一法"与"去尾法"的实际运用。	在学习长度单位的基础上，测量实际生活中物体的长度（如床、餐桌、沙发、操场、指甲盖等），建立不同的单位模型，加深对长度单位的理解和认识。	在学生掌握收集数据的简单方法基础上，结合校内具体活动让学生参与调查和收集数据，进行整理，确定活动方案。	1. 让学生寻找身体上的"尺子"，利用这些"尺子"来解决一些问题。 2. 在学生掌握"重复"规律的基础上，让学生自主设计"重复"的图形，加深对"重复"的理解，体会"重复"的美。	了解一些数学文化，比如数学家的故事、单位名称的来历等。
三年级	1. 在认识公历年、月、日的基础上，让学生初步了解农历年、月、日的知识，如闰月、24节气等。 2. 在认识千克、克、吨的基础上，让学生了解市斤与千克的关系。	1. 在掌握和运用长方形、正方形周长的基础上，能求出多边形的周长。 2. 在认识轴对称图形的基础上，设计轴对称图形，感受图形之美。	在学生掌握收集数据的简单方法基础上，结合校内具体活动让学生参与调查和收集数据，用多种方法进行整理和呈现，确定最后方案并体会所选方案的优越性。	1. 在初步掌握搭配知识的基础上，探索三种不同物品的搭配方法，掌握搭配的顺序性和规律性。 2. 在研学活动中，综合运用所学知识解决购买门票、租车等实际问题。	1. 初步认识数独，了解数独游戏规则和基本技巧，学生能够掌握一般的数独方法，会做四宫格、六宫格和一般难度的九宫格。 2. 通过阅读指定材料，让学生了解运算的历史和文化。
四年级	1. 在掌握运算律的基础上能进行拓展和延伸，解决更多的实际问题。	1. 借助对五种角特征的总结，寻找生活中的角并利用角绘制美丽的图案，培养学生发现美、创造美的能力。	1. 通过对水资源的调查及节约用水方法的探究，发展学生收集数据、整理数据、分析数据的能力，增强学生的节水意识。	1. 设计抽奖游戏，感受随机现象，体会数学与生活的密切联系。	1. 能够掌握三刀流、快刀流等方法解决一般难度的九宫格。

174

互相联系、相辅相成。

学科课程实施　多元舞台促生命成长

学科知识是学科核心素养形成的主要载体,学科活动是学科核心素养形成的主要途径。能力只有在需要能力的活动中才能得到培养,素养只有在需要素养的活动中才能理解、思考与探索。为此,根据"灵慧数学"的课程理念、学科性质、课程目标等方面的要求,学校将从"灵慧课堂"、"灵慧社团"、"灵慧数学节"、"灵慧研学之旅"、"灵慧特色作业展"这五个方面进行实施。

一、构建"灵慧课堂",提升课程品质

"灵慧数学"课程秉承"以灵促慧,慧由灵始,灵慧和谐"的理念,着眼于学生数学学科素养的发展,以师生学习活动为载体,实现课堂的自主化、生活化、情感化,达到情智交融,协调发展与智慧和谐共生的课堂状态。

(一)"灵慧课堂"的要义与实施

"灵慧课堂"是在长期的课堂教学实践中生成的一种课堂教学形态,力图体现"灵动、快乐、智慧"的课堂文化核心,兼顾趣味性、主体性、参与性、发展性、创新性,让学生在智慧中发展,在快乐中成长。

灵慧课堂注重学生的质疑。问题是探究学习的开端,也是教学活动的主线。课堂创设合适的情境唤起学生思考,鼓励学生提出更多的问题,在老师的引领下筛选出要解决的问题,激发学生的求知欲。

灵慧课堂重视学生的探究过程。问题提出后,学生先进行独立思考,再在小组内进行合作探究。在探究活动中经历知识的产生过程,在操作活动中探索知识的发展过程,在数形结合中体验知识的应用过程。在过程中感悟,在感悟中思考,在思考中锻炼思维,建构知识,把学习的主动权交给学生,教师在学生思维的转折处或知识的重难点处给予适当的点拨,与学生一起感受成功与挫折。

灵慧课堂是分享的课堂。在课堂上,学生交流探究成果。交流中,学生思维相互碰撞。交流形式可以是学生自由发言,也可以是学生先在小组交流,然后代表汇报。教师认真听取学生汇报,并引导学生有序分享,努力营造全员参与的生动活泼的课堂氛围。

(二)"灵慧课堂"的评价

"灵慧课堂"拓展多样化的评价途径,采用定性评价和定量评价相结合的评价方式,增强学生的自信。通过课堂评价(见表4-3-3),规范教师的课堂教学,完善灵动课堂的构成要素,提高灵慧课堂的教学质量。

表4-3-3 "灵慧课堂"评价标准

评价项目	评 价 标 准	效果(较好,好,一般)
整体设计	学习目标紧扣课标和学段要求,体现教材特点,能将"三维目标"有机渗透融合,具体、明确、可操作、可检测	
	内容设计能够促进学生的自主学习,单位时间效率高	
	作业设计紧扣学习内容,层次分明,由浅入深	
教师引领合作探究	善于引导、鼓励学生质疑,培养学生的质疑能力	
	有效地组织学生合作探究,关注课堂生成,问题获得解决	
	创设分享的时间与空间,对学生的分享内容能够恰当评价,引领学生在分享中获得知识,发展能力	
	课堂教学充分照顾到学生的年龄特点和学习特点,体现学生学习的差异,做到因材施教	
学生质疑同伴分享	能提出问题,并对问题排序和整合,在课堂中敢于质疑,并表现出一定的质疑能力	
	对数学学习有兴趣,有求知的欲望和热情,能主动探究和发问	
	能与同伴有效地进行合作探究,参与度高	
	分享交流时态度积极,语言表达清晰、准确,仪态大方,对同伴的发言敢于质疑,并提出自己的想法	
总评		

二、依托"灵慧社团",丰富课程内容

为了调动学生的学习兴趣和积极性,以提高数学学科核心素养为目的,学校开设以学生自愿参加为原则的"灵慧社团",让学生充分感受到数学的魅力,使"灵慧社团"

成为数学学科的一个"品牌"。

(一)"灵慧社团"的实施

学校"灵慧社团"根据数学学科的四大领域内容进行拓展开发,开设"快乐阅读"、"灵慧数独"等社团。确定社团主题后,任课教师针对活动项目和课题进行讨论,制定具体的、可行的、有效的活动实施方案,激发孩子学习数学的兴趣,提高孩子的思维品质。"灵慧数学社团"课程如下(见表4-3-4)。

表4-3-4 "灵慧数学社团"课程设置

时间	地点	年级	社团名称
周五下午	一四班教室	1—2年级	快乐阅读
周五下午	二四班教室	2—3年级	快乐阅读
周五下午	三四班教室	3—4年级	灵慧数独
周五下午	四四班教室	4—5年级	灵慧数独
周五下午	五四班教室	5—6年级	灵慧数独
周五下午	六四班教室	5—6年级	灵慧数独

(二)"灵慧社团"的评价

"灵慧社团"依据对学生的要求,建立平等、民主、和谐的师生关系,让学生参与到评价过程中,提高学生的学习兴趣,树立学习的自信心。为培养学生的数学学科意识,提升学生的数学思考能力,丰富学生的数学文化知识,每个"灵慧社团"均有自己的评价标准,从学生参与的态度、过程性资料、作品等多方面进行评价(见表4-3-5)。

表4-3-5 "灵慧社团"的评价标准

评价项目	评 价 标 准	效果(较好,好,一般)
组织建立	制定可行的管理制度及详细活动计划	
活动内容	活动主题、内容、形式有创新	
活动过程	活动组织井然有序,学习氛围浓厚	
	社团名册及活动过程记录详实	
	活动照片及学生作品保存完整	

(续表)

评价项目	评价标准	效果（较好，好，一般）
活动管理	每次活动结束后都有相应的总结、反馈、评价	
活动成果	展示形式丰富新颖	
	内容符合社团特点、全面完整	
	活动小组分工合作有序	
档案建设	社团活动档案整理齐全、规范	

三、举办"灵慧数学节"，秀课程学习之乐

"灵慧数学节"的开展，充分调动了学生参与的主动性和积极性，促使学生扩大知识领域，领略节日风情，同时增强学生在生活实践中学数学、用数学的意识，发展学生数学学科素养。

（一）"灵慧数学节"的实施

为了让每一个学生感受数学与生活的紧密联系，真正走进生活，与数学为伍，以兴趣为伴，学校特定每年3月的第二周为"灵慧数学节"，为学生提供展示自己智慧的平台，营造浓厚的数学文化气息，提升数学素养。"灵慧数学节"具体课程设置安排如下（见表4-3-6）。

表4-3-6 "灵慧数学节"课程设置表

时间	年级	节日名称	课程
3月第二周	一年级	图形节	趣说图形
	二年级	"克隆"节	我来"克隆"
	三年级	绘图节	妙手绘图
	四年级	优化节	优化生活
	五年级	巧手节	巧做妙算
	六年级	比例节	比例人生

（二）"灵慧数学节"的评价

学校"灵慧数学节"以系列活动的形式开展，为了更好地达成数学节开展的目的，

学校建立适合学生年龄特征的评价体系,确保节日课程有效地开展,真正促进学生能力的发展。学校"灵慧数学节"针对不同的节日主题,均从内容、形式、过程、效果等方面进行评价,评价安排如下(见表4-3-7)。

表4-3-7 "灵慧数学节"评价标准

项目	评价标准	效果(较好,好,一般)
内容	内容要科学合理,符合学生的年龄特点和认识水平	
	有趣味性,提高学生的兴趣	
	贴合生活实际,提高学生解决问题的实践能力	
形式	形式新颖,吸引力强	
	以年级为单位组织开展	
过程	学生参与积极,主体作用发挥好	
	学生能力得到提升	
	教师组织合理,学生活动高效有序	
效果	学生兴趣得到培养,个性特长得到张扬	
	拓展了学生的思维空间,开阔了学生的眼界	

四、开发"灵慧研学之旅",让课程与生活同行

陶行知说:"生活即教育,社会即学校"。他认为,整个社会是生活的场所,亦是教育之场所。生活中处处有数学,教师们创造机会让学生走出课堂,走进生活,把所学知识回归生活,运用到生活中,让学生感受到生活中真正的数学,加强学生数学的应用意识,从而提升学生应用数学的能力。为此,学校特开设"研学之旅"课程。

(一)"灵慧研学之旅"的实施

教师根据学生的年龄特点以及所具有的知识基础,结合学生所在年级的课程目标,选取与生活紧密联系的知识,设置研学活动方案,引导学生对所学的学科知识进行适切运用与拓展。学校"研学之旅"课程内容安排如下(见表4-3-8)。

表4-3-8 "灵慧研学之旅"课程设置表

时间	年级	研学地点	研学课程
9—11月	一年级	停车场	汽车大分类
	二年级	超市	购物小达人
	三年级	鞋店	我来做"店长"
	四年级	社区	滴水不漏
	五年级	街道	行走"江湖"
	六年级	汽车4S店	眼观六路

(二)"灵慧研学之旅"的课程评价

在实际生活中,只有丰富学生的实践探究活动才能加深学生对数学知识的理解与应用。"研学之旅"的评价以激励为主,采用多种方式进行评价,激发学生对数学的学习热情。各年级"灵慧研学之旅"均从团队协作、研学态度、展示交流、研学成效等方面进行评价。具体评价如下(见表4-3-9)。

表4-3-9 "灵慧研学之旅"评价标准

评价项目	评价标准	效果(较好,好,一般)
团队协作	活动目的明确,制定方案合理	
	有问题意识,敢于质疑	
	遇到困难集体协商	
研学态度	有组织、有纪律	
	能根据提出的问题认真思考并记录	
	在小组中能进行良好的沟通交流	
	能倾听其他成员想法并改进自己的方案	
展示交流	形式多样,引人入胜	
	内容全面,有所启发	
研学成效	梳理收获,提升经验	
	能够进行全面有价值的总结	

五、开启"灵慧特色作业展",展课程丰硕成果

"特色作业"是学校学科日常教学的拓展延伸。暑假、寒假、小短假相比于周末,孩子有更多的时间和空间做调查研究,学校改革了作业的布置内容与形式,让学生走出校园,走向社会,通过参加各种有益的活动,在实践中开阔眼界,增长见识,增强生活本领,以培养学生综合能力为原则,布置具有学科特色的实践性作业。

(一)"灵慧特色作业展"的实施

学校把学生所做的具有学科特色的实践性作业,统一时间集中展示出来,引导学生观摩、交流,使学生开阔眼界,拓宽知识视野的同时也给学生搭建成长的舞台。学校"灵慧作业展"内容安排如下(见表4-3-10)。

表4-3-10 "灵慧特色作业展"内容设置表

时间	年级	展 示 内 容
每期开学第一周	三年级	农历的奥秘　市斤与千克
	四年级	幸运大抽奖　"数"中大学问
	五年级	规则我来定　图中有话
	六年级	点金有数　我爱我绘

(二)"灵慧特色作业展"的评价

丰富多彩的特色作业为每一位学生提供了自主学习、自由探索的发展空间,使学生感受到学习的快乐。特色作业的展评,让教师们在深化课改的历程中,真真正正地着眼于学生心智的全面发展。为了促使学校"灵慧特色作业展"达到预期效果,依据学生作业的主题、内容、创意、质量等方面,学校特制定"灵慧特色作业展"评价如下(见表4-3-11)。

表4-3-11 "灵慧特色作业展"评价标准

评 价 标 准	效果(较好,好,一般)
紧扣主题,主题鲜明	
呈现形式灵活多样,有创意	
内容详实,言之有据	

(续表)

评 价 标 准	效果（较好，好，一般）
知识性、趣味性、欣赏性俱全	
能根据研究内容得出科学结论	
有数学应用意识，利用数学概念、方法等解释现实生活的现象、解决现实生活的问题	

综上所述，学校"灵慧数学"，坚持"以灵促慧，慧由灵始，灵慧和谐"的学科理念，从建构灵慧课堂、开设灵慧社团、设立灵慧数学节、开展灵慧研学之旅、举办灵慧特色作业展五个方面扎实推进课程实施，落实学校数学学科课程目标，促使全校师生皆能尽情舒展，开启生命智慧。

（撰稿人：王向荣　高静　袁霞　王爱云）

第五章

领悟学用交融的力量

　　数学课程的学习，不仅赋予学生知识和思维的力量，更赠予学生合作、互助的能力，在合作探究的过程中赋能大脑、学用交融，在分享交流的碰撞中追寻数学的本质，繁中求简、返璞归真。教学过程中坚定以"学"为本，坚持以"思"为先，坚守以"用"为标，使学生在"乐思启智"的奇妙之旅中，体会数学的奥秘，让智慧和力量在数学学习过程中自然融合，学生与数学共执前行，踏入精彩的未来。

第一节 ▎ 智慧数学：在思维的风帆中实践前行

　　纬三路小学数学教研组现有教师 18 名，其中郑州市骨干教师 3 名，金水区首席教师 3 名，区学科带头人 3 名，区骨干教师 2 名，区教学新秀 1 名，是一支教学经验丰富、和谐团结、踏实肯干、不断进取的队伍。在课程改革的不断探索、前行中，全体数学教师思考、实践、总结，凝练出数学学科的课程建设方案。

学科课程哲学　在学思用中走出智慧的第一步

一、学科性质

　　"数学是研究数量关系和空间形式的科学"[1]，数学的发展与人类的生产实践和社会需求密切相关，现实世界与数学内部之间反复相互作用，这赋予了现代数学不同于一般自然科学的特征。首先是更高的抽象性，抽象是数学最基本的特征，抽象性并非数学独有，但数学的抽象不同于其他科学之处是，它舍弃了事物的其他一切方面而仅保留数量关系和空间形式。然后是数学的应用变得越来越广泛，数学越来越成为一种普遍的科学语言与工具。

　　"义务教育阶段的数学课程是培养公民素质的基础课程，具有基础性、普及性和发展性"[2]。我们认为，义务教育阶段的数学课程是学生未来生活、工作和学习的重要基础。学习数学课程有助于学生学会并掌握基础知识和基本技能；有助于培养学生的各种思维能力；有助于学生将数学知识和数学思维应用于现实生活。

---

[1] 中华人民共和国教育部. 义务教育数学课程标准（2011 年版）[S]. 北京：北京师范大学出版社，2012：1.
[2] 中华人民共和国教育部. 义务教育数学课程标准（2011 年版）[S]. 北京：北京师范大学出版社，2012：1.

二、课程理念

"数学教育,自然以'数学'内容为核心。数学课堂的优劣,自然以学生是否能学好'数学'为依归。数学教学设计的核心是如何体现'数学的本质'、'精中求简'、'返璞归真',呈现数学特有的'教育形态',使得学生高效率、高质量地领会和体验数学的价值和魅力。多一些数学本质的探究,少一些空洞的说教,学生幸甚,学校幸甚"[①]。我们认为其中的"数学的本质"、"精中求简"、"返璞归真"是各种数学及数学教育观点中的智慧选择,是数学及数学教育应有的智慧形态,是数学及数学教育发展的智慧追求。因此,我校将数学学科课程确定为"智慧数学"。

(一)"智慧数学"坚信以"学"为本

"学"即为输入,是"由薄到厚"的过程。

根据学生的天性,通过营造真诚、灵动的学习氛围,借助打造"智润课堂"、开展"达润研学"、建设"乐润社团"等活动,充分激发学生学习动力,促使学生好学、会学,为未来的学习生活夯实基础。

(二)"智慧数学"坚持以"思"为先

"思"即为加工,是"由厚到薄"的过程。

心理学研究告诉我们,在相同的时间学习相同的内容,能进行深入思考的学生比只是记下教师所教内容的学生,能更好地理解和记忆学习内容。"智慧数学"从学生知识的现实起点出发,引导学生理解知识、建立联系、融会贯通,逐步培养学生爱思考、善思考的能力。

(三)"智慧数学"坚守以"用"为标

"用"即为输出,是学以致用的过程,也是学习的目的之一。

"智慧数学"注重学生利用所学解决数学内部、生活实际中的问题,把学习和思考的成果转化为会发现问题、会提出问题、会解决问题的能力。

总而言之,以学为基础,增长学生知识积累;以思为发展,锻炼学生的多种思维能力;以用为目标,体现数学在现实生活中的广泛应用。在课程的实施过程中,学生充分感受自我的价值,体会数学的意义。

---

① 张奠宙,柴俊.教学研究欣赏数学的真善美[M].北京:北京师范大学出版社,2011:12.

学科课程目标　使数学成为智慧形成的源泉

课程目标，是课程设置的方向，是课程实施的灵魂。有了目标的制定与存在，可以使我们的课程实施一体化、系统化、有序化。在数学课程中，我们也应当注重发展学生多方面的素养，如数感、运算能力、符号意识、空间观念、逻辑思维……基于这些发展需求，"智慧数学"紧密结合学科课程理念制定数学课程总目标，使数学成为智慧形成的源泉。

一、学科课程总目标

在"智慧数学"的实施中，学生能获得基础的数学知识，经历知识形成的过程，运用数学的思维去观察世界、思考生活，并反作用于生活。因此，基于"智慧数学"学科理念，课程目标确立为"会学"、"善思"、"活用"三个方面，具体表述如下表（见表5-1-1）。

表5-1-1　"智慧数学"课程总目标

课程＼目标	总目标	具体目标
会学	获得适应社会生活和进一步发展所必需的数学基础知识、基本技能、基本思想、基本活动经验；了解数学的价值，提高学习兴趣；增强学习信心，养成良好的学习习惯。	经历数与代数的抽象、运算与建模等过程，掌握数与代数的基础知识和基本技能；经历图形的抽象、分类、性质探讨、运动、位置确定等过程，掌握图形与几何的基础知识和基本技能；经历在实际问题中收集和处理数据、利用数据分析问题、获取信息的过程，掌握统计与概率的基础知识和基本技能；参与综合实践活动，积累综合运用数学知识、技能和方法等解决简单问题的数学活动经验；养成认真听、积极想、善于问、仔细审、独立做、灵活用等学习习惯；对数学产生并保持学习兴趣，增强学好数学的信心。
善思	体会数学知识之间、数学与其他学科之间、数学与生活之间的联系，学会运用逻辑推理和理性思维进行思考，具有初步的创新意识和科学态度。	建立数感、符号意识和空间观念，初步形成几何直观和运算能力，发展形象思维与抽象思维；体会统计方法的意义，发展数据分析观念，感受随机现象；在参与观察、实验、猜想、证明、综合实践等数学活动中，发展合情推理和演绎推理能力，清晰地表达自己的想法；学会独立思考，体会数学的基本思想和思维方式。

(续表)

课程\目标	总目标	具体目标
活用	学会从数学的角度发现并提出问题,综合运用所学知识进行分析和解决,增强应用意识,提高实践能力。	初步学会从数学的角度发现和提出日常生活及数学内部的问题,综合运用数学知识解决简单的实际问题;获得分析问题和解决问题的一些基本方法,体验解决问题方法的多样性,发展创新意识;学会与他人合作交流;初步形成评价与反思的意识。

二、学科课程年级目标

学校将"智慧数学"课程总体目标细化到数学学科各个年级,进一步制定各年级的具体目标(见表 5-1-2)。

表 5-1-2 "智慧数学"年级课程目标一览表

年级目标	会学	善思	活用
一年级	1. 经历联系生活抽象数的过程,理解百以内数的意义,能计算百以内数的加减法。 2. 能从实际物体中抽象出长方体、正方体等几何体;能辨认长方形、正方形等简单图形。 3. 有初步整理及统计的能力。	1. 初步用数表达自己的想法并与学生交流,感受数的存在。 2. 在认识图形的过程中,初步培养图形意识。 3. 在数学学习的过程中,初步产生数学思考的意识和行为。	1. 能从日常生活中发现数学的简单问题,并尝试解决。 2. 初步体会用数学解决问题的方法。 3. 初步感受数学和生活的联系。
二年级	1. 联系生活,学习万以内的数并计算万以内数的加、减法。 2. 体会乘法口诀的意义,并熟练掌握表内乘、除法。 3. 认识常见的平面图形及长度单位,并进行初步的测量。 4. 经历简单的收集、整理活动。	1. 根据实际情景,发展学生提出简单问题,并与他人合作交流解决问题的能力。 2. 在认识图形及其特点的过程中,初步发展学生的空间思维。	1. 通过分析、解决生活中的问题,掌握一些解决实际问题的基本方法。 2. 初步运用所学知识描述生活、解决问题,感受数学与生活的密切联系。
三年级	1. 掌握两、三位数乘或除以一位数的计算方法;体会四则运算的意义;能根据实际情况进行估算。 2. 结合具体情境,初步认识分数、小数,能进行简单的分数、小数计算。 3. 结合实例,感受平移、旋转、对称现象。 4. 进一步经历数据收集、整理和分析的过程,了解简单的数据处理方法。	1. 在认识分数、小数的过程中,进一步发展数感。 2. 有估算的意识,在学会计算方法的同时,进一步体会、思考算理和算法之间的联系。 3. 用数学的思维去观察、分析、处理数据,具有初步的数据分析能力。	1. 在综合运用所学知识的过程中,提升运用所学知识分析和解决实际问题的能力。 2. 在与他人合作交流解决问题的过程中,培养学生运用数学的方式进行交流和思考的能力。

数学学科课程群

(续表)

年级目标	会学	善思	活用
四年级	1. 在具体情境中，认识万以上的数；掌握并熟练计算整数乘除法；初步体会负数的意义；能用方程表示简单的数量关系，能解简单的方程。 2. 认识直线、射线和线段；认识三角形、平行四边形和梯形的特征。 3. 经历数据的收集、整理和分析的过程，掌握简单的数据处理方法；体验事情发生的可能性。	1. 在数与图形的学习过程中，进一步形成并发展数感和空间观念。 2. 在数据的收集、整理过程中，发展应用数据分析、解决实际问题的能力。 3. 独立思考问题，解决问题的能力逐步提升，体会一些数学的基本思想。	能够从生活中发现有价值的数学问题，在问题解决的过程中，能够与他人合作交流，善于解释自己的想法，并综合运用所学知识，解决遇到的生活实际问题。
五年级	1. 在探索活动中，认识自然数，掌握因数和倍数、质数和合数、奇数和偶数等概念。 2. 掌握测量、画图的基本方法；探索并掌握平面图形的面积计算方法；了解体积的意义并掌握长方体和正方体的体积、表面积计算方法。 3. 认识复式条形统计图、复式折线统计图，认识平均数的意义，体会平均数的实际应用。	1. 在探索数的过程中，会思考数据分析的方法，体会数的意义，增强数据分析能力。 2. 在分析、交流、尝试、思考的过程中，逐步发展学生有方法、有步骤、有逻辑地分析问题的思考能力。	结合所学，经历实际生活中的数学调查、数据分析，并从数学的角度探索、解决实际问题的有效方法，在此过程中，体会数学在实际生活中的应用与价值。
六年级	1. 理解百分数的意义，掌握分数、小数、百分数之间的关系与互化；能用方程解决简单的百分数问题；认识比和比例，理解正、反比例的意义。 2. 认识圆及其特征，能正确计算圆的周长和面积；认识圆柱和圆锥，能计算圆柱的表面积和圆柱、圆锥的体积。 3. 认识扇形统计图，能根据具体情境选择合适的统计图。	在整理小学阶段所学的数学知识的过程中，体会并总结数学学习的基本思想；知识与思维相结合，进一步发展学生的思维能力。	能主动参与数学活动及实践，并在总结与交流中对小学阶段所学知识进行系统的归类、整理，尝试从日常生活中发现并提出有价值的数学问题，选择相应的知识进行分析，并选择合适的方法解决问题。

学校秉承"智慧数学"学科理念，具体实现各年级细化目标，在获得必要的数学基础知识和基本技能的基础上，全面提高学生的数学素养，让每一个学生都能得到更好的发展。

学科课程框架　构建多彩丰富的智慧课程

《走进新课程——与课程实施者的对话》中这样阐述:"课程结构是课程目标转化为教育成果的纽带,是课程实施活动顺利开展的依据"[①]。学校基于国家基础课程,在学科整体目标和年级目标的指引下,根据学生发展特点设置"智慧教学"课程群,构建多彩丰富的智慧课程。

一、"智慧数学"课程结构

"智慧数学"课程群,具体分为"计算王国"、"图形乐园"、"数据世界"、"应用天地"、"文化旅程"五大类。课程结构图如下(见图 5-1-1)。

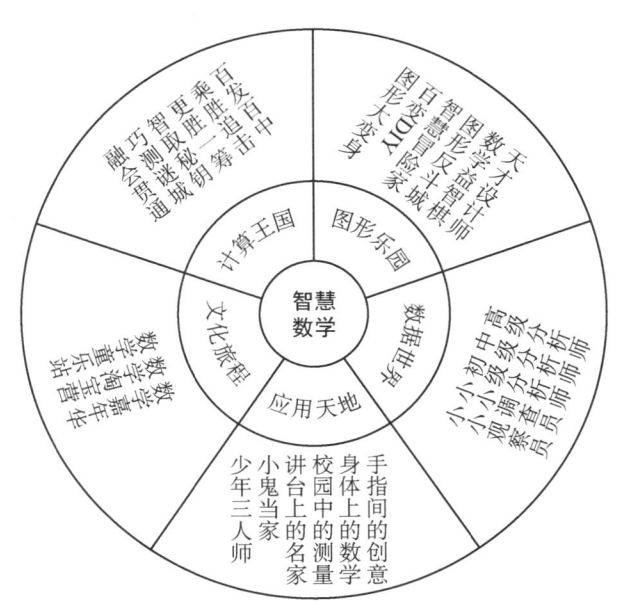

图 5-1-1　"智慧数学"课程结构图

---

① 朱慕菊.走进新课程——与课程实施者的对话[M].北京:北京师范大学出版社,2002:16.

(一)计算王国

"计算王国"板块归属于"数与代数"领域,由低年级到高年级创设"百发百中"、"乘胜追击"、"更胜一筹"、"智取秘钥"等课程,以达到丰富学生对数的认知、培养学生的数感、理解算理,同时增强学生运算能力的教学目的。

(二)图形乐园

"图形乐园"板块归属于"图形与几何"领域,分层次开设"天才设计师"、"数学益智棋"、"图形反斗城"、"百变DIY"等拓展课程,结合生活及情境中的图形因素,发展学生的空间观念,在活动中提高动手操作的能力,感受生活中图形之美。

(三)数据世界

"数据世界"板块归属于"统计与概率"领域,根据学生认知规律设置"小小观察员"、"小小调查员"、"初级分析师"等课程,使学生在小学阶段经历数据的观察、收集、整理、分析的学习过程,掌握数据处理的方法,并能依据数据信息发现、解决生活中的实际问题。

(四)应用天地

"应用天地"板块归属于"综合与实践"领域,依据学生的实践操作能力,创设"手指尖的创意"、"身体上的数学"、"校园中的测量"等接近学生生活的实践类课程,旨在积累学生的活动经验,激发学生的应用、创新意识,培养学生综合运用所学知识的能力。

(五)文化旅程

"文化旅程"收集数学教材及数学读物中的文化素材,旨在拓展学生视野、增加学生数学文化的积淀、感受数学文化的博大。学校按中、低、高年级分别创设"数学童乐站"、"数学淘宝营"、"数学嘉年华"等课程。

二、"智慧数学"课程设置

根据"智慧数学"课程结构,除基础课程外,结合不同年级的学生特点,拓展类课程设置如下(见表5-1-3)。

表5-1-3 "智慧数学"课程设置表

板块 课程 年级		计算王国	图形乐园	数据世界	应用天地	文化旅程
一年级	上	百发百中	天才设计师	小小观察员	手指间的创意	数学童乐站
	下	百发百中	天才设计师	小小观察员	手指间的创意	数学童乐站

(续表)

板块 课程 年级		计算王国	图形乐园	数据世界	应用天地	文化旅程
二年级	上	乘胜追击	数学益智棋	小小调查员	身体上的数学	数学童乐站
	下	乘胜追击	数学益智棋	小小调查员	身体上的数学	数学童乐站
三年级	上	更胜一筹	图形反斗城	小小调查师	校园中的测量	数学淘宝营
	下	更胜一筹	图形反斗城	小小调查师	校园中的测量	数学淘宝营
四年级	上	智取秘钥	智慧冒险家	初级分析师	讲台上的名家	数学淘宝营
	下	智取秘钥	智慧冒险家	初级分析师	讲台上的名家	数学淘宝营
五年级	上	巧测谜城	百变DIY	中级分析师	小鬼当家	数学嘉年华
	下	巧测谜城	百变DIY	中级分析师	小鬼当家	数学嘉年华
六年级	上	融会贯通	图形大变身	高级分析师	少年三人师	数学嘉年华
	下	融会贯通	图形大变身	高级分析师	少年三人师	数学嘉年华

学科课程实施　行进在智慧快乐的旅途中

"智慧数学"课程在实施过程中,注重转变教师理念,灵活掌握教学方法,为学生提供丰富的学习内容、研究素材,让孩子们享受探究和创造的乐趣,行进在智慧快乐的旅途中,同时注重评价和实施相结合,促进实施的有效性。

一、建构"智润课堂"

"智润课堂",是指教师运用灵动的智慧和积极的情感,以智慧点燃智慧、思想照亮思想、生命润泽生命,发展学生各自的潜能。学生在快乐与思辨的学习氛围中,主动求知,乐于探索,培养学生的核心素养。

(一)"智润课堂"的实施

根据"智润课堂"的内涵,我们提出实施"智润课堂"的四大路径——"情、境、精、实",每位教师从备课到上课,都要遵循这四大路径。

① "情",以情动人。这一路径促使教师走到学生中间去,用心关注学生,促使教

师学会用耳听、用眼看、用心感、用口说。

②"境",以境渲染。教师在课堂上运用语言、现代化信息技术等方式,结合生活实际,为学生创设生动的学习环境,营造一个充满互动、思辨氛围的课堂,尽可能地让学生置身其中,身临其境地感受、学习。

③"精",以精提炼。其一,精心地备课。备教师的教法、学生的学法,更要精心准备课堂问题——能引起学生兴趣的问题;能让学生愿意反复去探究的问题;能引领学生思维导向的问题。其二,精彩的课堂。课堂的精彩,并不是热热闹闹,而是师生共同学习和碰撞中启迪智慧,滋养心灵。

④"实",以实做基。具体指课堂教学的真实和教师平实的心态。其一是真实,课堂的真实是我们一贯倡导的,扎扎实实地讲、实实在在地练、真真切切地感受。其二是平实,教师在课堂上应该有一颗平实的心态,要尽可能地关注每一位学生,尽量让每一位学生在课堂上都有所收获。

(二)"智润课堂"的评价

根据"智润课堂"的内涵及教学实践,课堂教学评价表设计如下(见表5-1-4)。

表5-1-4 "智润课堂"评价表

执教教师		学科及课题		
执教班级		听课人及时间		
评价项目及权重		评 价 指 标		得分
教学设计 (10分)	目标制定 (5分)	1. 学习目标紧扣课标和学段特点,体现课程特点,符合学情。 2. 学习目标定位合理,表述清晰。		
	环节设计 (5分)	1. 教学设计科学。 2. 过渡自然流畅。		
教学实施 (80分)	境 (10分)	创设情境,有明确的学习任务。		
	精 (25分)	1. 自学内容具体明确,学习方法灵活多样。 2. 教师适时给予指导和鼓励,兼顾各个层面的学生。		
	实 (25分)	1. 关注课堂生成,利用有效评价,引导质疑追问。 2. 学习态度积极,重难点学习有方法、有成效。		
	情 (20分)	1. 整体展示与个性展示兼而有之。 2. 适当设计拓展练习,有梯度。 3. 联系生活实际或其他课程,梳理学习方法,有进一步学习的热情。		

(续表)

评价项目及权重	评价指标	得分
教师综合素质 （10分）	1. 教师语言准确、精炼、规范，教学方法灵活。 2. 能适时有效地评价，关注课堂生成。 3. 电子白板、多媒体使用适时、适度、熟练。	
总评	优　　　　　良　　　　　合格　　　　待合格 （100—90分）（89—70分）（69—60分）（60分以下）	
亮点		

二、组织"达润研学"

"达润研学"作为"智慧数学"的实施途径之一，遵循开放性、综合性、体验性、生活性的设计原则，让学生在过程中陶冶情操、增长见识、体验不同的自然和人文环境、提高学习兴趣，全面提升学生数学核心素养。

"智慧数学"课程，组织学生走出校园，亲近自然，在此过程中拓展视野、丰富知识、提高合作意识、规则意识。通过考察探究、社会服务、设计制作、职业体验等研学活动，如我的营养早餐、学校平面图、大课间中的数学等等，在教师的指导下，开展研究性学习，在观察、记录和思考中，主动获取知识，提高分析及解决问题的能力。

（一）"达润研学"的实施

1. 系统的活动设计

研学旅行的落脚点应该在于"学"，而"旅"是形式，是服务于"学"的。因此，每次的研学旅行应有明确的研学目标、研学内容、评价方式，而不仅仅是简单的游玩。研学旅行活动应该更多地体现出实践性和创新性。

2. 充分的活动实施准备

做好实施准备，是提高研学旅行活动教学效果的需要，是研学旅行活动中培养学生良好学习习惯的需要，是促进研学旅行活动教师专业成长的需要。研学旅行前，师生一起思考所需要准备的项目及具体内容，做到未行先思，做好统筹安排。

3. 精致的活动实施安排

精致的活动实施安排有利于研学旅行活动的有效学习，又有利于多种学习方法的内化。活动安排如小组建立、成员安排、活动目标确立、研学内容确立、研学步骤安排等,能够使参与研学的师生有目的、有分工、有计划、高效率地参与活动。

4. 丰富的活动实施体验

学生以多种形式记录活动体验(如文字、导图、PPT 等),并进行家庭、小组、班级、学校多层面的交流与分享。研学旅行活动中丰富的体验是学生们最真实的学习,学生在最真实的场景下留下最独特、美好的感受,从而获得多方面的成长。

(二)"达润研学"评价

"达润研学"评价表设置如下(见表 5-1-5)。

表 5-1-5 "达润研学"评价表

评价指标	优秀	良好	继续努力	生评 自评	生评 互评	师评
资料收集 (20分)	认真、负责的进行资料收集。运用了多种手段,比如搜索工具、借阅图书等。(15—20分)	收集资料较认真,但是资料获取手段、途径单一。(11—14分)	被动应付,参考同学的资料。(0—10分)			
资料内容 (30分)	材料全面、丰富,对各个环节进行了全面充分的论证。(26—30分)	材料较全面,对教学内容进行了较全面的分析。(16—25分)	收集了材料,但是与本节内容不够贴切,不能针对每个观点进行分析。(0—15分)			
小组合作 (30分)	每个成员都积极参与,收集的资料互补性强并能积极共享,有自己组内的主题资源库。组间合作得到顺畅开展。(16—20分)	多数成员积极参与小组活动,多数成员将自己的资料共享。(10—15分)	成员在小组活动参与度较低,少数成员能将自己的资料共享。(0—9分)			
资料展示 (20分)	能综合运用多种方式展示自己的收集资料。语言精练、准确,结论严密、科学性强。(16—20分)	能运用多种方式展示各种进化论观点,如PPT 幻灯片、word 文档、投影、图象或电子表格等形式,至少用两种方式。语言比较精练、准确。(10—15分)	能运用某种方式来展示收集资料,如:PPT 幻灯片、word 文档、投影、图象等形式,语言不够精练、准确、不太严密。(0—9分)			
综评等级						

三、组建"乐润社团"

"乐润社团"旨在丰富孩子的精神文化活动,给每一名孩子兴趣特长的发挥和天赋潜能的释放提供广阔的舞台。作为"智慧数学"课程实施的途径,在学生自主申报的基础上,由两位社团专职教师带领孩子们进行数学领域的有趣探索,实现数学素养的有效提升。

(一)社团的实施

1. 兴趣调查

按年级制作学生兴趣调查表,其中包含学校设定部分和学生自创部分,对学生数学方面的兴趣、特长等进行调研,从中选择适合学生知识、思维、实践等能力发展的内容,确定主题。

2. 自主申报

确定各年级社团主题后,采取组建核心成员、学生自主申报的流程,进行社团组建。核心成员在老师组织带领下,进行社团的展示与宣传,进行团员招募。学生自主申报自己喜欢的社团,根据实际情况接收一定人数的社团人员。

3. 社团建设

在老师指导下,社团人员一起讨论并形成本社团的规章制度、活动章程,选举社团的管理人员。教师设置课程内容调查表,调查学生希望进行哪些社团实践活动,并根据学生的建议设置本社团的活动内容。

4. 社团实践活动

社团活动内容确定后,指导教师在熟悉社团的活动内容情况下,制定课时计划,并按计划,认真、负责地对社团成员进行活动指导和科学评价。

5. 社团成果展示

成果展示分为阶段活动展示和学期末展示。每完成一项实践活动,需要进行一次阶段性展示及评价。学期结束后,师生共同对一学期的收获进行整理,充分展示成果并对社团成员进行综合性评价。

(二)社团的评价

依据《郑州市金水区教体局关于开展星级社团评选建设品牌社团的实施意见》,根据"乐润社团"发展实际,"乐润社团"评价表制定如下(见表5-1-6)。

表 5-1-6 "乐润社团"评价表

项目	内容	具体要求	得分
组织管理 (20分)	组织机构 (10分)	社团有规范、健全的组织机构及活动场所。学生依据自身兴趣和特长,经过申请、审批等程序组建社团。社团至少有一名指导教师,指导学生社团建设。	
	管理机制 (10分)	有社团章程和管理制度有计划、总结。工作计划任务明确、重点突出、措施得力。工作总结全面具体。	
社团建设 (30分)	团员管理 (10分)	有固定的招收团员办法,根据社团现状,适时招收团员。社团规模建制不少于10人,每学年至少对团员进行一次评定。	
	社团活动 (10分)	社团活动常态化、规范化,做到前有计划,后有总结。活动内容符合学生身心发展规律,活动形式丰富多样。每学期活动不少于15个课时,过程性资料详实。	
	实践交流 (10分)	社团每学年至少进行1次校内交流展示。	
建设成果 (50分)	教师发展 (20分)	社团按规定自聘指导教师,社团指导教师能热心于学生社团发展,并定期、有效地指导学生社团开展活动。	
	学生成长 (30分)	学生热爱自己的社团,认真完成社团交给的各项任务,认真履行社团团员的义务,积极参加本社团组织的各项活动。	
总评	优 (100—90分)	良 (89—70分)	合格 (69—60分)	待合格 (60分以下)

四、开展"趣润阅读"

数学阅读在数学学习中的地位逐年攀升。持续、有效的数学阅读能够增强学生的理解能力,提高学生的分析层次,养成学生的记录、总结、反思等多种习惯。

(一)"趣润阅读"的实施

1. 推荐阅读

根据各年级学生的年龄特点,选取并推荐1—2本数学绘本、书籍,组织学生有计划地阅读、反思,鼓励学生养成做笔记的习惯。

2. 自由阅读

学生依据自己的喜好,选择自己喜欢的数学绘本或书籍,自定计划,实施阅读与反思。

3. 家庭阅读

开展"我和家人共读一本书"活动,学生选取自己喜欢的数学书籍(绘本),与家人一起阅读,并开展家庭书评会,以孩子为主体,分享读书心得,记录收获体会,要求家长对孩子的分享多给予支持和鼓励。

4. 开展班级阅读分享会

学期末,以班级为单位,举行全班的阅读分享会。学生找出自己一学期来最喜欢的一本书或一学期来在读书中积累的知识经验,说感想、谈心得、作交流。

(二)"趣润阅读"的评价

为促进学生有效参与数学阅读活动,切实达到读有所思、思有所获、获有所表的目的,制定"趣探阅读"成果展示评价表(见表5-1-7)。

表5-1-7 "趣探阅读"成果展示评价表

评价指标	评 价			
	自评 ★★★	互评 ★★★	指导教师评价 ★★★	综合评价 ★★★
认真阅读,读有所思				
读后反思,有所收获				
进行制作,展示所获				
表达展示,交流分享				

(注:各部分评价等级从高到低设置为:三颗星、两颗星、一颗星。)

五、组织"趣润游戏"

游戏本身就是在日常生活、工作、学习中的一种娱乐活动。在学生的学习中融入游戏的因素,更符合学生的要求,更有利于产生学习的动力、促进学习的效果。因此,教学与游戏相结合,在游戏中高效地学习,是我们组织"趣润游戏"的主要目的。

(一)"趣润游戏"的实施

"趣润游戏"采取班级、年级、全校的三级实施制度,具体要求如下:

1. 学期初,每班根据人数组成4—6个活动小组,每个小组围绕所学知识创设游戏活动1至2个,并在各自组内尝试实施。

2. 每学期中后期,班级内组办"班级游戏赛"每个小组至少展示一个游戏活动并进行评比,开设"班级最优游戏奖"。班主任根据各组游戏融合创新,形成具有本班特色的游戏活动。

3. 学期末，以年级为单位，选取2个优秀游戏活动，举行全校的"趣润游戏节"，最终评出"最受欢迎游戏奖"。凡参与比赛的游戏活动纳入学校"趣润游戏活动册"，全校推广应用。

（二）"趣润游戏"的评价

基于游戏设定的要求和活动实施的过程，制定了"趣润游戏"的评价方案，主要从活动创设和活动实施两个方面进行评价，具体评价表格如下（见表5-1-8）。

表5-1-8 "趣润游戏"的评价细则表

评价内容	评价标准	评价成绩
活动创设 （55分）	1. 游戏创设有特色，有创新。（10分） 2. 游戏趣味性强，效果优良。（10分） 3. 游戏创设结合课程，促进知识性教学目标的完成。（15分） 4. 有利于引发学生多种能力的锻炼，促进课程能力目标的完成。（20分）	
活动实施 （45分）	1. 游戏的互动性强，体现学生协作互助的优良效果。（15分） 2. 学生投入游戏的积极性高，参与度良好。（10分） 3. 游戏难易适度，便于开展实施。（10分） 4. 游戏安全性好，符合学生的年龄特点。（10分）	

拓展课程的实施，是为了促进国家基础课程更有效地开展，因此实施与评价并行是我校开展各项课程的基本要求。以实施带动评价，以评价促进实施，在事实与评价的过程中，不断改进与发展，最终促进课程的稳步前行。

我校数学学科的课程建设，围绕国家基础课程，分析学校、学生特点及发展要求，确定"智慧数学"的学科理念，并围绕此理念形成学校独有的课程体系，采取相应的实施与评价的方法，确保课程在实践与反思中不断发展。同时从"学、思、用"三个方面确保学生经历学习的过程、感受数学的应用，最终获得有意义、有价值的数学，成就每个学生的成长与发展。

（撰稿人：李涛　李巧丽）

第二节　智味数学：开启乐思启智的奇妙之旅

黄河路第三小学数学学科师资队伍现有教师 16 人，其中，河南省骨干教师 1 名，金水区学科带头人 3 名，金水区骨干教师 2 名，金水区种子教师 2 名，多人次参加省、市、区各级优质课比赛和教学基本功大赛并获奖，并于 2014 年 10 月被金水区教育发展研究中心授予"小学数学学科课程研究基地"。数学团队在不断地教学实践中，结合学校数学学科的实际情况，基于学情，提出"智味数学"学科课程理念，借此推动数学课程品质的再提升。

学科课程哲学　让生命体会数学智慧的味道

一、学科性质

《数学课标（2011 年版）》指出："数学是研究数量关系和空间形式的科学"，"数学具有基础性、普及性和发展性"，"是人类文化的重要组成部分"，是"客观现象抽象概括而逐渐形成的科学语言与工具"[1]。"数学课程是培养公民素质的基础课程"[2]，"数学课程应致力于实现义务教育阶段的培养目标，要面向全体学生，适应学生个性发展的需要，使得：人人能获得良好的数学教育，不同的人在数学上得到不同的发展。"[3]

通过"智味数学"学科课程的实施，有助于学生基础知识和基本技能的掌握，抽象思维和推理能力的培养，创新意识和实践能力的提升，情感、态度与价值观等得以

---

[1] 中华人民共和国教育部. 义务教育数学课程标准（2011 年版）[S]. 北京：北京师范大学出版社，2012：1.
[2] 中华人民共和国教育部. 义务教育数学课程标准（2011 年版）[S]. 北京：北京师范大学出版社，2012：1.
[3] 中华人民共和国教育部. 义务教育数学课程标准（2011 年版）[S]. 北京：北京师范大学出版社，2012：2.

发展。

二、学科课程理念

学校结合数学学科实际情况提出"智味数学"学科课程，课程理念是：关注每一位学生的成长，尊重学生的身心发展规律，促进每一个学生形成主动思考的意识和创造性思维的能力，在"乐思启智"的奇妙之旅中享受数学的智慧与奥秘。具体阐述如下：

（一）智味数学，是引发数学思考的学习

数学教学活动以激发学生兴趣为出发点，调动学生学习的积极性，致力于培养学生提出数学问题和解决问题的能力。课程内容的选择贴近学生的生活，利于学生体验与理解、思考与探索。

（二）智味数学，是激发创造思维的学习

数学教学以学生的认知发展水平和已有知识经验为基础，面向全体学生，有的放矢，因材施教，助力创造性思维的发展；注重学生良好数学学习习惯的培养，促使学生掌握恰当的数学学习方法；让学生有足够的时间和空间经历观察、实验、猜测、计算、推理、验证等活动过程。[①]

（三）智味数学，是体会无穷奥秘的学习

数学学习是学生动手实践、自主探索以获得数学经验的过程。学生在探索与合作交流中，理解和掌握基本的数学知识与技能，感悟和积累数学思想和方法，乐享数学的奇妙，体验成功的自信与快乐。

总之，"智味数学"就是使学生在"乐思启智"的奇妙之旅中，引发数学的思考，激发创造性思维，让学生在学习中体会数学的奥秘。

学科课程目标　助力学生智味成长

《数学课标（2011年版）》提出的课程目标是："获得适应社会生活和进一步发展所

[①] 中华人民共和国教育部. 义务教育数学课程标准（2011年版）[S]. 北京：北京师范大学出版社，2012：2—3.

必需的数学的基础知识、基本技能、基本思想、基本生活经验;体会数学知识之间、数学与其他学科之间的联系,运用数学的思维方式进行思考,增强发现和提出问题的能力、分析和解决问题的能力;了解数学的价值,提高学习数学的兴趣,增强学好数学的信心,养成良好的学习习惯,具有初步的创新意识和科学态度。"①

一、学科课程总目标

依据《数学课标(2011年版)》总目标的要求,学校从"智味数学"课程理念出发,助力学生"智味成长",提出"智味数学"学科课程总目标:通过小学阶段的数学学习,每个学生都能学有所获,不同的学生在数学上得到不同的发展,数学思维得以促进,数学能力得以提高。学校依据基础课程,进行延伸拓展;统整课程,形成具有特色的学科课程群。

二、学科课程年级目标

在"智味数学"课程总目标的基础上,依据课程目标的四个维度,结合学校学生的实际学情,制定具体的年级课程目标(见表5-2-1)。

表5-2-1 "智味数学"年级课程目标

目标 年级	知识技能	数学思考	问题解决	情感态度
一年级	1. 在现实情境中理解百以内数的意义,会计算百以内数的加减法,并解决生活中的简单问题。 2. 能通过实物或模型辨认长方体、正方体、圆柱和球等几何体,能辨认长方形、正方形、三角形、圆等简单图形。 3. 能根据给定或自己选定的标准,对事物进行分类。	1. 在运用数描述现实生活中简单现象的过程中,逐步发展数感。 2. 在认识图形、描述物体相对位置的过程中,初步发展空间观念。 3. 会独立思考,能用简单的语言表达自己的想法。	1. 初步学会从数学的角度发现和提出简单问题,并尝试解决。 2. 获得初步的数学活动经验;学会与他人合作交流,共同解决问题。	1. 积极参与数学活动,对数学有好奇心和求知欲。 2. 感受数学与生活的密切联系。

---

① 中华人民共和国教育部. 义务教育数学课程标准(2011年版)[S].北京:北京师范大学出版社,2012:8.

(续表)

目标\年级	知识技能	数学思考	问题解决	情感态度
二年级	1. 认识万以内的数,能掌握千以内数的加减,理解乘除法意义并掌握乘除法运算技能;认识人民币及货币单位;认识钟表及常见时间单位。 2. 经历观察和操作过程,初步感受平移、旋转现象;结合生活经验认识角,辨认长方形、正方形、平行四边形;经历测量长度的过程,认识不同长度单位;能用方向描述物体的位置。 3. 经历数据收集整理的过程,能合理表示统计结果。	1. 在对简单物体和图形的形状、大小、位置关系的探索过程中,发展空间观念。 2. 在解决问题过程中,能进行简单的、有条理的思考。 3. 能初步用数学语言描述生活中的现象。	1. 能从具体情境和日常生活中发现并提出简单的数学问题,并能对问题进行分析、理解从而解决问题。 2. 了解同一问题可以有不同的解决办法,能独立或与同伴合作探究解决问题的方法。 3. 能有条理地表述解决问题的思考过程。	1. 能够积极、主动地参与数学活动,并乐于交流自己的想法。 2. 体会数学可以描述生活中的一些现象,感受数学与生活的密切联系。 3. 通过交流合作,培养学好数学的自信心和互帮互助的意识。
三年级	1. 初步认识分数和小数,会比较分数与小数的大小以及简单计算;会正确进行万以内数的混合运算,会正确计算两位数乘两位数以及一位数除两位数、三位数;认识质量单位;了解年月日及24时计时法。 2. 掌握初步的测量、识图和画图技能;了解周长与面积知识,并会简单计算;感受平移、旋转、轴对称现象。 3. 经历简单的数据收集、整理与分析的过程,了解简单的数据处理方法。	1. 会运用数及适当的度量单位描述现实生活中的简单现象,发展数感;在想象图形的运动和位置的过程中,发展空间观念;在分析数据的过程中,感受数据蕴涵的信息。 2. 在观察、操作等活动中,能提出一些简单的猜想,敢于质疑。 3. 会独立思考问题,表达自己的想法。	1. 能从日常生活中发现并提出简单的数学问题,并能借助文字、画图、表格等方式分析并解决问题。 2. 在分析问题的过程中,有条理地梳理思路并可以清楚地向他人表述。	1. 在解决问题的过程中发现生活与数学的密切联系,对身边的数学有好奇心,愿意参与数学活动。 2. 在与他人的合作活动中能够认真倾听、正确表述,知道应该尊重客观事实,在解决问题中体验成功的乐趣。
四年级	1. 体验从具体情境中抽象出数的过程,认识万以上的数;理解小数、负数的意义,掌握运算技能;理解估算的意义;能用方程表示简单的等量关系,了解方程的作用和等式的性质,能解简单的方程。	1. 初步建立数感、符号意识和空间观念,初步形成几何直观,具有一定的抽象思维。 2. 能从报纸、杂志、电视媒体等渠道,有意识的获得一些数据信息,发展数据分析观念,通过实例感受简单的随机现象。	1. 尝试从日常生活中发现问题、提出问题,并运用相关知识加以解决。 2. 在探索和解决问题中,能初步了解一些画图、转换等解决问题的有效方法。	1. 愿意学习生活中的数学知识,积极参与数学学习活动。 2. 在解决问题过程中能在老师的鼓励、引导及同伴的启发下解决问题,体验成功的乐趣。

(续表)

目标 年级	知识技能	数学思考	问题解决	情感态度
	2. 结合实例了解线段、射线、垂线、三角形、平行四边形、梯形的特征,探索角、三角形的特征及关系;掌握量角、画角、画平行线、垂线的方法。 3. 感受随机现象结果发生的可能性是有大小的,能对一些简单的随机现象的可能性大小做出描述。	3. 在数学活动中能进行简单的推理,善于表达自己的思考过程和结果。 4. 学会独立思考,体会数学的一些基本思想。	3. 经历与他人交流自己解决问题的过程,并能表达自己的想法,能选择合适的方法进行估算;能解释统计随机事件的结果,根据结果做出简单的判断和预测。	3. 在学习数学知识,解决问题的过程中体验数学的价值。 4. 初步养成乐于思考,勇于质疑、合作交流等良好品质。
五年级	1. 理解倍数、因数和分数的意义,掌握简单的分数、小数四则混合运算的技能;能用方程表示简单的数量关系,能解简单的方程。 2. 探索并认识长方体、正方体的特征,了解体积(容积)的意义及度量单位;能根据物体相对于参照物的方向和距离确定其位置。	1. 初步形成数感和空间观念,感受几何直观作用。在观察、实验、猜想、验证等活动中推导出三角形、平行四边形、梯形的面积公式。 2. 会独立思考,体验策略的多样化,发展数形结合、转化、迁移、优化等数学思想。	1. 能探索和分析解决简单问题的有效方法,了解解决问题方法的多样性。 2. 在经历解决问题的过程中,能清晰地表述自己的思考过程及解决方法。	1. 了解分数的来历以及数学与社会生活的相关信息,主动参与数学学习活动。 2. 经历探索规律的过程,激发主动探究的欲望,体会成功的喜悦。
六年级	1. 理解百分数的意义,能进行小数、分数、百分数的互化。 2. 理解比和比例的含义,能找出生活中成正比例和反比例关系的量。 3. 认识圆、圆柱、圆锥,掌握圆的面积公式,圆柱和圆锥的体积、表面积计算方法。 4. 认识扇形统计图。	1. 发展空间观念,感受符号和几何直观在现实生活中的应用。 2. 经历综合运用所学统计知识解决生活中实际问题的过程,进一步发展数据分析观念。 3. 在解决问题的过程中,能清楚地表达自己的思考过程与结果。	1. 在设计、测量、整理、猜想与探索等实践活动中,能够探索分析和解决问题的有效方法,了解解决问题方法的多样性。 2. 能够解释自己的思考过程,并对自己及他人结果的合理性进行判断。	1. 能主动参与数学活动,并在回顾、反思、交流的过程中全面合理评价活动过程和方法等,进一步养成乐于思考、勇于质疑、言必有据等良好品质。 2. 能够在问题解决的过程中,体会迎难而上的乐趣,感受数学的无穷魅力。

学科课程框架　开启数学学习盛景

"智味数学"课程为学生开启数学学习盛景，重在引导学生在生活中积累数学经验，在操作中探究数学知识，在游戏中增长数学兴趣，在阅读中拓展数学思维。在数学学习中积累活动经验，感受数学在日常生活中的应用，体会数学学习的快乐，培养学生的数感、动手操作能力、主动探究意识以及解决问题的能力。

一、"智味数学"课程结构

"智味数学"课程依据《数学课标（2011年版）》及我校学生的发展特点设置四大类别，即"乐算智算""乐画智创""乐动智思""乐学智用"，具体课程结构图（见图5-2-1）如下。

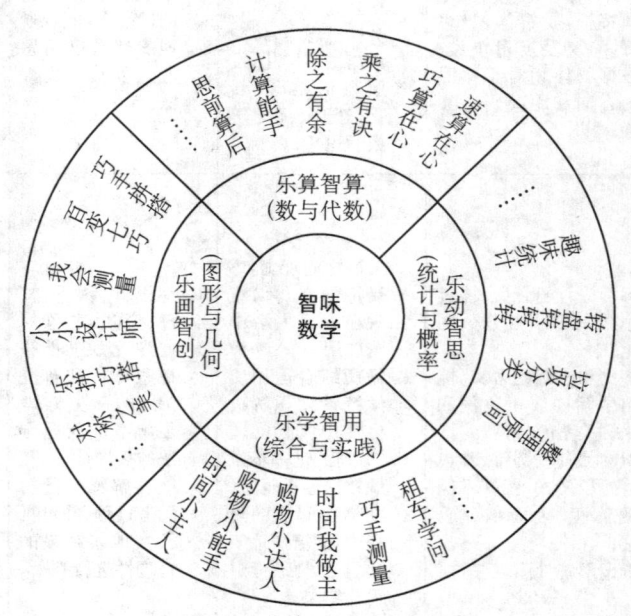

图5-2-1 "智味数学"课程结构图

"乐算智算",对应于"数与代数"领域,充分挖掘教学中的相关资源,发挥学生的主动性和积极性,共同寻找、探究智算的方法与途径,培养学生的数感,从而提高运算能力,养成良好的学习习惯,获得学习数学的兴趣。其开设有"速算在心"、"乘之有诀"、"除之有余"、"思前算后"、"分数巧算"、"计算能手"等课程。

"乐画智创",对应于"图形与几何"领域,通过拼搭、测量、绘图等活动,结合图形引导学生将观察与操作紧密结合,从而初步建立学生的空间观念,培养学生的动手操作能力、想象力与创造力。其开设有"巧手拼搭"、"百变七巧"、"对称之美"、"奇思妙角"、"巧手绘图"、"百变化圆"等课程。

"乐动智思",对应于"统计与概率"领域,通过搜集整理信息、动手操作等活动,让学生经历收集数据、整理数据、分析处理数据的全过程,提高运用数据分析问题、解决问题的能力。其开设有"整理房间"、"垃圾分类"、"书悦我心"、"趣味统计"、"家庭支出"、"旅游数学"等课程。

"乐学智用",对应于"综合与实践"领域,通过情境的创设,让学生经历发现、提出、分析和解决问题的全过程,真正感受到数学与生活的紧密联系,逐步积累经验,培养学生的应用意识和创新意识。其开设有"时间小主人"、"购物小能手"、"优化方案"、"鸡兔同笼"、"包装设计"、"反弹高度"等课程。

二、"智味数学"课程年级设置

根据"智味数学"课程的整体架构,除基础类的课程之外,学校根据不同年级学生的年龄特点设计和实施拓展类课程,其课程设置如下表(见表5-2-2)。

表5-2-2 "智味数学"课程年级设置

课程\学期	学期	乐算智算	乐画智创	乐动智思	乐学智用
一年级	一上	速算在心	巧手拼搭	整理房间	时间小主人
	一下	巧算在心	百变七巧	垃圾分类	购物小能手
二年级	二上	乘之有诀	我会测量	十字路口	购物小达人
	二下	除之有余	小小设计师	书悦我心	时间我做主
三年级	三上	计算有妙招	乐拼巧搭	食之味	巧手测量
	三下	巧算四则	对称之美	眠之味	租车学问

(续表)

课程\学期	学期	乐算智算	乐画智创	乐动智思	乐学智用
四年级	四上	思前算后	奇思妙角	转盘转转转	神秘代码
	四下	算24点	图形家族	趣味统计	优化方案
五年级	五上	分数巧算	奇妙的面积	游戏公平	鸡兔同笼
	五下	分数我能行	立体涂色	小统计员	包装设计
六年级	六上	计算能手	巧手绘图	家庭支出	反弹高度
	六下	计算"大师"	百变化圆	旅游数学	莫比乌斯带

学科课程实施　智味中涵养思维品质

《数学课标(2011年版)》指出:"教学活动是师生积极参与、交往互动、共同发展的过程。数学教学应根据具体的教学内容,注意使学生在获得间接经验的同时也能够有机会获得直接经验,即从学生实际出发,创设有助于学生自主学习的问题情境,引导学生通过实践、思考、探索、交流等,获得数学的基础知识、基本技能、基本思想、基本活动经验,促使学生主动地、富有个性地学习,不断提高发现问题和提出问题的能力、分析问题和解决问题的能力。"[①]

"智味数学"课程在实施过程中,把课程理念转化为教学行为,注重启发学生思考,激发学生学习潜能,鼓励学生实践与创新,使每个学生能够在智味中涵养思维品质,获得适合自己的发展。因此,"智味数学"又依据其课程理念、课程目标,从建构"智味课堂"、开展"智味实践"、开发"智味游戏"、举办"智味数学节"、开展"智味竞赛"等五个方面进行课程实施及评价。

[①] 中华人民共和国教育部. 义务教育数学课程标准(2011年版)[S]. 北京:北京师范大学出版社,2012:42.

一、建构"智味课堂",夯实核心知识

"智味课堂"是快乐、智慧、超越的课堂,不仅重视学生获取知识技能,而且要激发学生的好奇心和求知欲,在思考与交流中体会数学的基本思想,在参与数学活动的过程中积累基本活动经验,以养成善于思考、乐于合作、勇于质疑等良好的学习习惯。

(一)"智味课堂"的基本要义

快乐是智味课堂的第一味。寓教于乐,给课堂注入快乐元素,尊重学生独特性,最大限度地运用学生喜欢的、最有效的学习方式进行有意义地学习,发展学生优良个性,让学生乐学,使学生在课堂中获得最愉快的学习体验。

智慧是智味课堂的第二味。以智启智,以慧生慧。教师用智慧的教学方式,引发学生创造性的思考,让课堂成为培养创新能力和人格的圣地。

超越是智味课堂的第三味。教师要不断地超越教材,有自己的教学风格;学生要不断地超越自己,获得能力的提升;教师以自己的创意引发学生的创新。

在课堂上,学生作为数学学习的主体,在活动中积极参与,学习能力得到发展;教师作为学生学习活动的组织者、引导者、合作者,为学生的发展提供良好的环境和条件。

(二)"智味课堂"的评价标准

评价理念:采用主体多元、方式多样的评价方式,增强学生的自信,让学生发现自己的进步。

评价目标:通过课堂评价,加深教师对智味课堂的理解,完善智味课堂的构成要素,不断丰富总结经验,夯实基础,实现教学的最优化。通过课堂评价,了解学生在学习过程中的表现及其存在的问题,鉴定学习的质量水平。

评价内容:"智味课堂"教学评价表如下(见表5-2-3)。

表 5-2-3 "智味课堂"教学评价表

指标	评价标准	优 完全达到	良 基本达到	合格 部分达到	不合格 少量达到或未达到	效果
快乐	乐学启智 15分	1. 带着启发学生已有知识、情感和经验为主的问题情境走入课堂,吸引学生快乐地投入到学习中去。 2. 通过创设情境,发现并形成合适的、有价值的问题,启迪智慧。				
		15—13分	12—10分	9—7分	6分以下	

(续表)

指标	评价标准	优 完全达到	良 基本达到	合格 部分达到	不合格 少量达到或未达到	效果
智慧	乐究寻智 25分	1. 学生带着问题自主探究与合作交流,在解决问题过程中教师引导学生主动思考、积极体验。 2. 在学生自主学习过程中,教师能发挥主导作用,勤于观察,适时给予指导和鼓励,并兼顾到各个层面的学生。				
		25—22分	21—18分	17—14分	13分以下	
	乐享汇智 25分	1. 学生带着解决问题的喜悦去交流观点、质疑追问,教师最大限度地了解学生遇到的疑难问题,并对疑难问题进行梳理归纳。 2. 教师课中及时小结,重点针对核心目标,鼓励学生进行求异思维和个性展示,进行变式拓展。				
		25—22分	21—18分	17—14分	13分以下	
	乐凝升智 15分	1. 学生能紧密联系生活实际,尝试运用所学知识和方法发现问题、解决问题,教师训练点明确,题型典型,内容分布有梯度。 2. 教师多引导学生解决开放性的问题,培养学生的创造性思维,升华智慧。				
		15—13分	12—10分	9—7分	6分以下	
超越	教师学生发展 20分	1. 学生学习过程充分,在自学和展示的过程中,体现合作、探究、实践、质疑等学习方式。 2. 学生勇于发表自己的观点,并表现出一定的质疑能力,乐于听取和尊重别人的意见,能有效进行小组合作学习,互帮互学。 3. 教师教学个性鲜明,课堂应变调控能力强,能激发学生探究的欲望,创设愉悦、求真、善创的教学氛围。				
		20—18分	17—15分	14—12分	11分以下	
智慧分享(亮点):				观课感悟(反思):		

二、开展"智味实践",促进思维发展

数学与我们的生活紧密相连,为了激发学生学习数学的热情和兴趣,感受数学的魅力,体会数学的价值,培养学生在日常生活中应用数学的意识,让学生在参与活动中得到锻炼,学校开展了"智味实践"活动。

(一)"智味实践"的实施

"让孩子们充分感悟、动手动脑"是"智味实践"的总理念。活动以思维训练为主线,以学生活动为载体,以激发学生的学习兴趣为目的。"智味实践"在内容和形式上不同于学生的数学课本,过程更不拘一格,遵循"源于课本,活于课本,启迪思维,掌握

方法"的原则。

活动主题为各个年级开发本年级教材中图形与几何领域(即乐画智创)、综合与实践领域(即乐学智用)方面的内容,力求题材内容生活化,形式多样化,教学活动实践化,培养学生自主性、主动性,发展学生的思维,培养学生的数学素养,开发学生的潜力,提升学生的智力。

在活动中,学生能够学习知识,锻炼能力,展示才华,这样既可以使学生加深对所学知识的理解和掌握,又可以提高学生灵活运用所学数学知识解决实际问题的能力。

(二)"智味实践"的评价标准

"智味实践"围绕本年级教材中图形与几何领域(即乐画智创)、综合与实践领域(即乐学智用)方面的内容,开发了相应的活动主题。此评价主要是调动学生的积极性,使学生在活动中有收获、有进步,从而提高学生的创新能力和应用数学解决问题的能力。具体评价如下(见表5-2-4)。

表5-2-4 "智味实践"评价表

	评 价 标 准	自我评	同伴评	家长评	教师评	总评
发现探索问题	A. 善于思考,能主动发现并解决活动中遇到的问题。					
	B. 能按要求自主解决一些活动中的问题。					
	C. 依靠别人解决问题。					
参与合作态度	A. 积极与同伴团结协作。					
	B. 能与同伴协作。					
	C. 不能与同伴协作。					
作品完成情况	A. 能按时完成作品,且质量较高,有创新。					
	B. 能完成作品,且有一定质量。					
	C. 仅能完成作品。					

评价分为A、B、C三个等级,由自我、同伴、家长、教师分别给予评价,并综合得出总评等级。以上的评价表,教师可以根据活动内容的不同适当进行调整。

三、开发"智味游戏",增进学习兴趣

小学数学综合实践课程与小学数学学科课程的内容有机整合,能激发学生学习数学的兴趣。将数学知识寓于游戏之中,把单调的数学学习过程变为趣味性的游戏活动,让学生在游戏中学习、在玩耍中启智。

开设数学方面的特色游戏课程主要目的是把数学知识融于游戏中,使学生在好奇中,在玩耍的过程中提高自己的观察能力、想象能力、分析能力和逻辑推理能力,力求在智味游戏中"做数学、学数学、玩数学"。

(一)"智味游戏"的实施

一、二级开设"奕趣园"游戏课程。围棋是我们中华民族优秀的传统文化,娱乐性、创造性、趣味性和竞技性使其得以绵延几千年而不衰,它的"益智教化"、"陶冶性情"功能更为人们所赏识。学生透过研习围棋和与别人对弈交流,不仅可以锻炼计算能力、发展逻辑思维及提高记忆,还可以陶冶内涵、修身养性。"奕趣园"校本课程的开发,让学生懂得下棋要细心观察,认真思考,这符合学校"智味数学"的课程理念。

三、四年级将开设"数独游戏"游戏课程。数独游戏被称为"聪明人的游戏",是一种逻辑性较强的数字填充游戏,学生须以数字填进每一格,使每行、每列和每个宫(即 3×3 的大格)集齐 1 至 9 所有数字。教师会提供一部分的数字,使谜题只有一个答案。数独游戏对学生逻辑训练的作用主要体现在逻辑推理能力和全方位思考问题能力的锻炼与提升。

五、六年级将开设"智力魔方"游戏课程。还原魔方的过程是一个集观察、思考、动手于一体的过程,并且在此过程中要求操作者必须保持高度集中的注意力,手眼协调快速操作。高年级学生已具备了一定的数学思维能力,在还原魔方的过程中,可以进一步提高学生的数学思维能力,为今后学习线性数学、建构数学模型打下基础。

总之,"智味游戏"是学生逻辑性、领导力、意志力的最理想的训练手段。

(二)"智味游戏"的评价标准

以实践、展示、操作等形式评价学生的表达能力、思维能力、创造能力、实践能力。评价时以激发学生高水准的思维能力和解题技能为基本要求。

1. "奕趣园"评价标准

"奕趣园"的评价主要从学生"游戏参与热情、游戏用具准备、游戏方法和技巧掌握、游戏品质、游戏博弈成绩"等五个方面进行评价。其中"游戏参与热情、游戏用具准备、游戏方法和技巧掌握、游戏品质"的评价主要体现在平时,"游戏博弈成绩"的评价主要参考最后组织的"下棋比赛"的成绩。评价方式是自评、互评、家长评、老师评相结合。评价等级是"三颗星、两颗星、一颗星",具体评价如下(详见表5-2-5)。

表5-2-5 "奕趣园"综合评价表

年级:＿＿＿＿ 班级:＿＿＿＿ 姓名:＿＿＿＿

内容 \ 等级		自评			互评		
		☆☆☆	☆☆	☆	☆☆☆	☆☆	☆
参与热情	按时上课,不迟到、不早退,有事能够做到提前请假。						
用具准备	每次上课都能按照老师的要求准备好所需要的材料。						
方法掌握	基本操作方法和技巧掌握熟练。						
游戏品质	善于与人交流方法,善于帮助别人,不嘲笑别人。						
比赛成绩	积极参与比赛,按时完成比赛,有自己的成绩。						
老师总评							
我的收获							
家长对我说							

(备注:学生自评、互评时,在相应的等级下面打"√"。)

2."数独游戏"评价标准

"数独游戏"的评价主要从"出勤情况、学习兴趣、方法掌握、游戏品质、任务完成、最后测试"六个方面进行评价,其中"出勤情况、学习兴趣、方法掌握、游戏品质、任务完成"的评价主要体现在平时,"最后测试"的评价主要参考最后组织的一次"数独任务比赛"的成绩。评价方式是自评、互评、家长评、老师评相结合,评价等级是"优、良、合格",评价内容如下(详见表5-2-6)。

表5-2-6 "数独游戏"综合评价表

年级:＿＿＿＿ 班级:＿＿＿＿ 姓名:＿＿＿＿

内容 \ 等级		自评			互评		
		优	良	合格	优	良	合格
出勤情况	按时上课,不迟到、不早退,有事能够做到提前请假。						

(续表)

内容 \ 等级		自评			互评		
		优	良	合格	优	良	合格
学习兴趣	学习中能够积极发言、交流自己的分析、推理过程。						
方法掌握	基本操作方法和技巧掌握熟练。						
游戏品质	养成了"胜不骄、气不馁"的游戏品质。						
任务完成	能够按时完成每一次老师布置的游戏任务。						
最后测试	积极参与测试,细心认真,发挥自己水平。						
老师总评							
我的收获							
家长对我说							

(备注:学生自评、互评时,在相应的等级下面打"√"。)

3. "智力魔方"评价标准

"智力魔方"的评价主要从"出勤情况、兴趣态度、方法技能、任务完成、魔力测试"五个方面进行评价,其中"出勤情况、兴趣态度、方法技能、任务完成"的评价主要体现在平时,"魔力测试"的评价主要参考最后组织的一次任务比赛的成绩。评价方式是自评、互评、家长评、老师评相结合,评价等级是"优、良、合格",评价内容如下(详见表5-2-7)。

表5-2-7 "智力魔方"综合评价表

年级:_____ 班级:_____ 姓名:_____

内容 \ 等级		自评			互评		
		优	良	合格	优	良	合格
出勤情况	按时上课,不迟到、不早退,有事能够做到提前请假。						
兴趣态度	学习中能够积极发言、交流自己的分析、推理过程。						
方法技能	基本操作方法和技巧掌握熟练。						
任务完成	认真按时完成老师布置的探索任务。						

(续表)

内容	等级	自评			互评		
		优	良	合格	优	良	合格
魔力测试	积极参与测试,细心认真,发挥自己水平。						
老师总评							
我的收获							
家长对我说							

(备注:学生自评、互评时,在相应的等级下面打"√"。)

"智味游戏"的评价坚持"内容多样,主体多元,过程性和终结性相结合"的原则,既重视学生在游戏过程中对游戏方法和游戏技能的掌握,又重视学生在游戏过程中表现出来的态度、情感、价值观,从而使每个孩子在"智味游戏"中都能得到不同程度的发展。

四、举办"智味数学节",激发学习热情

"智味数学节"活动根据学校实际,每学年拟定一个数学活动节日,以一系列数学活动为基本载体,旨在激发学生数学学习的兴趣与热情,让每一个学生感受数学的魅力,增进师生、生生之间的情感。

(一)"智味数学节"的实施

"智味数学节"以学生的独立参与和班级竞赛为主,设立学生个人单项奖和班级奖励。每学年都有统一的主题,每个年级根据所学知识以及学生认知特点制定年级组的小主题,主题与本学期所开设的课程保持一致,并依据主题制定详实可行的方案。

(二)"智味数学节"的评价标准

为了激发学生学习数学的兴趣,营造浓厚的数学学习氛围,增强学习数学的信心,感受学习数学的快乐,现从以下四个方面对"智味数学节"进行评价:方案设计要契合学科课程理念,能凸显数学领域的教育价值,能根据学生已有的知识经验和认知水平,科学、合理地设计方案;活动实施过程能根据"智味数学节"的主题和学生的年龄,设计学生喜欢的活动。学生在活动中参与面广,而且有充分的自主探索和合作交流的时间和机会;活动效果能达到学生在活动中轻松愉快、积极参与,有自主表达欲望,在原有水平上得到提高,运用已有的知识并获得新的体验;在组织管理上,教师有较强的活动

组织能力,能对整个过程进行合理的调控,并给予及时评价。

总之,"智味数学节"意在让每一个学生真正走进数学、感受数学、喜爱数学,在数学学习活动中得到快乐、健康成长。

五、开展"智味竞赛",促进素养提升

"智味竞赛"立足于激发学生学习数学的兴趣,提高学生的计算和解决问题的能力,提升学生的创新意识,为学生搭建展示、学习、交流的平台,促进学生数学素养的全面提升,开展智味数学学科竞赛活动。

(一)"智味竞赛"的实施

竞赛是学生兴趣特长得以张扬的主要载体,因此"智味竞赛"立足数学学科特点,结合学生兴趣爱好,引导学生在比赛中探究数学,在实践中收获乐趣,发展学生特长。

1. 口算小能手

口算是数学中重要的组成部分,是学生学习数学的基础,也是学生应该具备的基本技能。口算能力的高低,对学生基本的运算能力有着极其重要的影响。口算能力的训练,有助于培养学生敏锐的观察力、综合的思维能力及快速反应能力。学校以相应年级现行教材内容为主,一至三年级侧重口算、速算能力的竞赛,四至六年级侧重口算、巧算能力的竞赛。

计算能力是一种非常基本和重要的能力,通过口算竞赛的组织、练习和实施,能激发学生口算的兴趣,同时提高学生的口算、估算能力,使学生具有必备的、扎实的口算基本功,从而落实课标所提出的"重视口算,加强估算,提倡算法多样"的要求。从另一个侧面展现学生的风采,对提高全体学生的计算能力起到良好的推动作用。

2. 解决问题擂台赛

数学教学如何有效地完成"问题解决"是困扰数学教师课堂教学和学生学习活动的难点。同时"问题解决"是新课程提出的一个核心理念,是与国际数学教学接轨的重要途径。对教师而言,不仅有利于对教学目标的确定,更有助于对教学方式、学生学习方法及教学过程整体设计方向的明确;对学生而言,是一种综合的数学学习能力,也是综合性、创造性地解决新的情境中数学问题的过程。

解决问题擂台赛,从学生层面来说,是以"培养学生如何解决数学问题的能力"为切入点,使学生形成解决问题的基本策略,提高学生发现问题、提出问题、分析和解决问题的能力,不断提高学生的数学素养的活动;从教师层面来说,利于教师根据学情及学科特点设计教学环节,树立数学源于生活,用于生活的理念。

3. 数学阅读大比拼

有效的数学阅读能够发展学生的思维,提升学生的数学素养。课外数学科普读物、数学学习指导读物及数学自然科学期刊等,对于开阔数学视野,发展学生的数学思维也是不可缺少的阅读材料。因此,我们积极引导学生阅读数学课外读物,以逐步形成良好的数学阅读习惯。

数学教师根据不同年级学生的阅读兴趣和需求,精选适合本年级学生阅读的名家名作,并设计制作《智慧阅读卡》,储蓄读书信息,记录读书足迹,让学生在享受数学阅读的过程中,不仅储存知识,更储存由此而来的快乐与充实,加强理解与感悟。

(二)"智味竞赛"的评价标准

通过"口算小能手"、"解决问题擂台赛"、"数学阅读大比拼"等数学竞赛活动,根据学生整体完成情况,按一定比例分别评出优秀、良好、合格三个等级,分别授予5、4、3个印章数,记录在《智慧储蓄卡》中,并根据印章数颁发"数学智慧之星"奖状。通过竞赛,激发全校学生学习、钻研数学知识的兴趣,拓展学生的知识面,提高学生的数学素养。

综上所述,"智味数学"重在培养学生逻辑思维和推理能力,使学生在"乐思启智"的奇妙之旅中"乐算智算"、"乐画智创"、"乐动智思"、"乐学智用",旨在实现课程目标,促进学生数学素养发展,培养具有家国情怀的具有"仁、智、勇"品质的少年。

(撰稿人:赵南 王萌 李贺丽 郭秀敏 张玉红 鲍丽娟 靳惠丽)

第六章

感悟开放世界的绚丽

"就数学本身而言,是壮丽多彩、千姿百态、引人入胜的……"当然,数学也是讲道理的学科,引导学生理清蕴含在数学中的因果、逻辑、规律,培养学生言之有理、落笔有据、推演有法,促使学生在情境中体验、在思考中体悟、在表达中提炼,进而在数学智慧的生长中感悟数学的统一美、协调美、抽象美;让每一个学生如美丽的花朵"勤于学、善于思、敏于行",在数学领域中渐进、纳新、吐蕾、绽放。

第一节 ┃ 智趣数学：散发理智思维之光

郑州市金水区银河路小学数学学科组是一支年轻肯干、积极上进、凝聚力强、教研氛围浓厚的队伍，每一位教师在辛勤的教学研究和践行过程中逐步明确自己的教育追求。

学科课程哲学　让生命具有理性的智慧

一、学科性质

"数学是研究数量关系和空间形式的科学"，具有其独有的研究对象和属性。数学"广泛应用于社会生产和日常生活"之中，"与人类发展和社会进步息息相关"，"不仅仅是自然科学和技术科学的基础，而且在人文科学和社会科学中发挥着越来越大的作用"。[①]

义务教育阶段的数学课程，让学生掌握必备的基础知识和基本技能，具备数学学科独有的抽象、推理等思维能力，拥有创新意识和实践能力，同时促进情感、态度与价值观的发展。

二、学科课程理念

根据《数学课标（2011年版）》对义务教育阶段数学教育的要求，结合小学阶段数学学习特点和学生的年龄特点，我们把小学阶段的数学学习定位在"亦智亦趣、智趣合一"，即通过趣味的数学学习方式，发展学生的数学思维能力，使学生的数学学习散发理智思维的光。由此提炼得到"智趣数学"。

智，从"矢"从"口"从"日"，"矢"即箭，"口"即口，"日"即太阳。"知日，知太阳也，明

---

① 中华人民共和国教育部. 义务教育数学课程标准（2011年版）[S]. 北京：北京师范大学出版社，2012：1.

万物阴阳之本,即对事物过去、现在、未来的变化对答如流,胸有成竹。"简言之,聪慧灵敏。趣,从"走"从"取",古通"趋",意味趋向,引申为追求,"趣"有主动获得之意,有快乐、分享的味道。简言之,积极获取。因此,智趣数学学习是学生积极主动参与、探究、思考、建构的学习,是鲜活、灵动、启智的学习。

具体而言,"智趣数学"是充满智慧的数学,重在发展学生的数学思维能力。在数学基础知识、基本技能的学习中培养学生"数学眼光"、"理性思维"和"精确表达"的能力,促使学生在情境中体验、在思考中体悟、在表达中提炼,逐步构建学生的数学思维方式。

"智趣数学"是充满趣味的数学,激发学生数学学习的积极情感与态度。数学学习应有趣味、有挑战,能增强学生积极学习数学的兴趣和学好数学的信心,促使学生形成良好的数学学习习惯和严谨科学的学习态度,具有良好的情感体验。

"智趣数学"是智趣合一的数学,注重提升学生综合运用和实践能力。通过经历与生活紧密相连的数学学习,促使学生利用数学知识技能解决生活中的实际问题,在解决问题的过程中体会数学的工具性。

学科课程目标　用数学点燃学习情感的火花

《数学课标(2011年版)》明确给出课程总目标,即:"通过义务教育阶段的数学学习,学生能获得适应社会生活和进一步发展所必需的数学基础知识、基本技能、基本思想、基本活动经验。体会数学知识之间、数学与其他学科之间、数学与生活之间的联系,运用数学的思维方式进行思考,增强发现和提出问题的能力、分析和解决问题的能力。了解数学的价值,提高学习数学的兴趣,增强学好数学的信心,养成良好的学习习惯,具有初步创新意识和实事求是的科学态度。"[①]

为了实现《数学课标(2011年版)》对小学阶段数学教育的目标要求,培养小学生

---

① 中华人民共和国教育部. 义务教育数学课程标准(2011年版)[S]. 北京:北京师范大学出版社,2012:8.

具有"数感、符号意识、空间观念、几何直观、数据分析观念、运算能力、推理能力、模型思想、应用意识和创新意识"[1]等数学学科素养,结合我校学生的实际情况,我们提出"用数学点燃学习情感的火花"这一数学学科课程目标。

一、学科课程总体目标

"智趣数学"课程总目标从以下四个方面阐述。

(一) 知识与技能

对应于《数学课标(2011年版)》中所述的数与代数领域,经历从日常生活、具体情境中抽取数的过程,理解万以内和万以上数;认识分数、小数、负数、百分数,并理解分数、小数、负数、百分数的意义;理解常见的量;在具体情境中能选择适当的单位进行简单的估算,体会估算的意义;体会四则运算的意义,掌握必要的运算技能,能准确进行计算;能借助计算器解决简单的应用问题;用字母表示数、代数式,能用方程表示简单的数量关系,能解简单的方程。

对应于《数学课标(2011年版)》中所述的图形与几何领域,经历从实际物体中抽象出简单几何体和平面图形的过程,了解一些常见的几何体和平面图形的基本特征,并进行分类;感受平移、旋转、轴对称现象,体验简单图形的运动过程,能在方格纸上画出简单图形运动后的图形;认识物体的相对位置,探索一些图形的形状、大小和位置关系,了解确定物体位置的一些基本方法;掌握测量、识图和画图的基本方法和技能。

对应于《数学课标(2011年版)》中所述的统计与概率,经历数据收集、整理和分析的过程,了解并掌握一些简单的数据处理方法和技能;体验随机事件和事件发生的等可能性。[2]

(二) 数学思考

在参与观察、实验、猜想、验证、综合实践等数学学习活动中,体会数学基本思想和思维方式,并能够有条理地、清晰地表达出自己的思维过程与结果。

在义务教育阶段,数学教育活动的实施要紧紧围绕《数学课标(2011年版)》所提出的数感、符号意识、运算能力、空间观念、数据分析观念、几何直观、推理能力、模型思

---

[1] 中华人民共和国教育部. 义务教育数学课程标准(2011年版)[S]. 北京:北京师范大学出版社, 2012:5—7.
[2] 中华人民共和国教育部. 义务教育数学课程标准(2011年版)[S]. 北京:北京师范大学出版社, 2012:7—8.

想、应用意识和创新意识这十个学科素养。

(三) 问题解决

逐步培养学生从数学角度发现问题、提出问题、分析问题、解决问题的能力。

具体表现为：能够从日常生活或情境中发现、提出简单的数学问题，并能综合运用相关的数学知识解决；能够探索分析和解决问题的基本方法，了解问题解决方法的多样性，在比较中体会有效方法；在问题解决的过程中，能够与他人合作交流，并能清晰地解释自己的思考过程，培养与人合作的能力；对解决问题的过程能够自觉反思；能够利用课外数学阅读读物和搜索引擎及网站查找与数学相关的资料等。

(四) 情感态度

培养学生对身边事物、社会生活中与数学有关信息的兴趣、好奇心和探究欲望，能够积极主动参与数学学习活动；感受数学与生活、社会发展的密切联系和积极作用；在数学学习过程中体验克服困难、解决问题的成就感；能够倾听别人的观点，并尝试提出自己的见解，初步养成乐于思考、敢于质疑和言必有据的良好品质；养成认真勤奋、独立思考、合作交流等学习习惯，形成坚持真理、修正错误、严谨求实的科学态度等。[1]

二、学科课程年级目标

依据学科课程总目标，结合学校实际，数学学科课程年级目标制定如下（见表6-1-1）。

表6-1-1 "智趣数学"课程群目标体系

年级	目标	知识技能	数学思考	问题解决	情感态度
一年级	上学期	1. 初步经历从实际情境中抽象出数的过程，并理解20以内数的意义；掌握运算技能，能准确进行20以内数的运算。 2. 经历从实际物体中抽象出立体图形的过程，掌握识图的技能。	1. 在数的认识及运算学习中初步建立简单的数感，初步形成运算能力。 2. 在直观认识立体图形的过程中，初步体会空间观念。	1. 尝试从生活中发现和提出简单的数学问题。 2. 能够运用所学数学知识解决简单的实际问题。	1. 对身边与数学有关的事物有好奇心，能参与数学活动。 2. 在他人帮助下，感受数学活动中的成功。

---

[1] 中华人民共和国教育部. 义务教育数学课程标准(2011年版)[S]. 北京：北京师范大学出版社, 2012：9.

(续表)

年级	目标	知识技能	数学思考	问题解决	情感态度
二年级	下学期	1. 经历从具体情境中抽象出数的模型的过程,掌握100以内数的读、写;理解100以内数的意义。 2. 体会加减法的意义,掌握100以内加减法的计算方法;能根据具体问题,估计运算的结果。 3. 在操作活动中,初步认识平面图形,体会"面在体上"。	1. 在比较100以内数的大小关系过程中体会比较思想,初步培养数感。 2. 在学习平面图形的过程中,进一步体会空间观念。	1. 了解分析问题和解决问题的一些基本方法。 2. 尝试与他人合作交流,尝试独立表达自己的思维过程。	1. 感受数学与生活的密切联系。 2. 能倾听别人的意见,并尝试提出建议。
二年级	上学期	1. 认识多种类别的数;经历四则运算的再探究过程,锻炼运算速度与准确率。 2. 经历几何图形与实际物体的转化过程,能描述图形的简单运动与变化,掌握初步的测量技能。	1. 尝试运用数学符号及语言描述实际生活中的简单现象,进一步培养数感。 2. 能独立想象图形的运动,初步培养空间观念。	能结合实际情境发现、提出、解决简单实际问题,尝试反思解决问题的过程。	1. 在独立学习数学的过程中体验获得成功的乐趣。 2. 知道数学与生活有密切联系。
二年级	下学期	1. 进一步理解万以内数的意义,提升大数运算的能力;能在现实生活中恰当地估算;体验时间长短,尝试合理规划时间。 2. 感受从实际物体中抽象出数学图形,深入探究更多图形。 3. 了解现实生活中统计的必要性,尝试运用统计方法。	1. 继续发展学生的数感。 2. 尝试从物体中抽象出图形,并能独立想象空间位置,继续培养空间观念。 3. 体验数据中蕴含的数学信息。	1. 掌握简单的分析、解决问题的方法。 2. 尝试比较解决问题的方法,能选择出更有效的方法。	引导学生发现和提出有价值的数学问题的良好习惯。
三年级	上学期	1. 结合元、角、分,初步认识小数;结合具体情境,理解四则运算的意义,并能根据规则正确地进行四则运算;尝试根据实际情况进行简单的估算。	1. 利用直观图理解算理、表示简单的数量关系等,感受"数形结合"思想,初步培养几何直观。 2. 在观察、操作、交流、想象等多种形式的活动中形成初步的空间观念。	1. 在实际情境中,能够借助直观图的策略解决问题。 2. 能够用所学数学知识解决实际生活中的问题。	1. 能主动参与数学活动;尝试克服困难,感受数学活动中的成功。 2. 知道数学可以描述生活中的一些现象,体会数学与生活的紧密联系。

第六章 感悟开放世界的绚丽

(续表)

年级 \ 目标		知识技能	数学思考	问题解决	情感态度
		2. 能够合理选择测量工具,掌握初步的测量方法;认识物体表面或图形的周长,并能进行简单的周长计算。	3. 借助现实模型,抽象出数学概念,初步感受模型思想。		3. 鼓励学生回顾反思学习的过程,培养反思意识。
	下学期	1. 初步认识分数;理解千克、克、吨;能根据运算规则正确进行计算、恰当地估算。 2. 感受生活中的平移、旋转和轴对称现象;理解面积的意义,认识面积单位,并能正确计算长方形、正方形的面积。 3. 经历简单的数据收集、整理和分析的过程,了解简单的数据处理方法。	1. 在算理理解、算法掌握的基础上,培养运算能力。 2. 结合具体情境,通过猜想、判断进行合情推理,初步培养推理能力。	启发学生个性化的分析和解决问题,用不同方法解决问题。并尝试清晰地解释思维过程。	1. 学会倾听他人想法,并能提出自己的建议。 2. 初步培养学生独立思考、合作交流等学习习惯。
四年级	上学期	1. 认识负数,了解负数的意义;掌握必要的运算技能;结合现实情境感受大数的意义。 2. 了解线段、射线和直线,及两条直线在平面内的关系,体会"两点间线段最短";知道平角、周角、钝角、直角、锐角间的大小关系;会描述简单路线图,并用数对表示位置。 3. 结合具体情境,感受简单的随机现象,并能列出可能发生的结果。	1. 在观察、分析、归纳、类比的过程中,提升运算能力。 2. 初步将实际问题抽象到数学领域,在有序思考的过程中发展推理能力。 3. 结合简单的随机现象,初步培养数据分析意识。	1. 能从不同角度给出问题解决思路,展示问题解决的个性化。 2. 在探究活动中,培养学生的问题意识,建构初步发现问题、提出问题能力。	1. 面对学习过程中的困难、挫折或失败,能够在他人的鼓励和帮助下克服,相信自己能学好数学。 2. 在小组合作学习的活动中体会学习数学的乐趣。
	下学期	1. 进一步认识小数的意义,会进行分数和小数之间的互化,能比较小数的大小,会用字母表示数与数量关系。	1. 在观察物体中、对图形的分类中,发展空间观念。	在真实情境中,引导学生自主学习,多方位、多角度获得多样化信息,培养分析问题、解决问题的能力。	1. 鼓励学生回顾反思学习过程,养成反思习惯。

(续表)

年级	目标	知识技能	数学思考	问题解决	情感态度
		2. 认识三角形、平行四边形和梯形的特征和联系；观察立体图形，能在方格纸上画出从它的正面、上面、侧面看到的形状，搭出立体图形。 3. 认识不同形式的统计图，初步认识平均数。	2. 结合实际情境，经历收集、整理、表示数据，从数据中提取信息的过程，在利用数据解决问题的过程中初步培养数据分析观念。		2. 结合现实生活情境，体会数学与生活之间的联系，认识数学在生活中的价值。
五年级	上学期	1. 理解分数的意义，估算的意义；掌握小数除法的计算方法。 2. 探索基本图形的计算方法；掌握画高的方法；能在方格纸上画出简单图形运动后的图形。 3. 体验事件发生的等可能性。	1. 在解决现实问题的过程中，发展学生的应用意识。 2. 在图形的变换过程中，体会转化思想，发展推理能力。	在数学实践活动中，发展学生"从头到尾"思考问题的能力和综合运用所学知识解决问题的能力。	1. 体会数学自身的丰富多彩，促进学生亲近数学、了解数学、谈论数学的愿望，发展好奇心和求知欲。 2. 初步养成反思总结的良好品质。
	下学期	1. 掌握分数加、减、乘、除的计算方法；理解估算的意义。 2. 了解长方体和正方体的基本特征，探索它们体积和容积的计算方法；会根据方向和距离确定物体的位置。 3. 了解复式统计图的特点，进一步认识平均数。	1. 在折叠、画图、拼图等多种操作活动中，帮助学生直观地理解算理，发展几何直观。 2. 通过量、剪、比等多种方式，继续发展空间观念。	通过猜想、操作、验证等活动，尝试自主探索解决问题的方法，培养实践能力和创新能力。	1. 在数学活动中，培养学生对自己的学习过程和结果进行评估和总结，养成自我反思的习惯。 2. 在探索数学问题的活动中，体会数学的价值。
六年级	上学期	1. 理解分数、百分数的意义，会进行百分数、分数、小数之间的转化。 2. 掌握圆的特征，会用圆规画圆；探索、掌握圆的周长和面积公式，并能够解决相关的简单实际问题。 3. 认识扇形统计图，能根据具体情境选择合适的统计图表示数据。	1. 在想象、画图、操作、推理、二维与三维图形转换等活动中，进一步发展空间观念。 2. 在收集、整理、描述数据的过程中，探索以简单、直观的形式有效地描述数据，发展数据分析观念。	以现实情境为背景，进行主动的独立思考，探索用不同的直观图表示、分析数量关系，发展分析和解决问题的能力。	1. 进一步感受数学研究的乐趣。 2. 在数学学习过程中敢于面对具有挑战性的问题，具有克服困难的意志。

（续表）

目标＼年级	知识技能	数学思考	问题解决	情感态度
下学期	1. 认识圆柱、圆锥的特征；探索、掌握圆柱的表面积、体积，圆锥体积的计算方法，并能够解决简单的实际问题。 2. 理解正比例和反比例的意义；会在有坐标系的方格纸上画图，并能根据其中一个量的值估计另一个量的值；会用比例（尺）知识解决简单的有关实际问题。 3. 跨学期、学年构建知识网络，将所学的知识系统化。	1. 从常量世界进入变量世界，从变量的角度认识一些数量关系，初步体会函数思想。 2. 从运动变化的角度去探索和认识空间与图形，进一步发展空间观念。 3. 利用列方程解决问题，促进代数思维发展，进一步培养符号意识。	能独立探索分析和解决较复杂问题的有效方法，提高"想问题"的能力；初步形成运用数学思想方法解决问题的能力。	1. 在数学学习活动中，感受成功，具有学好数学的信心。 2. 在倾听别人意见的基础上，能对别人的想法提出合理的建议，知道应该尊重客观事实。

学科课程框架　构建智趣交融的数学学习蓝图

"智趣数学"课程包括基础性课程和拓展性课程。基础性课程使学生掌握必备的数学基础知识和基本技能，具备数学基本的思维能力；拓展性课程致力于满足学生个性化、多样化的需求，丰富学生的认知，提升学生的思维品质。二者完整地融合一体，为学生构建智趣交融的数学学习蓝图。

一、学科课程结构

依托数学教材，基于学生学情和学校实际，"智趣数学"确立"恒河沙数"、"相形见智"、"凿凿可据"、"妙趣横生"四类课程（见图6-1-1）。

（一）恒河沙数

"恒河沙数"课程，旨在让学生在认识数的过程中体会数的量是无穷无尽的、数的形式是异彩纷呈的、数的表达方式是多种多样的等等，在此基础上培养学生的数感及运算能力。

图 6-1-1 "智趣数学"学科课程群

具体而言,该课程以"数来数趣"、"粒粒可数"、"数往知来"等课程发展学生对数的感知,以"能写会算"、"思前算后"、"妙算神谋"等课程培养学生的运算技能,提高学生的运算能力。

(二)相形见智

"相形见智"课程,旨在让学生从实物中抽象出图形,在图形的变换和运动中培养和发展学生的空间观念。

具体而言,通过开设"观图寻形"、"认形于心"等课程,从现实生活中抽象出各种各样的图形,包括基本图形、组合图形、不规则图形;通过开设"四面八方"、"千形万状"等课程让学生学会从不同角度观察物体,认识基本的立体图形;通过开设"变幻莫测"、"殊形妙状"等课程,让学生在复杂的图形中分解图形,感受图形的变化与运动。

(三)凿凿可据

"凿凿可据"课程,旨在让学生初步经历收集数据、整理数据、分析数据、用数据解释问题的过程,培养学生用数据说话的意识。

具体而言,开设"分门别类"、"有据可查"、"言之有据"等课程发展学生的数据分析观念。

（四）妙趣横生

"妙趣横生"课程,旨在让学生综合运用学期、学年,甚至整个小学阶段所学的数学知识,解决相关生活中的问题。让学生在解决生活问题的过程中,体验数学在生活中的价值。

具体而言,主要以教科书中综合实践部分为中心,开设"分秒必争"、"跳蚤市场"、"尺寸校园"等课程,以提升学生对社会生产、日常生活的认识,促使学生用数学的眼光看世界、用数学思维理解世界、用数学语言表达世界。

二、学科课程设置

"智趣数学"除了基础课程外,结合校情确定拓展课程。拓展课程设置如下表(见表 6-1-2)。

表 6-1-2 "智趣数学"拓展课程设置一览表

年级		课 程 分 类			
		恒河沙数	相形见智	凿凿可据	妙趣横生
一年级	上学期	数来数趣	观图寻形	分门别类	分秒必争
	下学期	能写会算	各就各位	分门别类	七拼八凑
二年级	上学期	粒粒可数	四面八方	有据可查	跳蚤市场
	下学期	思前算后	认形于心	有据可查	周而复始
三年级	上学期	心中有数	如影随形	内查外调	尺寸校园
	下学期	满打满算	变幻莫测	内查外调	福尔摩斯
四年级	上学期	不计其数	循迹观形	追根查源	滴水实验
	下学期	乘算在心	量身定制	追根查源	奥运数学
五年级	上学期	浑身解数	殊形妙状	分条析理	三智五猜
	下学期	算无遗策	量体裁衣	分条析理	自主心裁
六年级	上学期	数往知者	千形万状	言之有据	能屈能伸
	下学期	妙算神谋	一体同心	言之有据	巧夺天工

学科课程实施　促进理智思维的发展

"智趣数学"课程本着知识性、技能性、趣味性、思维性、应用性的原则,拓宽学生的数学知识视野,激发学生的数学学习热情,培养学生的数学素养,提升学生的数学思维能力。课程从"构建智趣课堂"、"推进智趣社团"、"创设文化墙"、"建设兴趣小组"、"拓展智趣实践"、"开展数学文化周"进行实施。

一、构建"智趣课堂",彰显数学课堂魅力

构建"智趣课堂"包括基本要求和评价要求两个方面。

(一)"智趣课堂"的实施

"智趣课堂"强调"智"和"趣",要求数学学习是充满智慧和乐趣的过程。从学的方面来讲,学生主动参与、积极探究、思考、内化、建构,在玩数学的过程中引发思维的发展。从教的方面来讲,教师充分挖掘数学知识内在的"惊人之处",巧妙设置令人兴奋的情境、易于接受的方法,让学生不时发出喜悦的声音,收获累累硕果。因此,我校注重从以下几个方面落实"智趣课堂"。

一是创设好玩有趣的情境:

创设形象直观情境,使学生"观"中生趣;

创设数学问题情境,使学生"思"中生趣;

创设悬念冲突情境,使学生"奇"中生趣;

创设数学故事情境,使学生"赏"中生趣。

二是组织好玩有趣的活动:

组织游戏玩乐活动,使学生"玩"中生趣;

组织动手操作活动,使学生"做"中生趣;

组织数学竞赛活动,使学生"比"中生趣;

组织小组探究活动,使学生"探"中生趣。

三是适时引入智趣的数学问题:

提供亦智亦趣的数学问题,让学生"辩"中生趣;

引入古今中外的数学趣题,让学生"乐"中生趣;

介绍有趣神奇的数学知识,让学生"惊"中生趣。

(二)"智趣课堂"的评价

《智趣课堂教学评价表》的确定,旨在引导教师关注课堂、研究课堂,促进教学能力的提升,具体如下(见表6-1-3)。

表6-1-3 "智趣课堂"的评价标准

评价项目	评 价 标 准
目标适切	学习目标设置紧扣课标和学段要求,体现教材特点,切合学情。
内容切实	1. 学习内容以问题形式呈现,用问题引领学生自学,将学习目标具体化,为学生提供的学习任务能切实成为组织学生学习活动的脚手架。 2. 符合学情,立足数学学科素养,创造性使用教材与其他课程资源。学科知识、技能和情感态度得到具体落实。
过程扎实	1. 体现学生的主体地位,引导学生敢于质疑、乐于研究、学会分析、主动合作,帮助学生在自主探索、动手实践和合作交流中形成能力,从学会、会学到乐学。 2. 教学相长,创设有利于学生个性发展的开放学习环境,注重培养学生提出问题、分析问题、解决问题的能力。
方法智慧	1. 教师善于引导、鼓励学生质疑,以问题为驱动,帮助学生形成主动研究、主动参与和主动解决问题的能力。 2. 教法灵活,注重学法指导,能适时有效地介入课堂。 3. 体现"以学定教",教师在充分了解学生已有的知识经验、能力起始点和思维延伸点的基础上组织教学,让真实的学习在课堂发生。
师生相成	1. 师生关系和谐,教师充分发挥组织、引导、示范、释疑和调控的主导作用。 2. 教师能及时发现,并利用课堂上生成的课程资源,在促进学生发展的同时提升自己的教学能力。 3. 课堂气氛轻松,学生思维活跃,勤动手、敢质疑,能大胆陈述自己的意见。
文化晶亮	1. 学生课堂参与面广,参与率高,学习过程活动充分,学习结果积累丰富。 2. 学生勇于发表自己的观点,尊重别人的意见,有效进行小组活动,分工合作,互帮互学。

二、推进"智趣社团",展示数学学习风采

社团活动开展的好坏,与社团主要负责人的设计、准备、组织及反思有着密切的关系。"智趣社团"的宗旨是"寓学于乐,反思前进",社团负责人要做好以下两方面:

(一)"智趣社团"的实施要求

一是社团活动有计划。社团负责人至少要有一年的计划(平均每两周进行一次活动),并上报学校,以便得到指导与监督。

二是每次社团活动要有策划和反思。每次活动都要有明确的主题、时间、地点、具体内容、形式和流程等。社团负责人要做好每次活动的记录与反思,以反思促进步。

三是针对不同年级学生的身心特点,社团分层开设活动。如数学阅读沙龙,低年级学生以阅读绘本为主,中年学生以入门级数学读物为主,高年级学生以较有深度的数学读完为主。

(二)"智趣社团"的评价

智趣社团可以从社团学期工作计划、过程资料的保存、社团活动管理、活动成效等方面进行评价,具体评价工具如下(见表6-1-4)。

表6-1-4 "智趣数学"社团评价表

评价项目	评价标准	得分
社团学期工作计划	能够结合学校教学计划统筹安排社团活动,符合学校实际、本社团学生年龄特点,学期工作计划内容详实、具体,可操作性强。(10分)	
材料管理	1. 每次活动点名及时,社团名册记载详实。(5分) 2. 每次活动前有计划(计划周密、可行),活动后有记录(内容详实,形式丰富,如文字、图片、视频等),每次活动有反思。(5分)	
活动管理	1. 社团活动内容丰富、形式多样。(5分) 2. 活动组织有条不紊,秩序良好。(5分) 3. 学期末能面向全校组织展示活动,社团成员积极参与、凸显团队力,能够达到预期活动效果,赢得学校师生的称赞。(30分)	
活动成效	1. 社团活动有报道,能产生一定的影响。(20分) 2. 社团活动日常展示,校内一次展示加5分,校外一次展示加10分,上不封顶。	

三、建设"兴趣小组",满足数学学习个性化需求

结合客观实际,多方面、多层次、多角度照顾全体,建设兴趣小组以满足学生数学学习的个性化需求。

(一)"兴趣小组"的基本要求

一是一个年级一个特色。根据不同年级的学生特点,提出不同要求,内容也有所侧重。如一、二年级以"操作小组"为主题,可分设"七巧板"、"魔方"等活动;三、四年级以"思维小组"为主题,可设"思维游戏"、"文化数学"等活动;五、六年级以"研究小组"为主题,可为学生提供适合的若干课题,学生依据自己的兴趣自行选择。

二是成果展示形式要多样。根据各年级兴趣小组的特色,选择合适的成果展示形式,如标准赛、竞赛、报告会、展览会、表演、编印"刊物"等。

(二)"兴趣小组"的评价

"兴趣小组"实行多元评价方式,着重关注学生倾听、协作、分享的意识,以评价促进学生自主、合作、探究能力的发展,鼓励学生提出有意义的问题或勇敢发表个人见解,从中体验到学习的愉悦。由此,我校设计了专门的评价工具,该评价工具可根据兴趣小组的活动主题进行改编(见表6-1-5)。

表6-1-5 数学活动评价表

\"_____\"活动评价表						
姓名		班级			年 月 日	
评价指标		评价内容		得分		
			自评	组长评	教师评
活动中的表现		1. 积极并认真参与每次活动	☆☆☆☆☆	☆☆☆☆☆	☆☆☆☆☆
		2. 努力完成自己承担的任务	☆☆☆☆☆	☆☆☆☆☆	☆☆☆☆☆
		3. 做好资料积累和处理工作	☆☆☆☆☆	☆☆☆☆☆	☆☆☆☆☆
		4. 主动提出自己的想法,和同学交流	☆☆☆☆☆	☆☆☆☆☆	☆☆☆☆☆
		5. 乐于合作,尊重他人	☆☆☆☆☆	☆☆☆☆☆	☆☆☆☆☆
		6. 善于思考,能对自己进行"反思"	☆☆☆☆☆	☆☆☆☆☆	☆☆☆☆☆
		7. 关心同学,有一定的责任心	☆☆☆☆☆	☆☆☆☆☆	☆☆☆☆☆
		8. 乐于研究,勤于动手	☆☆☆☆☆	☆☆☆☆☆	☆☆☆☆☆
		9. 实事求是,尊重他人想法与成果	☆☆☆☆☆	☆☆☆☆☆	☆☆☆☆☆
		10. 不怕吃苦,勇于克服困难	☆☆☆☆☆	☆☆☆☆☆	☆☆☆☆☆

(续表)

评价指标	评价内容	得分		
		自评	组长评	教师评
活动成果	1. 有成果报告	☆☆☆☆☆	☆☆☆☆☆	☆☆☆☆☆
	2. 其活动过程完整,撰写规范,思路连贯	☆☆☆☆☆	☆☆☆☆☆	☆☆☆☆☆
	3. 结果合理,有一定意义	☆☆☆☆☆	☆☆☆☆☆	☆☆☆☆☆
总评	星星总数			
	（总自评＋总组评＋总师评）÷3			

注：评价结果分五个星级：五星表示优秀；四星表示良好；三星表示合格；两星表示尚可；一星表示仍需努力。

四、创设"文化墙"，营造数学学习氛围

(一)"数学文化墙"的实施

数学文化墙,分为"墙上的数学"、"问题银行"、"特色成果"三个板块。

墙上的数学,由教师将自主开发的学具呈现在班级文化墙上,供学生利用工具进行学习数学,如五年级数学文化墙设置"分数墙",通过对分数墙的观察,让学生感受分数单位、分数的基本性质、分数比大小等相关内容。

问题银行,指在平时数学学习的过程中,学生将遇到的问题、产生的疑问或对某些事物的思考,以"小存折"的形式放入银行,在学期中或学期末时,一并解决。

特色成果,主要展示有创意、有独特思考的数学优秀成果,展示学生在数学学习活动中的收获,为学生提供数学交流的平台,使学生感受到数学学习的成功和自信。

(二)"数学文化墙"的评价

关于"墙上的数学"的评价,主要从学校层面进行,每学期末,各数学教师对自己的创意设计作出简要介绍,并由全校教师投票选出一、二、三等奖,为教师颁发"最佳创意者"称号。

关于"特色成果"的评价,先从班级层面进行,主要由教师选取突出的作品,每一类特色成果上墙后,班级全体学生投票评选出优秀作品,优秀作品获得四颗星印章,依名次分获三、二、一颗星印章;再从年级层面进行,由各年级教师、学生共同评选出最佳作品,并颁发星荣誉证书。特色成果要定期更换,学期末根据星印章和星荣誉的获得次数,进行定量统计和表彰。

关于"问题银行"的评价,以班级层面为主,对学生的疑问、思考,定期进行集体解答,对于提出有意义、有价值的问题,奖励一颗星印章。学期末,为善于思考的同学颁发星荣誉证书。

五、拓展"智趣实践",丰富学生的数学体验

"智趣实践"的宗旨可概括为:联系生活实际,结合数学知识,选取适当内容;创造动手、动脑情境,激发学生参与兴趣。

(一)"智趣实践"的实施

"智趣实践"超越封闭的课堂、教科书,在开放的时空以丰富多彩的形式进行,丰富知识和体验,培养学生数学思维,陶冶情操,锻炼意志。具体而言有以下三个方面:

一是要以数学知识、数学思想、数学方法为基础。要结合学生所学的学科内容、教学进度,选取与学生生活紧密联系的情境,适当拓宽知识面,以启发学生的数学思考、促进知识的转化。

二是要体现出学生的主体地位。教师要做实践活动的组织者、引导者,在安排活动方式时,要尽可能创造更多的机会让全体学生参与其中。

三是要结合学生年龄、心理特征进行设计。多采取能激发学生好奇心、兴趣,能让学生多动口、动脑、实践的丰富多彩的形式,创造轻松、愉悦的气氛,以培养学生的学习乐趣,思维活力。

(二)"智趣实践"的评价

"智趣实践"的评价重点放在过程性上,采取定性和定量相结合的方式。定性评价用评语的方式,评语以激励性的语言为主,客观、全面描述学生的表现,充分肯定学生的优点和进步,同时具体指出学生存在的不足,使学生清楚自己努力的方向;定量评价采用等级制的方式,可对学生参与活动的态度、小组合作的能力、实践中的创新意识、成果形式等方面进行评定(教师可依据具体表6-1-5,对评价指标、评价内容进行适当的改编)。

六、开展"数学文化周",感受数学学习的快乐

在每年"六一文化周"期间举行全校"数学文化周"活动。届时不同年级教师将根据本年级学生的身心特点、学习能力、学习情况建设文化活动,包括数学趣味答题、数学趣味手工制作、数学游园会、数学故事撰写、数学读物系列推荐、数学小课题研究系列、数学研究性小组活动等有趣、益智的活动。让学生在"玩"中学,在"玩"中用,真正做到人人参与,激发兴趣。

"数学文化周"以比赛、参与和展示为主,设立"年度最佳作者奖"、"年度最佳阅读者奖"、"年度最佳答题者奖"等学生个人单项奖,"年度最佳合作者奖"等学生团体奖。举办数学文化周时,全校师生都有一张专项投票卡片,并将该票投于自己最喜欢的项目。根据获得的票数高低,为各项目颁发奖项。

综上所述,"智趣数学"基于《数学课标(2011年版)》,指向数学学科核心素养,让学生在学习数学的过程中感受乐趣、收获思维。"智趣数学"课程的建设,不是固定不变的,是一个动态发展的过程,在实施的过程中,根据学生的个性化需求和生长点,不断完善改进,从而达到让教师和学生因课程而进一步成长的目的。

(撰稿人:张玉英　王琳　姜华　王霞)

第二节 ｜ 智美数学：在智慧生长中感悟数学之美

工人第一新村小学数学组现有教师 10 名，其中郑州市骨干教师 1 名，金水区种子教师 1 名，金水区学科带头人 2 名，金水区骨干教师 1 名，金水区教学新秀 2 名。通过团队合力，旨在让学生会用数学的视角触摸世间万物，让数学的魅力在孩子们心中温柔绽放。

学科课程哲学　让生命成为智慧与美的契机

一、学科性质

"数学是研究数量关系和空间形式的科学"，"数学课程能使学生掌握必备的基础知识和基本技能，培养学生的抽象思维和推理能力，培养学生的创新意识和实践能力，促进学生在情感、态度、与价值观等方面的发展。"[①]

二、学科课程理念

"数学是一种智慧，数学中蕴藏着一种至简至和的智慧，一种至真至通的智慧，一种创造探索的智慧，小学数学的学习应是智慧的生长。"[②]

"就数学本身而言，是壮丽多彩、千姿百态、引人入胜的……"

"作为科学语言的数学，具有一般语言文字与艺术所共有的美的特点，即数学在其内容结构上和方法上也都具有自身的某种美，即所谓数学美。"

我们希望学生能够在数学智慧生长中感悟数学之美：感悟数学概念的统一美、感悟数学结构关系的协调美、感悟数学模型的概括美、感悟数学的奇艺美。

依据《数学课标（2011 年版）》和数学学科思想，我们提出"智美数学"学科课程理念，力图让学生在智慧生长的过程中，感悟数学之美。

[①] 中华人民共和国教育部. 义务教育数学课程标准(2011 年版)[S]. 北京：北京师范大学出版社，2012：1.
[②] 陈士文. 数学造就智慧人生[J]. 基础教育参考，2010(2)：48—49.

(一)"智美数学"能明理

数学是一门需要讲道理的学科,通过不断地引导学生学习数学知识,让学生明白数学学科的定理、法则、算理,以及蕴含在数学中的因果、逻辑、规律,从而培养学生能言之有理、落笔有据、推演有法。

(二)"智美数学"会思辨

智慧应该有正确的思维和谋略,有科学的思考与行动。数学作为思维的一种表达形式,反映了人类高度聚集的智慧、缜密周详的推理。我们倡导思辨的学习方式,让学生积极参与学习过程,能够运用数学的思维方式进行思考,会发现和提出问题、分析和解决问题,能够做到"思学合一"。

(三)"智美数学"乐创新

《数学课标(2011年版)》指出:"学生自己发现和提出问题是创新的基础;独立思考、学会思考是创新的核心;归纳概括得到猜想和规律,并加以验证,是创新的重要方法。"[1]对基础教育而言的创新,不是创造,也不是数学研究的创新,而是数学学习中的创新。具体而言:一是创新的欲望(动力),主要是好奇心、追求新知;二是创新的思考(思维),主要是独立思考、学会思考;三是创新的方法(操作),主要是在发现问题基础上经历猜想、验证等探索的活动,获得经验与感悟。[2]

总之,"智美数学"是明理的数学、思辨的数学、创新的数学,旨在激发兴趣,启迪智慧,感悟数学之美。

学科课程目标 用智慧点亮美丽人生

《数学课标(2011年版)》中课程的总目标是:"通过义务教育阶段的数学学习,学

---

[1] 中华人民共和国教育部. 义务教育数学课程标准(2011年版)[S]. 北京:北京师范大学出版社,2012:7.

[2] 曹培英. 跨越断层,走出误区:"数学课程标准"核心词的解读与实践研究[M]. 上海:上海教育出版社,2017:211.

生能：获得适应社会生活和进一步发展所必需的数学的基础知识、基本技能、基本思想、基本活动经验。体会数学知识之间、数学与其他学科之间、数学与生活之间的联系，运用数学的思维方式进行思考，增强发现和提出问题的能力、分析和解决问题的能力。了解数学的价值，提高学习数学的兴趣，增强学好数学的信心，养成良好的学习习惯，具有初步的创新意识和科学态度。"[①]

一、学科课程总体目标

依据《数学课标(2011年版)》课程总目标和本校师生、学习资源等实际情况，"智美数学"课程目标确定为：着力培养学生的"数感、符号意识、空间观念、几何直观、数据分析观念、运算能力、推理能力、模型思想、应用意识和创新意识"[②]等数学学科素养，以智慧点亮美丽人生，具体从知识技能、数学思考、问题解决、情感态度四个方面进行阐述：

(一) 知识技能

① 经历数与代数的抽象、运算与建模等过程，掌握数与代数的基础知识和基本技能。

② 经历图形的抽象、分类、性质探讨、运动、位置确定等过程，掌握图形与几何的基础知识和基本技能。

③ 经历在实际问题中收集和处理数据、利用数据分析问题、获取信息的过程，掌握统计与概率的基础知识和基本技能。

④ 参与综合实践活动，积累综合运用数学知识、技能和方法等解决简单问题的数学活动经验。

(二) 数学思考

① 建立数感、符号意识和空间观念，初步形成几何直观和运算能力，发展形象思维与抽象思维。

② 体会统计方法的意义，发展数据分析观念，感受随机现象。

③ 在参与观察、实验、猜想、证明、综合实践等数学活动中，发展合情推理和演绎推理能力，清晰地表达自己的想法。

---

① 中华人民共和国教育部. 义务教育数学课程标准(2011年版)[S]. 北京：北京师范大学出版社，2012：8.

② 中华人民共和国教育部. 义务教育数学课程标准(2011年版)[S]. 北京：北京师范大学出版社，2012：5.

④ 学会独立思考，体会数学的基本思想和思维方式。

（三）问题解决

① 初步学会从数学的角度发现问题和提出问题，综合运用数学知识解决简单的实际问题，增强应用意识，提高实践能力。

② 获得分析问题和解决问题的一些基本方法，体验解决问题方法的多样性，发展创新意识。

③ 学会与他人合作交流。

④ 初步形成评价与反思的意识。

（四）情感态度

① 积极参与数学活动，对数学有好奇心和求知欲。

② 在数学学习过程中，体验获得成功的乐趣，锻炼克服困难的意志，建立自信心。

③ 体会数学的特点，了解数学的价值。

④ 养成认真勤奋、独立思考、合作交流、反思质疑等学习习惯。

⑤ 形成坚持真理、修正错误、严谨求实的科学态度。[①]

"智美数学"学科课程总体目标的这四个方面是密切联系、相互交融的，它们的整体实现，是为了更好地促进孩子们全面发展。

二、学科课程年级目标

围绕课程总目标，制定年级目标，具体内容如下（见表6-2-1）。

表6-2-1 "智美数学"课程年级目标

年级	知识技能	数学思考	问题解决	情感态度
一年级	经历从现实情境中抽象出数的过程；结合具体情境，体会加减法的含义，会计算100以内数的加、减法。	能运用数进行表达与交流，逐步发展数感；在认识图形、方位及长度单位的过程中，发展学生的观察、想象和动手实践能力，形成初步的空间观念。	发展提出、解决简单问题的意识和能力，获得初步的数学活动经验。	养成良好的学习习惯；对身边与数学有关的事物有好奇心，能参与数学活动。

[①] 中华人民共和国教育部. 义务教育数学课程标准（2011年版）[S]. 北京：北京师范大学出版社，2012：8.

第六章　感悟开放世界的绚丽

(续表)

年级	知识技能	数学思考	问题解决	情感态度
二年级	联系生活实际学习万以内的数，探索并掌握三位数加减法的计算方法和100以内数的混合运算，熟练掌握表内乘除法和有余数的除法；了解一些简单几何体和常见的平面图形；感受平移、旋转、轴对称现象；经历简单的数据收集、整理、分析的过程，了解简单的数据处理方法。	运用适当的度量单位描述现实生活中的简单现象，以及对运算结果进行估计的过程中，发展数感；能对调查过程中获得的数据进行简单归类，体验数据中蕴涵着的信息。	体会解决问题策略的多样性，初步学会与同伴合作；让学生在玩中感悟图形的特性，培养学生的空间观念和创新意识。	了解数学可以描述生活中的一些现象，感受数学与生活的密切联系。
三年级	经历从日常生活中抽象出数的过程，初步认识分数和小数；理解常见的量（质量、面积单位），掌握常见的量之间的关系；掌握必要的运算技能，能准确进行运算；认识物体的相对位置。掌握初步的测量、识图和画图的技能。	在从物体中抽象出几何图形、想象图形的运动和位置的过程中，发展空间观念。在观察、操作等活动中，能提出一些简单的猜想；会独立思考问题，表达自己的想法。	提升综合运用所学知识分析和解决实际问题的能力，体验与他人合作交流解决问题的过程；能尝试回顾解决问题的过程。	积极参与数学活动，对数学有好奇心和求知欲；能倾听别人的意见，尝试对别人的想法提出建议，尊重客观事实。
四年级	体验从具体情境中抽象出数的过程，认识万以上的数；了解负数的意义；掌握必要的运算技能，理解估算的意义；能用方程表示简单的数量关系，能解简单的方程；通过操作活动认识直线、射线和线段；经历数据的收集、整理和分析的过程，掌握一些简单的数据处理技能；体验随机事件和事件发生的可能性。	初步形成数感和空间观念，感受符号和几何直观的作用；进一步认识到数据中蕴涵着信息，发展数据分析观念；通过实例感受简单的随机现象。	结合现实情境，能够提出解决问题的思路，制定简单的解决问题的方案；能探索分析和解决简单问题的有效方法，了解解决问题方法的多样性。	通过应用和反思，进一步理解所用的知识和方法，了解所学知识之间的联系，获得数学活动经验；养成认真勤奋、独立思考、合作交流、反思质疑等学习习惯。
五年级	经历探索数的特征活动，认识自然数，掌握因数和倍数、质数和合数、奇数和偶数等概念；探索一些图形的形状、大小和位置关系，了解一些几何体和平面图形的基本特征；了解确定物体位置的一些基本方法；掌握测量、识图和画图的基本方法。	在观察、实验、猜想、验证等活动中，发展合情推理能力，能进行有条理地思考，能比较清楚地表达自己的思考过程与结果；培养学生观察、分析及推理能力，发展空间观念。	在给定目标下，感受针对具体问题提出设计思路、制定简单的方案解决问题的过程；体会解决问题策略的多样性及运用优化的数学思想方法解决问题的有效性。	了解社会生活中与数学相关的信息，主动参与数学学习活动；在他人的鼓励和引导下，体验克服困难、解决问题的过程，相信自己能够学好数学。

243

(续表)

年级	知识技能	数学思考	问题解决	情感态度
六年级	理解百分数的意义,理解正比例和反比例的意义,掌握必要的运算技能;了解圆柱、圆锥和圆的基本特征;掌握测量、识图和画图的基本方法。	加深对小学阶段所学的数学知识的理解和掌握,发展思维能力和空间观念,会独立思考,体会一些数学的基本思想。	能够解决与百分数、比例相关的实际问题;提高综合运用所学数学知识解决问题的能力。	在运用数学知识和方法解决问题的过程中,认识数学的价值;初步养成乐于思考、勇于质疑、言必有据等良好品质。

学校坚持遵循"智美数学"课程理念,发展学生的数学核心素养,促进学生的全面发展。

学科课程框架　建构生活数学的大课堂

依据"智美数学"课程理念和目标,建构生活数学的大课堂,确定"智美数学"课程框架。

一、"智美数学"学科课程结构

"智美数学"课程分为"成算在心"、"美图秀形"、"巧用统计"、"奇趣数学"四大板块,具体设置以及阐述如下(见图6-2-1):

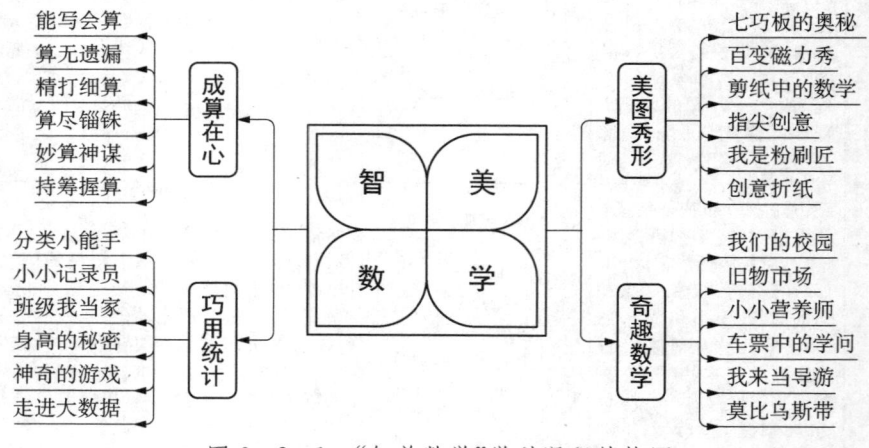

图6-2-1 "智美数学"学科课程结构图

1. 成算在心

成算在心这一板块课程属于"数与代数"领域,重在加强基础计算的训练,提高计算速度,优化解题策略,发展学生的数感、符号意识和运算能力。

2. 美图秀形

美图秀形这一板块课程属于"图形与几何"领域,重在引导学生在观察、操作中进一步认识图形,在解决具体问题中发展其空间观念和推理能力,培养学生的创造力和想象力。

3. 巧用统计

巧用统计这一板块课程属于"统计与概率"领域,学生在实际生活中经历数据分析和整理的过程,发展学生的数据分析观念,提高问题解决的能力和应用意识。

4. 奇趣数学

奇趣数学这一板块课程属于"综合与实践"领域,通过设计活动方案、动手实践、交流反思的活动过程,鼓励学生"从头到尾"思考问题,发展学生的应用意识和创新意识。

"智美数学"课程四大板块内容旨在让学生在"玩"中学习、在"玩"中实践、在"玩"中创造、在"玩"中分享,使学生真正感受到生活中处处有数学、处处用数学。

二、"智美数学"课程群年级设置

基于"智美数学"课程目标和理念,结合学校学生实际情况,"智美数学"课程除了基础课程外,还设置了拓展课程,具体如下(见下表6-2-2)。

表6-2-2 "智美数学"课程年级设置表

课程 学期	拓 展 课 程			
	成算在心	美图秀形	巧用统计	奇趣数学
一上	能写会算	七巧板的奥秘	我会整理	我们的校园
一下	能写会算	七巧板的奥秘	分类小能手	数独游戏
二上	算无遗漏	百变磁力秀	小小记录员	旧物市场
二下	算无遗漏	百变磁力秀	植物生长记	睡眠时间调查
三上	精打细算	到底有多长	班级我当家	小小营养师
三下	精打细算	剪纸中的数学	小小进货员	小小设计师
四上	算尽锱铢	指尖创意	揭秘中奖率	车票中的学问

(续表)

课程\学期	拓 展 课 程			
	成算在心	美图秀形	巧用统计	奇趣数学
四下	算尽锱铢	指尖创意	身高的秘密	图形中的密铺
五上	妙算神谋	我是粉刷匠	神奇的游戏	我来当导游
五下	妙算神谋	展开与折叠	我是大评委	包装的学问
六上	持筹握算	神奇的圆	优选统计图	赛事中的数学
六下	持筹握算	创意折纸	走进大数据	莫比乌斯带

学科课程实施　遇见最美自己

根据"智美数学"的课程理念、学科性质、课程目标,"智美数学"课程让学生在智美课堂、智美社团、智美嘉年华、智美创客工坊、智美研究性学习中遇见最美的自己。

一、构建"智美课堂",提升教学效能

"智美数学"课堂追求的是"生本、灵动、智慧"的课堂文化。数学课堂是发现数学的思维美、理性美、想象美、逻辑美,发展学生的数学思维能力、学习能力、逻辑能力和空间想象能力的课堂。

(一)"智美课堂"的实施

教学实践中,我们总结出先学后教的"智美数学"课堂实施四步法:

唤醒美——创境激趣、质疑提炼;

生成美——主动学习、激励智慧;

发展美——展示交流、评价总结;

升华美——拓展应用、内化积累。

(二)"智美课堂"的评价

我校从"教学设计饱满,教学实施智慧、灵动,教学效果和谐"这三大方面设计"智美课堂"教学评价表(见表6-2-3),引领"生本、灵动、智慧"的课堂文化。

表 6-2-3 "智美课堂"评价表

执教教师		班级		评课教师	
学科		时间		课题	
类别	内涵	指标	标 准 解 读		
教学设计	饱满	目标制定	1. 学习目标紧扣课标要求和学段特点,符合学情,产生强烈的学习期待。 2. 学习目标定位准确、清晰、饱满。		
		内容设计	1. 教学环节设计合理。 2. 教学内容丰富,重难点突出。		
教学实施	智慧	创境激趣 质疑提炼	1. 善于创设情境,联系学生已有知识、情感和经验,引导学生进入学习状态。 2. 发现问题,主动质疑。以明确的学习任务组织学生的学习活动,唤起学生学习新知的热情。		
	灵动	主动学习 激励智慧	1. 带着问题自主学习与合作交流。体现"先学后教"原则,教师注重指导,学生学习内容具体明确,学习方法灵活多样。 2. 学生自主学习过程中,教师要善于观察,了解学生的疑难问题,适时给予指导、鼓励和赞赏,并兼顾到各层面的学生,激起学生学习的灵感。		
	研美	展示交流 评价总结	1. 教师用心关注学生,关注课堂生成,利用有效评价,引领学生在思辨的学习氛围中,主动求知,乐于探索,愉快合作,在情感与智慧上共生共鸣。 2. 注重评价总结,鼓励学生进行求异思维和个性展示,发展学生思维与智慧潜能。		
		拓展应用 内化积累	1. 带着本课学到的方法去解决相关问题,能够进行知识迁移,灵活运用,体验学习成功的快乐。 2. 对课堂学习进行梳理总结,构建知识体系,掌握学习方法,增强学习品质。		
教学效果	和谐	师生关系	学习氛围浓厚,学生主动学习,教师适时指导,语言具有启发性、感染力,师生关系融洽、和谐,教学效果明显。		
		课堂文化	课堂上能体现学校大美课堂特点,生本、灵动、智慧,以美育美,美美与共。		

二、开设"智美社团",拓展学习方式

为了发展学生个性特长,促进学生全面发展,我们引导学生以兴趣为导向,自主成立"智美社团"。如折纸社团,通过开展丰富多彩的社团活动,给每个学生充分发展的空间,让每个学生享有成功的喜悦。

（一）"智美社团"的实施

每学年9月至10月，学生自主成立社团，由辅导老师和大家一起活动，师生共同制定社团活动章程，确定活动主题，根据主题撰写活动方案，每周二下午以小组为单位进行活动。通过多元的学习方式，学生的兴趣得到培养和提高，增广了知识，开阔了视野，陶冶了情操。

（二）"智美社团"的评价

每学期、每学年对社团进行全方位的考核，激发广大学生积极参与社团活动的兴趣。

每学期从日常考勤、活动开展、学生评价等方面对社团活动情况进行评价（见表6-2-4）。每学期各社团内部开展比赛活动，展示作品。选出十名师生代表组成评委团，评委们依据评价标准评选出最美社团、十佳优秀团员、最美辅导教师。

表6-2-4 "智美社团"评价表

评价项目	评价标准	自评	组评	师评
出勤率 （10分）	按时参加活动，不请假、迟到、早退。			
方案制定 （20分）	能够根据活动主题制定具体可行的活动方案，并进行实施。			
参与情况 （40分）	每次活动都能够认真积极地投入进去，在活动中，积极和同伴进行交流合作。			
完成情况 （20分）	能够按时完成相对应主题的学习。			
创新性 （10分）	在每一次创造性学习中，能够突破、创新，跳出框架，自己创造一些新作品，或者在学习中有新的思路。			

三、举办"智美嘉年华"，展现学子风采

为了浓厚数学学习氛围，展示学校数学课程成果，促进学校的特色建设，开展形式多样、面向全体学生的数学展示活动，实现人人参与，彰显学子风采，我们以一系列展示活动为载体，为学生搭建展示数学智慧的平台。

（一）"智美嘉年华"的实施

以"校园文化艺术节之智美嘉年华"为实施途径，数学学科制定大主题，每个年级根据学习内容和学生情况制定小主题，制定具体可行的实施方案。让学生通过活动，

真正走进数学,感受数学,喜欢数学,感受数学与生活的密切联系,体会数学的独特魅力,从而提升数学素养,获得积极的数学学习情感体验。

(二)"智美嘉年华"的评价

"智美嘉年华"主要以学生的参与和比赛为主,设立学生个人单项奖和班级奖项。活动分初赛和决赛两阶段,初赛以班级或年级为单位开展,评选出的优胜者参与校级层面的比赛。

四、创建"智美创客工坊",提高创新能力

为了更好地实现教育创新,培养学生的创新思维,提高学生的创新能力,我们创建了"智美创客工坊"。

(一)"智美创客工坊"的实施

我们数学组成立创客团队,创建"智美创客工坊",教师制定活动方案,并于每周五下午进行工坊活动,如"指尖上的创意—串珠创客工坊"。

"指尖上的创意—串珠创客工坊"主要在三、四年级进行,旨在培养学生的动手能力、交流与合作能力以及计算能力、空间思维能力,鼓励学生发挥想象进行图案创造设计,满足学生多样化、个性化需求,培养学生的想象能力、思维能力、创造能力。教师根据活动方案制定活动内容,每次活动都有新的学习内容。

(二)"智美创客工坊"的评价

"智美创客工坊"的评价针对学生的活动过程和活动成果分别从过程性评价和综合性评价两方面进行。每学期从"我能认真听、我会动手做、我和别人说、我有金点子"这四个方面对学生的活动进行评价,评价方式有自我评价、生生互评、教师评价多种评价方式,评价表如下(见表6-2-5)。

表6-2-5 "指尖上的创意—串珠创客工坊"评价表

评价项目	自评	组评	师评
我能认真听			
我会动手做			
我和别人说			
我有金点子			

姓名:

五、开展"智美研究性学习",体悟数学之美

我们依托金水区每年开展的"学数学用数学"、"能力生根研究性学习"、"青少年科技创新大赛"等活动,鼓励每个年级每个学生参与到这些活动中。结合生活实际,用数学的眼光发现、提出问题,用所学的知识分析、解决问题,让学生体会生活与数学的密切联系。

(一)"智美研究性学习"的实施

学生结合自身兴趣,在教师指导下,从生活中选择和确定研究专题,主动地获取知识、应用知识、解决问题。通过形式多样的学习活动,密切学生与生活的联系,推进学生对自然和社会、对学习和生活、对自我的内在联系的整体认识与体验,发展学生的创新能力、实践能力以及培养良好的个性品质。

(二)"智美研究性学习"的评价

通过经历文本资料的搜集、调查、访问、实验等实践方法,学会自主获取知识,并会从活动中总结经验,唤醒问题意识。通过对各种活动的体验,逐步学会在现实情景中,利用已有的知识,培养实践能力。研究性学习活动一般采取小组合作的形式来展开,学生在活动中学会表达、交流与合作。

研究性学习以"重过程、轻结果"为评价原则,鼓励学生积极参与,对学生课题研究的每个环节,进行激励性评价,对日记、小报、小论文、小发明、小制作等成果进行评比,给予表扬、奖励。

"智美数学"课程建设坚持以学生发展为本,旨在进一步发展学生的必备品格和关键能力,让每一个学生在智慧生长中感悟数学之美。

(撰稿人:杨佳佳 张悦)

第七章

融于创新发展的空间

数学教育拥有时代赋予的培养学生创新意识和能力的重要责任。发现问题、提出问题为创新能力的培养奠定基础,独立思考是拥有创新能力的核心,观察、猜想、归纳、概括并加以验证是掌握创新的方法。数学,让学生经历发现和解决问题的过程,发展数学思维,积累活动经验;数学,让学生与探究相知,探中得能力,探中促提高;数学,让学生与创新相遇,体验智慧生命的灵动,在创新与探究中体验数学的奥秘。

第一节 ｜ 创探数学：在创新与探究中体验数学的奥妙

郑州市金水区文化路第三小学数学团队现有教师 29 名，其中市级骨干教师 2 人，金水区首席教师 1 人，金水区种子教师 1 人，骨干教师占全体数学教师的 14%，是一个充满活力的队伍。骨干教师的带领，前沿教育教学思维的传播，青年教师的学习能量，为我校数学学科的可持续发展提供源源不断的动力。

学科课程哲学　创生动力，探得能力

一、学科课程性质

《数学课标（2011 年版）》中指出："义务教育阶段的数学课程是培养公民素质的基础课程，具有基础性、普及性和发展性。数学课程能使学生掌握必备的基础知识和基本技能，培养学生的抽象思维和推理能力，培养学生的创新意识和实践能力，促进学生在情感、态度与价值观等方面的发展……创新意识的培养是现代化数学教育的基本任务，应体现在数学教与学的过程之中"[1]。

二、课程基本理念

"学生以及所有的人并不能真正认识存在的现实世界。但是学生可以获得关于现实的、实际的和贴近生活的思想。思维才是现实的，需要加以发展。"[2]

"作为基础教育的小学数学，要在了解核心素养背景、创新意识培养需求的基础上，明确小学生的学习水平，而后突破传统教学理念的约束，丰富课堂教学的内容和形式，以此为学生构建全新的课堂环境，促使他们在学习中形成创新意识"[3]。

---

[1] 中华人民共和国教育部. 义务教育数学课程标准（2011 年版）[S]. 北京：北京师范大学出版社，2012：1—2+7.
[2] M. Ediger, 李士锜. 教育哲学与数学课程[J]. 数学教学，1993（03）：34—35.
[3] 罗斌. 核心素养背景下小学生数学创新意识的培养[J]. 读与写（教育教学刊），2019,16(02)：162.

所以，数学课程的学习不仅是学习基础知识、掌握基本技能、形成知识体系，更要引发学生的数学思考。在有创新的课程中，通过观察、发现、合作、操作、验证等一系列探究活动，巩固知识基础，锻炼数学思维，总结活动经验，形成解决问题的能力，养成创新意识。最终，通过对基础课程和拓展课程的深度实施，培养适合未来社会需求的人才。

鉴于此以及《数学课标(2011年版)》的要求，学校确定"创探数学"课程理念。"创"而生动力，"探"中得能力，数学的学习应该使学生在学习过程中感受到"创造性"、激发"探究"的欲望、经历"探究"的体验，让数学素养萌发——这即是"创探数学"学科理念。具体而言：

"创探数学"是能培养学生创新意识的数学。创造性的设计符合学情的学习内容、方式和方法。在学习中，鼓励学生创新，鼓励用多种多样的方式与方法展现自己的学习思考与成果，尊重孩子的个性发展。

"创探数学"是能激发学生探究欲望的数学。从实际生活入手，发现数学信息、提出数学问题，围绕问题大胆猜想、进行验证、形成结论。在这一过程中，学生独立思考、动手操作，对于学生个人的疑问或想法，小组成员间共同探讨、交流、互助学习，达成共识，形成结论，在解决问题的过程中体会学习的价值与意义。

"创探数学"是让学习充满乐趣的数学。生活中有丰富的、有趣味性的数学学习资源，利用这些资源创造性的设计能让学生产生学习兴趣的情境。在学习过程中激发学生兴趣，在收获学习成果时坚实兴趣，使兴趣充实学习。

总而言之，在"创探"过程中，学生不仅能理解、掌握知识，还能学习到探究知识与问题的方法；在"创探"过程中，不仅锻炼合作学习的能力、探究的能力，还发展创新意识；在"创探"过程中，不仅体会到学习数学的价值，还体现自我的价值；在"创探"过程中，不仅充满对学习的兴趣，还积极、主动地参与学习。"创探数学"使学生在体验中思考、在探索中挑战自我，在挑战自我中创新。

学科课程目标　让创新萌芽，让探索健步

《数学课标(2011年版)》中指出"在数学课程中，应当注重发展学生的数感、符号意

识、空间观念、几何直观、数据分析观念、运算能力、推理能力和模型思想"[1]。"创探数学"让创新萌芽,让探索健步,使探究渗透到学习全过程。学校依此制定学科课程目标。

一、学科课程总体目标

"创探数学"课程,使学生在经历探究性数学学习活动中,获得所必需的数学基础知识;体会数学和生活的必然联系;学习运用数学的思维观察、思考世界;学会用数学的方法去发现问题、解决问题;具有探究、创新的意识与能力;增强学习数学的信心,提高学习自信和兴趣,感受数学的价值。

(一)"创探数学"增长知识

对应知识与技能。学生在具有创造性、探究性的学习过程中,抽象出数的概念,理解数的意义与估算、运算的计算道理,探索运算规律并准确运算;经历从实物中抽象出图形的过程,了解几何图形的特征,掌握初步的测、识、画图的技能;经历实际问题中收集、整理、分析数据的过程,掌握数据处理方法。

(二)"创探数学"跃动思维

对应数学思考。学生在具有创造性、探究性的学习过程中,建立数感、符号意识、空间观念和数据分析观念;能有条理地思考,比较清楚地表达自己的思考过程与结果;发展概括和推理能力,体会数学的基本思想和思维方式;激发想象与创新,初步拥有科学的思维能力。

(三)"创探数学"发展意识

对应问题解决。学生在具有创造性、探究性的学习过程中,初步学会从数学角度发现问题、提出问题,学会独立思考、探索发现;在解决问题的过程中获得分析问题和解决问题的基本策略,积累自主探索、合作探究的经验,提高数学学习探知能力,在过程中孕育创新意识。

(四)"创探数学"提高素质

对应情感态度。学生在具有创造性、探究性的学习过程中,激发学习数学的好奇心和求知欲;体验获得成功的乐趣,锻炼克服困难的意志,建立自信心;了解数学对于

---

[1] 中华人民共和国教育部. 义务教育数学课程标准(2011年版)[S]. 北京:北京师范大学出版社,2012:5.

生活与社会发展的价值;养成认真勤奋、独立思考、合作交流、反思质疑等学习习惯;形成坚持真理、修正错误、严谨求实的科学态度。

二、学科课程年级目标

依据课程总体目标和学生特点,我校进一步细化课程目标,把握不同年级、不同目标维度之间的内在关联,确定"创探数学"课程各年级目标(见表7-1-1)。

表7-1-1 "创探数学"课程各年级目标一览表

目标\年级	知识与技能	数学思考	问题解决	情感态度
一年级	1. 会正确数、读、写100以内的数,会比较100以内数的大小。 2. 探索并掌握100以内数加法、减法的计算方法,能正确计算。 3. 能根据具体问题,估计运算的结果;初步学会应用加减法解决生活中简单问题。 4. 体会从不同方向去观察同一物体所看到的形状可能不同,会辨认从不同方向看到的简单物体形状;初步认识长方形、正方形、三角形和圆,进一步感受到图形的特征。 5. 了解分类是需要标准的,在不同的分类标准下结果可能是不同的,初步提高分析能力。	1. 使学生快速、正确的想办法来数、读、写100以内的数,并比较大小。 2. 掌握百以内数的加减法和规律。 3. 体会立体图形到平面图形的抽象过程,了解几何图形与实际立体实物的对应关系。 4. 初步学会有条理和有序地思考和表达。 5. 会分析简单的情境信息,尝试运用学过的知识和方法来发现信息间的关系。	1. 通过学习活动,经历从具体情境中抽象出数的模型的过程,会解决数、读、写数过程中遇到的问题,能运用数进行表达和交流。 2. 会解决加减法学习中的问题,能应用数与运算意义解决相关的简单实际问题,体会解决问题策略的多样性和合理性。 3. 通过观察身边的简单物体,初步体会从不同角度观察物体所看到的形状可能是不同的,发展空间观念,初步建立立体图形到现在平面图形的认知,解决相关的简单问题。	1. 在数与代数的学习中,重视结合生活情境发展学生的数感。 2. 在空间与图形的学习中,注重通过操作活动发展学生的空间观念。 3. 经历对所学各个领域知识的梳理过程,初步养成回顾与反思的良好习惯。
二年级	1. 结合具体的购物情境,认识各种面额的人民币及其换算进率;在购物情境中会进行简单的计算。 2. 认识万以内数,理解各数位上的数字表示的意义,会读、写、比较数的大小。	1. 通过测量活动了解测量方法的多样性。 2. 体会建立统一度量单位的重要性。	1. 能运用学过的知识解决简单的实际问题。 2. 能运用学过的量的认知,解决相关的实际问题,并积累学习指导生活的经验。	1. 积累活动经验,对数学学习保持兴趣和自信。 2. 初步感受数学的美。

255

(续表)

目标\年级	知识与技能	数学思考	问题解决	情感态度
	3. 会进行相关的加减法计算和简单的乘除法计算。 4. 认识时、分、秒，学会准确读出钟面上的时间或说出经过的时间，会进行简单的时间单位换算。 5. 认识厘米、米、分米、毫米、千米，能估测一些物体的长度。 6. 初步认识角、正方形、长方形和平行四边形，能用语言描述长方形、正方形的特征。 7. 在给定（东、南、西、北）一个方向的条件下，能辨认其余的方向，知道东南、东北、西南、西北。	3. 理解数的认识和计算过程中的道理。 4. 会初步分析计算过程中的规律，并清晰表达。 5. 在辨认地图方向的过程中，会有条理和有序地画图和表达。 6. 初步了解数学知识之间是有关系的。 7. 对数学方法有初步的感知和思考。	3. 能初步探索一些规律，并与他人交流各自想法。 4. 初步形成直观的空间观念想象力。 5. 体会估计与估测的必要性和重要性，会应用其解决一些简单问题。 6. 初步会应用学过的图形知识来解决一些简单的图形设计或拼摆的问题。	3. 在与他人交流过程中，初步感受合作的必要和快乐。 4. 感受数学与生活的紧密性。 5. 进一步养成良好的学习习惯。
三年级	1. 会计算一位数乘两、三位数，两位数乘两位数，整十、整百、整千数除以一位数，两位数除以一位数，三位数除以一位数与加减乘除混合运算。 2. 认识年、月、日、24时记时法，了解平年和闰年，并能计算简单的经过时间。 3. 初步理解小数的意义。会认、读、写简单的小数，能比较简单小数的大小。会计算简单的小数加减法。 4. 在具体情境中学会估算方法。	1. 在学习中，积累观察、想象、猜想、验证的数学方法。 2. 体会有序观察对分析和判断有重要的价值。 3. 体会算法多样化。 4. 体会数学知识的来源是生活。 5. 会比较自觉应用学过的方法和策略来分析、思考一些新的简单问题。 6. 初步具有一定的分析和推理意识和能力。 7. 有有序、有逻辑地思考和表达自己的想法。 8. 知道合作、交流可以促进思考。	1. 结合实际情境，体验发现和提出问题、分析和解决问题的过程。 2. 初步获得在给定目标下，设计解决问题方案的经验。 3. 会用学过的知识解决有关的实际问题。 4. 进一步发展独立解决问题的能力。	1. 体会合作的乐趣。 2. 积累探究的活动经验。 3. 感受用数学的愉悦。 4. 感受生活中处处有数学。 5. 获得积极的学习体验。 6. 初步养成良好的学习品质。

第七章 融于创新发展的空间

(续表)

目标 年级	知识与技能	数学思考	问题解决	情感态度
	5. 认识简单的分数（分母小于10），会读、写分数，知道各部分的名称，会比较分数的大小，会计算简单的同分母分数的加减。 6. 认识质量单位千克、克和吨，知道1千克、1克和1吨的实际质量，能进行简单的换算。 7. 感知平移、旋转和对称，认识轴对称图形，并能在方格纸上画出简单图形的轴对称图形，能在方格纸中画一个简单图形平移后的图形。			
四年级	1. 认识乘法运算律、加法运算率以及有趣的算式规律。并会运用运算律进行简便运算。 2. 认识线段、射线与直线；认识平面上直线的平行和相交（垂直）关系，认识平角、周角，了解角的大小之间的关系；会用量角器量指定角的度数，画指定度数的角。 3. 认识小数的意义，会进行十进分数与小数的转化，能比较小数的大小。 4. 能正确进行小数乘法计算和小数加、减、乘混合运算。 5. 认识三角形、平行四边形和梯形的特征，以及它们之间的联系。 6. 认识三角形三边的关系和三角形内角和。	1. 进一步发展空间观念。 2. 进一步发展探索知识的能力。 3. 进一步体会数学思想。 4. 进一步发展有条理地推理、分析、概括、思考的能力。 5. 进一步提高分析和理解能力。 6. 进一步发展抽象概括能力。	1. 会应用加减乘除运算意义解决生活中的数学问题。 2. 在具体的情境中，会通过分析，解决实际问题。 3. 能结合具体的情境发现和提出问题。 4. 进一步发展探索知识、分析和推理能力。 5. 进一步发展合作研究的能力。	1. 体验合作、交流的乐趣和重要性。 2. 能有思考地表达自己的想法。 3. 有合作学习的意愿和积极性。 4. 养成良好的学习品质。

257

(续表)

目标＼年级	知识与技能	数学思考	问题解决	情感态度
	7. 观察立体图形(最多用4个小正方体搭成)，能在方格纸上画出从它的正面、上面和侧面(左面或右面)看到的形状；也能根据从正面、上面、侧面看到的立体图形的形状，搭成立体图形。 8. 经历收集、表示和分析数据的过程，认识条形统计图和简单的折线统计图，能根据数据画出统计图，能根据条形统计图和折线统计图进行简单的分析、判断和预测；了解平均数的意义，会求简单数据的平均数(结果为整数)。 9. 认识"数对"并会用它表示位置。 10. 会用字母表示数与数量关系，体会等量关系，能用方程表示简单情境中的等量关系，了解方程的作用。			
五年级	1. 会计算小数乘、除法，分数乘、除法，分数混合运算，知道运算律在分数运算中同样适用；掌握分数的基本性质。 2. 进一步认识轴对称图形和平移。 3. 认识长方体、正方体及其基本特征，知道长方体、正方体的展开图，掌握长方体、正方体表面积的计算方法。 4. 了解体积的含义；认识体积单位，会进行单位换算，知道体积的计算方法。	1. 会自主思考。 2. 会初步地自学。 3. 能用直观的方法来分析和验证较抽象的数学知识。 4. 有初步的空间想象和推理能力。 5. 有初步的观察、分析、归纳或猜想、验证等的经验积累和方法体验。 6. 能发现和提出一些合理的问题。 7. 能在解决问题过程中合理的思考并交流想法。	1. 能解决简单的分数乘、除法的实际问题。 2. 能解决简单分数混合运算的实际问题。 3. 探索并解决与长方体、正方体的表面积与体积有关的生活问题。 4. 能解决一些与概率有关的简单问题。 5. 根据统计数据做一些合理的分析。	1. 充分表达自己的想法。 2. 体会数学与生活的密切联系。 3. 乐于在观察、操作等活动中培养自己的思考能力和应用能力。 4. 养成良好的学习品质。

(续表)

目标年级	知识与技能	数学思考	问题解决	情感态度
	5. 认识倍数与因数、质数与合数。 6. 进一步理解分数的意义,理解分数与除法的关系,会进行假分数与带分数的互化。 7. 会辨认从不同方向看到的物体形状。 8. 能根据方向和距离确定物体的位置。 9. 体验事件发生的等可能性以及游戏规则的公平性。 10. 认识扇形统计图,了解扇形统计图的特点与作用。			
六年级	1. 认识百分数,知道小数、分数和百分数之间的关系,会互化。 2. 会计算分数混合运算。 3. 理解比的意义、掌握比的化简,了解其与除法、分数的关系。 4. 认识比例、比例尺、正比例和反比例。 5. 进一步认识圆,了解圆周率,会用圆规画圆。会计算圆的周长和面积。 6. 认识圆柱和圆锥,了解圆柱和圆锥的基本特征,会计算圆柱表面积,圆柱、圆锥体积。 7. 认识扇形统计图,了解扇形统计图的特点与作用;能根据需要,选择合适的统计图。	1. 形成数感。 2. 形成初步的空间观念。 3. 发展数据分析观念。 4. 发展推理能力。 5. 体会数学思想。 6. 形成自己的数学思维和能力。	1. 会解决生活中有关百分数的简单实际问题。 2. 能运用方程解决有关的实际问题。 3. 会设计简单的图案。 4. 用有关圆、圆柱、圆锥的知识解决相关的现实问题。 5. 运用所学的统计知识解决生活中的实际问题。 6. 理解问题解决策略的多样性。	1. 增强学习求知欲。 2. 在体验过程中感受学习数学的快乐。 3. 认识数学的价值。 4. 养成勤思好问,敢于尝试的学习精神。 5. 形成良好的学习品质。

总之,"创探数学"将依据课程总目标以及各年级课程目标,发展学生的学科核心素养,培养具有优良品格的学生。

学科课程框架　搭建学生探索数学的阶梯

"创探数学"课程为学生搭建探索数学的阶梯,以基础课程为主,关注学生的基础学科能力,旨在使学生掌握必备的基础知识和基本技能、数学基本思想和基本活动经验。以子课程为辅,开拓学生的视野,增强学生活动体验,拓展学生的学科能力,培养学生数学核心素养。

一、"创探数学"课程结构图

依据课程目标以及学校、教师和学生的发展需求,"创探数学"课程按"数与代数"、"几何与图形"、"统计与概率"、"综合实践活动"四个板块确定课程内容,并绘制学科课程结构图如下(见图7-1-1)。

图7-1-1　"创探数学"课程结构图

二、"创探数学"年级子课程设置

按照各年级主题,有层次、有梯度地设置拓展课程主题。其中包括"初始数学"、"创学数学"、"巧做数学"、"深探数学"、"活用数学"、"升汇数学"六个主题。

"初始数学",在有创意的数学活动中初识生活中的数,进行简单的加减运算,了解基本几何图形、简单的数量关系等知识;在有创新的情景中,尝试收集、分析数学信息,并解决简单的数学问题;初步养成爱思考、有创造的数学学习习惯;感受数学在生活中的作用。

"创学数学",在有创造性的简单数学活动中,体会四则运算的意义,发现并了解生活中的量,认识平面几何图形的特征;从有创意的学习内容中提出数学问题并尝试解决,在成功体验中,培养创新意识。

"巧做数学",在有创造的、有趣的数学活动中动脑想,动手做;以"巧做"拓创造、以"巧做"促学习、以"巧做"提高学生学习数学的能力及数学基本素养。

"深探数学",在有创造的、有趣的数学活动中,深入探究知识的学习过程、数学中的规律、数学与生活的联系;在探究的过程中,发展学生创新意识,提高解决问题的能力,形成探究方法。

"活用数学",在有创造的、有生活性的数学活动中,发现问题、提出问题,灵活运用数学知识和具备的数学能力解决问题,增强应用意识,提高实践能力;在积累活动经验的过程中,进一步感受数学源于生活、用于生活,体会数学的应用价值。

"升汇数学",在有创造性、挑战性的数学活动中,开展小组合作学习以及小组竞争活动,吸引学生主动参与、积极探索,把六年来所收获的知识、技能、经验以及方法通过自己提升总结、融汇,形成富有个性和科学性的学习成果。

各课程以多种不同的课程形式,指导学生探索数学中有趣的知识,感受数学的魅力。拓展类课程设置表格如下(见表 7-1-2)。

表 7-1-2 "创探数学"拓展类课程一览表

年级与主题	领域	数与代数	几何与图形	统计与概率	综合实践活动
一年级	初识数学	识数学算	慧眼识图	分门别类	歌诵数学
二年级	创学数学	识图解算	剪纸艺术	小测绘员	时间管理

(续表)

年级与主题 \ 领域	数与代数	几何与图形	统计与概率	综合实践活动
三年级 巧做数学	画中有话	另眼相看	博访强记	移转之美
四年级 深探数学	运算探秘	形中探律	我是赢家	我爱旅游
五年级 活用数学	扑克牌中的秘密	点线面体	观图析理	理财部落
六年级 升汇数学	殊途同归	多维空间	数据时代	美丽校园

学科课程实施 步入多彩奥妙的数学乐园

为引领学生步入多彩奥妙的数学乐园,我们通过教师研讨、学生访谈、资料整理等方式,确定从"创探课堂"、"创探社团"、"创探实践"、"创探游戏"、"创探阅读"这五方面展开课程实施。

一、构建"创探课堂",彰显数学课堂的理念

"创探课堂"的特征为:在学生的学习内容和方法上要有创造和创新,学生要经历发现、探究、解决实际问题的过程。在学生学习过程中,对数学感兴趣、积极、主动地参与学习活动,理解并掌握数学知识,同时也锻炼学生合作学习的能力、探究能力,体会数学的价值,体现自我的价值。

(一)"创探课堂"的特点

"创探课堂"倡导在课堂上,让学生在创新与探究中体验数学的奥妙。因此,"创探课堂"应具有以下特点:

1. "创探课堂"的学习活动有探究

"数学学习活动不是纯粹的、客观的活动,不能也无法以简单思维的机械'因果决定论'、'还原论'来把握和预测,而是非常复杂的人类实践活动"[1]。因此,"创探课堂"

---

[1] 蔡庆有,别尔克.数学学习复杂性分析中的简单思维[J].伊犁师范学院学报(自然科学版),2013,7(01):57—59.

关注的是学生的探究性学习,在学习活动中采用问题导入、互动质疑、操作验证等方式,引导学生学会独立思考、主动探索和合作交流。

2."创探课堂"的学习内容有创新

"课程内容的选择要贴近学生的实际,有利于学生体验与理解、思考与探索"[①]。因此,对"创探课堂"学习内容的创新,就在教师读透教材,全面、准确地把握教材特点的基础上,对学生学习的内容或方式进行创新(如运用微课、绘制画本、设计游戏、角色扮演等),使其符合学生的地域特点,符合学生的生活实际,并能引发学生的学习兴趣和想要探索的欲望。

3."创探课堂"有学生创新的空间

"创新意识的培养是现代化数学教育的基本任务,应体现在数学教与学的过程之中"[②]。因此,在"创探课堂"中,贯穿始终的是"学生是学习的主体,教师是学习的组织者、引导者与合作者"[③]。课堂上是学生去发现问题、提出问题,是学生独立思考、归纳、概括规律,并加以验证的过程。

(二)"创探课堂"的评价标准

根据"创探课堂"的实施内容和学生特点,我们从"教材与目标"、"教法实施"、"教学活动"等方面,制定了"创探课堂"评价表(见表7-1-3)。

表7-1-3 "创探课堂"评价表

评价要素	评价具体标准	分值	评分
教材与目标	1. 结合课标,制定准确的教学目标。	5	
	2. 制定的目标符合生情,适合学生发展。	5	
	3. 依据教学目标,选择合理的教学内容,重难点突出。	5	
	4. 能对教材进行整合或者创新,创造性地运用教材。	10	

[①] 中华人民共和国教育部. 义务教育数学课程标准(2011年版)[S]. 北京:北京师范大学出版社,2012:2.

[②] 中华人民共和国教育部. 义务教育数学课程标准(2011年版)[S]. 北京:北京师范大学出版社,2012:7.

[③] 中华人民共和国教育部. 义务教育数学课程标准(2011年版)[S]. 北京:北京师范大学出版社,2012:2.

(续表)

评价要素		评价具体标准	分值	评分
学法实施		1. 学习方法多样有效,突破教学重难点。	5	
		2. 学习环节环环相扣,循序渐进。	5	
		3. 提出的问题精准、有探究的价值。	5	
		4. 注重师生互动、生生互动,给予学生自主学习的空间,通过小组合作、展示交流等形式,培养学生探究式的学习能力。	10	
学习活动	学习效果	1. 完成预期教学任务,大多数学生达到教学目标。	5	
		2. 不同层次的学生在原有水平得到相应的提高。	5	
		3. 师生互动,生生互动,教学相长。	5	
		4. 学生通过融洽愉悦的课堂活动,得到丰富的知识,形成一定的技能,体验到成功与快乐。	5	
	课堂评价	1. 教师、学生、小组多主体参与评价。	5	
		2. 采用多样的评价方式,对学生知识、技能、情感、态度、价值观等多方面进行指向性与激励性评价。	5	
	教师素养	1. 教师语言精准生动、严谨合理、有逻辑性,善于处理突发事件。	5	
		2. 能驾驭课堂教学,营造和谐的氛围,引导学生质疑释疑。	5	
		3. 板书工整、规范,布局合理。	5	
		4. 利用多媒体进行辅助教学,达到有效教学的目的。	5	
合计			等级	

备注:合计得分 85 至 100 为 A 等级;75 至 84 为 B 等级;60 至 74 为 C 等级;其余为 D 等级

二、立足"创探社团",丰富数学课程内容

学生社团是现代学校建设的重要资源,随着课程内容的不断拓展,学生社团已经成为发展学生自主管理的新型课程,是实施素质教育的重要内容。

"实践主义者强调问题解决是课程的中心。社会中存在的实际问题情境是最重要的。学生应该有充分的机会在某个集体中进行有兴趣的活动和亲身体验"[①]。因此,"创探社团"以"创探"为核心,运用学生喜欢的活动形式、学习资源探究数学知识、体会数学价值,在校园文化建设中起到了提升层次、构建载体、凝聚学生、群体示范的作用,

---

① M. Ediger,李士锜. 教育哲学与数学课程[J]. 数学教学,1993(03):34—35.

从而形成学校的品牌项目。

(一)"创探社团"的实施

社团课程是彰显学校特色的核心因素,作为培养学生专业素养的第二课堂,其以更大的活动空间,更丰富的活动内容,更灵活的活动方式,深受学生的喜爱,社团规模也不断扩大、日益丰富,"创探社团"已然成为学生发展个性特长、提升学生学科素养的一片"新天地"。社团具体实施如下:

一是全面调研,确定课程主题。社团课程的开发并不是盲目的、随意的,而是按学生兴趣特点、师资配备、周边资源等,在广泛调研、征求意见的基础之上甄选而出。

二是分析特点,针对辅导。社团辅导教师直接关系到社团的队伍建设、课程开设、实施评价的全过程,根据教师的个人特点和学科特长,分析社团课程的性质和实施重难点,在经过反复推敲和比对的基础上,在尊重教师个人意愿的前提下,选定社团课程的辅导教师。

三是双向选择,各取所需。因社团课程是面向部分孩子的选修内容,采用"双向选择"的原则来确定每个社团选修学生名单。

四是用心准备,扎实活动。为了提升"创探社团"的实施效果,成立之初,关于社团的制度章程、活动办法、社团纲要、案例设计、评价量表都要有精心、全面的准备,每一次社团活动做到定内容、定时间,课上学习有记录,课下交流重反思。

五是家校互动,寻求合力。向全校家长发"致家长的一封信",向家长汇报社团课程开设目的和计划,让家长和孩子一起选择喜欢的课程,并在参与、体验的过程中,给予孩子适切的帮扶和指导。

六是梳理收获,多样展示。社团课程的建设和打造旨在张扬个性、鼓励特长发展,一定区域范围内的交流和展示将为学生提供交流和展示的平台,既拓宽了视野也获得了自信和成长。

(二)"创探社团"的评价

为了促进"创探社团"的有效实施,为了学生能够积极参与社团活动,我们制定了社团课活动评价表(见表7-1-4)和学生学习评价表(见表7-1-5)。

表7-1-4 社团课程活动评价表

评价目标	目标描述	评价结果 ☆☆☆	☆☆	☆
理念体现	正确掌握课程的基本理念和教学模式,坚持全面发展的素质教育,体现多元能力、学科素养的和谐共融。			
活动目标的制定与达成	确定适合学生特点与课程特点的教学目标,目标明确、具体、切实可行,符合学生实际。			
活动内容设置的适切性	教学内容选择适宜,符合学生实际需求,并与教学目标一致。内容生动有趣,贴近学生的生活,能被学生所理解和把握,有利于学习目标的达成。			
指导方法的多样性	教学方法动静相宜、灵活多样、有实效,符合学生特点,为学生所喜爱。			
活动组织的有效性	教学程序和结构清晰合理,新颖有效,各环节连接自然流畅,体现教师的主导作用。			
指导教师专业素养	教师对课程的把握准确,对知识的理解和技能的操作到位。仪表、教态、语言恰到好处。			

表7-1-5 "创探社团"学生评价表

		小组成员			
自我评价	积极参与	☆☆☆	☆☆☆	☆☆☆	☆☆☆
	认真聆听	☆☆☆	☆☆☆	☆☆☆	☆☆☆
	沟通与表达	☆☆☆	☆☆☆	☆☆☆	☆☆☆
	个人展示	☆☆☆	☆☆☆	☆☆☆	☆☆☆
小组评价	积极参与	☆☆☆	☆☆☆	☆☆☆	☆☆☆
	认真倾听	☆☆☆	☆☆☆	☆☆☆	☆☆☆
	沟通与表达	☆☆☆	☆☆☆	☆☆☆	☆☆☆
	个人展示	☆☆☆	☆☆☆	☆☆☆	☆☆☆

指导教师可以根据自己的社团课程内容灵活地设计个性化的学生成绩评价方案,根据自己所在社团的课程特点,有差异地设计合理的学生学业成绩评价方案。

三、注重"创探实践",促进数学学习方式的变革

创探实践活动,让学生参与到调查研究、解决问题的过程,培养学生主动探究、解

决问题的能力,形成研究成果和作品。

(一)"创探实践"的实施

按照"创探实践"的内容不同,分为嵌入学期中的特色学科活动和分散在寒暑假的学科实践项目(见表 7-1-6)。

表 7-1-6 创探实践活动主题一览表

组别	活动主题	具体做法和要求	作品呈现形式
一数	新年账单	新年是非常重要也非常传统的节日,家家都置办年货,孩子作为家庭成员,参与其中,分享快乐,也贡献力量,增长智慧。结合一年级数学学习内容,我们认为让学生记录新年开支,非常合适,既感受数学在身边,又认识新的数,并积累生活经验。	手抄报 视频 照片
二数	压岁钱献孝心	制定用压岁钱给长辈买礼物的方案,进行实施,并把活动经历写成数学日记。	手抄报 视频 照片
三数	合理搭配年夜饭	国家提倡"厉行节约、反对浪费"。年夜饭应该荤素合理搭配,均衡营养才最有利于身体健康。所以,我们可以根据家庭人数和喜好来购买年货,准备年夜饭食材,避免不必要的浪费,搭配出丰富营养的菜品。	研究报告 视频 照片
四数	春联里的数学文化	每逢春节,无论城市还是农村,家家户户都要精选一幅大红春联贴于门上,为节日增加喜庆气氛。春联很讲究平仄相间,音韵和谐,要有对仗、对偶等,不仅字数相等,结构对称,意思也要相应,自然成趣。一般为上下两句,每句有五字、七字、八字、九字、十一字、十二字等等,人们贴的春联种类很多。一个家庭里,不同的位置贴的春联也不尽相同,怎么搭配购买最合适?人们张贴几字春联最多呢?请孩子们利用所学知识进行探究。	研究报告 视频 照片
五数	家庭春节消费大调查	春节是我国的传统节日。是家人团聚,欢天喜地的日子。人们庆祝节日都在哪些方面进行了消费,这些消费合理吗?让学生对数据进行分析,得出结论。通过这次活动引导学生合理消费,绿色过年。	研究报告 视频 照片
六数	寒假我当家	把寒假期间的传统节日与六年级所学统计方面相关知识相结合。六年级的孩子已具备数据的搜集、整理、分析的能力。基于六年级孩子的身心特点,让他们觉得自己已长大,想当家做主。	研究报告 视频 照片

(二)"创探实践"的评价

"创探实践"关注学生的参与、探究、创新、团队合作等各方面能力的培养和发展,基于此,学校在设计评价标准和量规时,尤其关注这些方面的表现,并尝试结合班级、年级、校级等多层面的赛事,助推学生项目式学习的开展和实施。

对学生学习评价的重点是全面了解学生的学习行为和学习历程，主要从个性展示、参与意识、合作意识、创新意识及综合表现六个内容开展评价，全方位反映学生在课程中综合能力表现（见表7-1-7）。

表7-1-7 学生发展评价表

评价要素	评价等级			自评	同学互评	师评
	优秀★★★	良好★★	合格★			
参与意识	积极参与主动性强	积极参与欠主动	能够参与			
实践能力	很强	较强	一般			
合作意识	有较强交往能力，合作能力强	能顾全大局会与人合作	有合作意识			
创新意识	意识明显思维活跃	有创新意识	表现一般			
综合表现	积极主动、思维活跃、表现突出	积极参与展示自我	安于现状表现一般			
学习效果	成果丰富,过程详细,资料完备,形成了个人的观点和见解	有一定的成果,基本形成了自己的看法,内容有待进一步完善	浅层次尝试,有点式的收获和思考,缺乏系统化认识			
我的收获：						
老师寄语：						

四、设立"创探游戏"，体会数学学习的乐趣

课程游戏是围绕一个或多个结构化的游戏进行学习的一种方式。在这种学习方式中，"课程游戏"成为学习的核心，而围绕该主题的结构化内容成了学习的主要对象。学期初，学校集体研究、策划不同主题的游戏活动，以丰富多彩的游戏活动吸引学生。学科游戏让学生自己设计、自己策划、自己实施、自己评价，从选定主题到活动环节、活动呈现等都让学生参与进来，展示数学学习的丰硕成果。

（一）"创探游戏"的实施

为引领学生充分认识数学的趣味性，我们将数学游戏与数学学科相融合，激发学生的兴趣，培养个性特长，提高学生的思维能力、动手能力和创新意识（见表7-1-8）。

表7-1-8 创探游戏活动主题

创探游戏	活动形式	活动目的意义
图形游戏	班级分享 校级展示	借助学具，亲自动手参与各种活动获得数学知识，掌握数学学习方法。
运算游戏	班级分享 校级展示	通过创设有趣的探索活动，发现有趣算式蕴含的规律，感受数学的有趣和神奇，激发学生学习数学的意识。
推理游戏	班级分享 校级展示	根据提供的多个条件分析语言，辨别真假，培养学生的逻辑推理能力。

通过游戏中富有创造性的活动，将数学知识、数学思维融合，让学生更好地理解、运用数学，体会游戏与数学的紧密联系。"创探游戏"的评价表如下（见表7-1-9）。

表7-1-9 "创探游戏"的评价标准

评价项目	评价标准	评价等级			
		A	B	C	D
活动内容	从学情出发，符合学生的认知水平和身心特点				
	关注学生的创造性，选题有创意，学生参与热情高				
	符合课程的培养目标，为目标的达成服务				
	体现学校特色，注重创新				
活动参与	能认真做好活动前期的各项准备				
	能积极主动发现问题并独立解决问题				
	能主动与他人互助合作，交流与分享				
	能根据活动内容完成活动要求和任务				
活动效果	自主思考、设计、操作和解决问题，有真实的活动体验				
	学会与人协作交往，学会反思				
	知识面拓宽，综合运用知识力得到提高				
	探究和创新意识得到增强				

五、开展"创探阅读",打开数学世界天窗

在学习新的知识、运用数学知识解决实际问题时都离不开数学阅读。数学阅读过程同一般阅读过程一样,也是一个完整的心理活动过程。只有通过数学阅读,学生才能走进数学世界,品味数学文化,感悟数学的魅力,数学中也有渊博的历史,也有匀称、和谐、简洁的形式美。

(一)"创探阅读"的实施

"创探阅读"不只包括对数学教材的阅读,还包括对与数学有关的科普知识及课外材料的阅读。为了丰富学生的"创探阅读"的内容,我们每学期分年级向学生推荐了大量书目(见表 7-1-10)。

表 7-1-10 "创探阅读"部分推荐书目表

年级	书名	作者	出版社
一年级	李毓佩数学童话集(小学低年级注音版)	李毓佩	海豚出版社
	数学我最棒(童话绘本)	金孝贤	外语教学与研究出版社
二年级	鸟儿鸟儿飞进来(乘法)	韩恩善	长春出版社
	邮票上的数学	J·威尔逊	上海科技教育出版社
三年级	全世界孩子都爱玩的 700 个数学游戏	柯友辉	新世界出版社
	好玩的数学(趣味数学专辑)	谈祥柏	中国少年学生出版社
四年级	数学思维树	朴京美	中信出版社
	最有趣的 50 个数学故事	G·斯皮罗	上海科技教育出版社
五年级	登上智力快车	谈祥柏	中国少年学生出版社
	李毓佩数学历险记(小学高年级)	李毓佩	海豚出版社
六年级	聪明在于勤奋天才在于积累:数学大师华罗庚	华罗庚	中国少年学生出版社
	概率和方程的故事	张远南	北京少年学生出版社

在丰富的阅读中,开拓了孩子们的眼界,激发了他们探索新鲜事物的欲望,也提高了学生学习数学的积极性。

(二)"创探阅读"的评价

为保障"创探阅读"的有效开展与深入推进,及时评价学生参与"创探阅读"的积极性与阅读成果的有效性,我们采用过程性评价与终结性评价相结合的方式,以"个读"、

"共读"、"群读"为创探阅读的组织形式,借助于平日的"创探数学阅读存折"和期末的"创探数学阅读分享"两种形式,设计制定相关的评价量表,深度推进创探阅读的实施与开展。(具体设计内容与评价标准见表 7-1-11、表 7-1-12)

表 7-1-11 "创探数学阅读存折"

班级			姓名				
我的阅读宣言						照片	
开户日期							
阅读日期	阅读书目	阅读页码	提出问题	解决办法	所用知识	我的思考	

表 7-1-12 "创探阅读成果分享"评价表

评价指标		评价			
		自评	互评	教师评价	综合评价
文字类成果	认真阅读,读有所悟				
	表达思路清晰				
	容易理解				
	页面布局合理、美观				
演讲类成果	认真阅读,读有所悟				
	普通话标准,口齿清晰				
	思路清晰、易理解				
	自信、大方,有良好的舞台风范				
	感染力强				

(撰稿人:元博 张轲 蔡玉桂 吴娜 刘钰娟 任焕霞)

第二节　灵动数学：引领学生与数学美好相遇

黄河路第二小学作为金水区小学数学学科课程研究基地，一直立足于基地课题《国家课程有效实施之小学数学研究学生改进教学的实践研究》，以课例研究为载体，展开扎实地教学研究和实践。学校现有数学教师21名，其中河南省骨干教师1人，金水区名师1人，学科带头人2人，骨干教师1人。

学科课程哲学　触动学生数学学习灵性

一、学科课程性质

《数学课标（2011年版）》指出："义务教育阶段的数学课程是培养公民素质的基础课程，具有基础性、普及性和发展性。数学课程能使学生掌握必备的基础知识和基本技能，培养学生的抽象思维和推理能力，培养学生的创新意识和实践能力，促进学生在情感、态度与价值观等方面的发展。义务教育的数学课程能为学生未来生活、工作和学习奠定重要的基础。""学生学习应当是一个生动活泼的、主动的和富有个性的过程。认真听讲，积极思考、动手实践、自主探索、合作交流等，都是学习数学的重要方式。学生应当有足够的时间和空间经历观察、实验、猜测、计算、推理、验证等活动过程。"[1]

基于此，数学课程的核心价值在于"灵活运用数学的知识、思想和方法进行思考，形成一定的数学素养"。

二、学科课程理念

依据《数学课标（2011年版）》和学校实情，我们提出了"灵动数学"学科课程，其理念是：在兴趣的引领下，让学生的数学学习态度更积极，让学生的数学思维和数学方

---

[1] 中华人民共和国教育部. 义务教育数学课程标准（2011年版）[S]. 北京：北京师范大学出版社，2012：1—2.

法更灵活,让学生的数学学习效果更扎实。

"灵动数学"可以用四个关键词表述,即灵活、求实、乐学、乐动。具体含义如下:

灵活:在学生经历知识的形成过程和初步掌握基础知识、基本技能后,通过练习让学生能够更为扎实地运用知识,解决简单的数学问题,在此基础上,通过举一反三、活学活用,用灵活的思维和灵活的方法,提高学生解决现实问题的能力。

求实:通过"乐学、乐动",让学生掌握扎实的数学知识和技能,让不同的学生在数学上得到不同的发展,为以后的数学学习积累经验,为解决生活中的实际问题奠定基础。

乐学:通过多样的教学形式,激发学生学习的兴趣,调动学生学习的积极性,从而引发学生的数学思考,让孩子们乐于思考、乐于参与,并且在学习的过程中乐于创造。

乐动:在兴趣的引领下,让学生通过认真听讲、积极思考、动手实践、自主探索、合作交流等学习方式,经历知识的形成过程。"乐动"不仅只是动手,更是通过动脑思考,发展学生的数学思维。

学科课程目标　用数学打造学生灵智的思维

《数学课标(2011年版)》指出:"数学课程应致力于实现义务教育阶段的培养目标,要面向全体学生,适应学生个性发展的需要,使得:人人都能获得良好的数学教育,不同的人在数学上得到不同的发展。"[1]

一、学科课程总体目标

依据《数学课标(2011年版)》课程总目标和学校实情,"灵动数学"提出用数学打造学生灵智的思维,并确立课程总目标:通过讲授、谈话、讨论、演示、练习、实验等多样的教学形式,激发学生学习的兴趣,通过认真听讲、积极思考、动手实践、自主探索、合作交流等学习方式,让学生经历知识的形成过程,让学生通过举一反三、活学活用,

---

[1] 中华人民共和国教育部. 义务教育数学课程标准(2011年版)[S]. 北京:北京师范大学出版社,2012:2.

用灵活的思维和灵活的方法,提高学生解决现实问题的能力。让学生能够了解数学的价值,提高学习数学的兴趣,掌握扎实的数学基础知识、基本技能、基本思想、基本活动经验,体会数学与生活之间的联系,运用数学的思维方式进行思考,增强发现和提出问题的能力、分析和解决问题的能力,具有初步的创新意识和实事求是的科学态度。

二、学科课程年级目标

在"灵动数学"课程总目标的基础上,根据学校实际和各年级学生特点,制定分年级的课程目标(见表7-2-1)。

表7-2-1 "灵动数学"课程年级目标

年级	目标
一年级	1. 在直观情境中,认识100以内的数并会比大小,理解十进制计数法;会计算100以内的加减法,能借助教具学具理解简单的数学算理,初步体验数感,感受数的意义,能够用数描述事物的特征。 2. 直观认识长方形、正方形、三角形、圆以及长方体、正方体、圆柱、球,能通过动手操作和实际活动摆出简单的数学图形,体验直观思维与抽象思维的不同。 3. 学会分类,经历简单的收集、整理数据的过程。 4. 经历简单的有目的、有设计、有步骤、有合作的实践活动。
二年级	1. 在具体情境中,认识万以内的数并会比大小,会计算万以内数的加减法和有余数的除法,会借助教具学具理解"元角分"以及钟表里面的数学算理,感受生活中的数学。 2. 直观认识角、直角、锐角、钝角以及平行四边形,会辨认东、南、西、北四个方向,了解东南、东北、西南、西北。 3. 积累收集、整理数据的活动经验,了解收集数据的简单方法,会进行简单的数据整理。 4. 能结合具体的实践活动,体验发现和提出问题、分析和解决问题的过程并有所获。
三年级	1. 会计算万以内数的连加、连减、加减混合运算,会计算一位数乘两、三位数,会在元、角、分背景下计算小数加减法。能结合生活实际,理解日历表中数字的内在联系,并利用联系探究数与数之间的巧算。 2. 认识周长和面积,会计算长方形和正方形的周长和面积,能从不同方向观察物体的形状,直观认识轴对称、平移和旋转。 3. 能在给定目标下,针对具体问题提出解决思路并进行实施。 4. 能结合生活实际,并根据相应要求,利用数学知识解决问题,体会数学的美,感受数学在生活中的价值。
四年级	1. 认识亿以内的数并会比大小,认识方程,会计算三位数乘两位数和小数加减法,在理解算理算法的基础上,通过有趣的计算活动体验数学符号的神奇。 2. 认识平行与垂直,会用数对确定位置,在制作"活动角"过程中理解活动角的秘密,探究"内角和"的神奇。 3. 认识折线统计图和平均数,能够收集、整理生活中的数据并完成调查表,并能根据调查表设计相应的统计图,体会数学的价值,感受可能性有大有小。 4. 通过应用理解所用知识和方法,了解所学知识之间的联系。

(续表)

年级	目标
五年级	1. 认识倍数、因数、质数、合数，会计算分数加减法，解简单的方程。借助多个算式体会数与数之间的联系，并借助实际增强数感。 2. 认识长方体、正方体的表面积，认识体积、容积，能够借助给物体包装这一贴近生活的动手操作数学活动，直观建立表面积这一空间概念。 3. 认识复式统计图和平均数的实际意义，感受简单的随机事件。 4. 能借助具体情境，通过应用和反思，进一步理解所用知识和方法，获得数学经验。
六年级	1. 认识百分数，会用方程解决百分数问题，认识比、比例、比例尺以及正比例、反比例，借助"数独"游戏，再次体会多个数在特定情况下的内在联系和规律，数感再次得到增强。 2. 认识圆、圆柱、圆锥及其特征，会计算圆的周长和面积，会计算圆柱的表面积和圆柱、圆锥的体积。通过"一笔画"游戏，总结发现规律，在此基础上设计出有规律的对称图案，体会数学与艺术的联系。 3. 认识扇形统计图，在数学情境中经历探索的过程，挖掘隐含在天文、地理、文学方面的数学知识，产生数学兴趣，同时动手动脑能力、创造意识得到提升。 4. 学生通过解答古代的数学题，体会博大精深的数学文化并感受到学数学的价值。

学科课程框架　建构灵动的数学学习乐园

"灵动数学"课程，统整基础课程与拓展课程，为学生建构灵动的数学学习乐园，培养学生基础知识和基本技能，满足学生的个性化学习需求，开发和培育学生的潜能和特长，全面提升学生的数学素养。

一、学科课程结构

依据数学学科四大领域及学校教师、学生具体情况，将"灵动数学"课程分为数与代数、图形与几何、统计与概率、实践与应用四大类，具体结构图与阐释如下（见图7-2-1）。

（一）数与代数

数与代数主要包含数的认识、数的表示、数的大小、数的运算、数的估计，用字母表示数等。数与代数的深入学习能帮助学生更好地理解数的意义，建立数感，灵活运用到生活的各个方面。拓展性课程主要以基础课程为依托，借助丰富的教学资

图 7-2-1 "灵动数学"课程结构图

源,如模拟文具店、钟表里的学问、百变人民币等贴近生活的丰富活动,通过观察、操作、解决问题等,进一步感受数的意义,体会数的灵活运用,重点培养学生的数感这一核心素养。

(二) 图形与几何

图形与几何主要包含空间和平面基本图形的认识,图形的性质、分类和度量;图形的平移、旋转、轴对称;用坐标描述图形的位置和运动等。灵活学习图形与几何能够帮助学生更好地认识和描述生活空间并进行交流,为此开设了"玩转七巧板"、"图形变变变"、"玩转活动角"一系列拓展性课程,目的是通过观察、操作等活动,进一步培养学生的几何直观和空间观念两大核心素养。

(三) 统计与概率

统计与概率主要包括收集、整理和描述数据,包括简单抽样、整理调查处理数据、绘制统计图表等,从数据中获取信息并进行简单的推断等。开设的拓展性课程有"有趣的分类"、"小小测量员"、"生活中的统计"等,目的是借助生活中的例子,让学生经历简单的数据收集、整理、统计分析的过程,养成乐学习、乐思考这一好习惯,进一步培养学生的数据分析观念这一核心素养,同时也让学生感受到数学的价值。

(四)实践与应用

综合与实践是一类以问题为载体、以学生自主参与为主的学习活动。在学习活动中,学生综合运用其他三个领域的知识和方法解决问题。此类拓展性课程本着培养学生的应用能力,发展学生的应用意识的宗旨,开设"有趣的搭配"、"明星设计师"、"优化问题"等一系列课程。在课程学习过程中通过实践活动,学生初步获得一些数学活动的经验,了解数学在日常生活中的简单应用,初步学会与他人合作交流,同时也增进运用数学解决简单实际问题的信心,获得积极的数学学习体验。

二、学科课程设置

除了基础课程之外,学校"灵动数学"学科课程按年级,将拓展课程设置如下(见表7-2-2)。

表7-2-2 "灵动数学"年级课程设置一览表

内容 年级	学期	课程分类			
		数与代数	图形与几何	统计与概率	实践与应用
一年级	一上	有趣的火柴	我说你搭	巧手分一分	巧玩扑克牌
	一下	模拟文具店	玩转七巧板	有趣的分类	填数游戏
二年级	二上	百变人民币	测量知多少	超市小买手	初识数独
	二下	钟表里的学问	图形变变变	零用钱小调查	有趣的搭配
三年级	三上	数学大通关	火柴游戏	数学文化角	搭配中的学问
	三下	计算风暴	快乐剪纸	小小测量家	明星设计师
四年级	四上	神奇的括号	玩转"活动角"	幸运大转盘	滴水实验
	四下	计算大比拼	神奇的内角和	生活中的统计	优化问题
五年级	五上	神奇的规律	我的地盘我做主	图形中的问题	成长的脚印
	五下	小脚丫走天下	包装方案	有趣的测量	相遇问题
六年级	六上	指尖数学	一气呵成	大展宏图	古题今探
	六下	再识数独	彩绘数学	数学探秘	数学带你看世界

学科课程实施　走进美妙的数学之旅

数学学科课程的实施应以学生的认知发展水平和已有经验为基础,倡导"灵活求实,乐学乐动"课程理念,在多维度的评价保障下,通过实践、思考、探索、交流等多种学习活动,帮助学生理解和掌握基本的数学知识和技能,体会和运用数学思想与方法,获得基本的数学活动经验,开启学生美妙的数学之旅。

一、构建"灵动课堂",有效实施数学课程

依据"灵动数学"学科课程哲学和目标,从以下几方面实施"灵动课堂"。

(一)"灵动课堂"的构建

"灵动课堂"建设遵循"激趣、点拨、自主、实践"四个要素。

"激趣":以"激趣"为轴,激发学生乐学。充分利用教学内容,设置既富有情趣又能激发学习兴趣的问题,让学生在质疑中解难,潜移默化地掌握学习的知识点。

"点拨":以"点拨"为支撑,引导学生会学。依据学情,指导学生提出研究性问题,灵活确定每节课的中心教学任务,并按照学生的认知规律设计相应的导学方案,引导、帮助学生对学习任务建立整体认知,并激发其进一步探究的欲望,逐步培养自主学习能力。

"自主":以"自主"为轮,实现学生巧学。"灵动课堂"的生命力在于营造浓厚的学习氛围,帮助学生学会学习。让学生围绕本节课的学习目标进行"学点训练",强调师生在平等自由中达到学练结合,在交流中互助、互动、互学,进而达到发展学生的目的。

"实践":以"实践"为方向,达到学生善学。学生回顾课堂所思所学,理顺知识,巩固学法。通过实践帮助学生整体把握知识、理解知识、运用知识,培养学生善于思考、归纳总结的能力,激发学生乐学善思、合作探究的精神。

(二)"灵动课堂"的实施

"灵动课堂"的实施,坚持以教育科研为先导,以课例为载体,倾听学生的学习需求,朝着"灵动课堂"的核心目标逐步探索出一条行之有效的数学课堂文化之路。

一是规范教研活动。在每次教研活动过程中,做到定时间、定地点、定人员,保证每位教师都能深入参与活动。同时各教研组加强集体备课研究,商讨解决教学实际问题的办法。学期末,各年级数学组开展校本教研展示活动。

二是以解放、丰富、立体、灵动、缤纷、绿色为评价指标,开展"一师一优课 一课一名师"网络晒课、希望杯金硕杯教学展评、课程纲要分享课、数学青年教师亮相课、随堂课、新教学方式展评课、数学教研组灵动课堂指标落实情况研讨课等活动,引领数学教师课堂教学设计合理、组织有序、富有成效,进一步推进"灵动课堂"向更高的层次迈进。

(三)"灵动课堂"的评价标准

我们设计了《"灵动数学"课堂评价量表》,具体评价量表如下(见表7-2-3)。

表7-2-3 "灵动数学"课堂评价量表

班级		科目		听课时间		
课题				主讲教师		
评价指标	优	良	合格	不合格		得分
	完全达到	基本达到	部分达到	少量达到或未达到		
解放10分	1. 孩子会独立思考,乐于动手操作,善于发言表达; 2. 关注不同学生数学学习需求。					
	10—9分	8—7分	6分	6分以下		
丰富10分	1. 创造性开发、使用教材; 2. 活动设计结构合理,具有多样性、开放性、挑战性。					
	10—9分	8—7分	6分	6分以下		
立体20分	1. 多样活动方式,学生经历完整的数学学习过程; 2. 多媒体技术、学具、教具运用有效、恰当。					
	20—18分	17—14分	13—12分	12分以下		
灵动20分	1. 激发学生探究欲望,培养自主学习能力; 2. 灵活调整教学预设,处理课堂生成。					
	20—18分	17—14分	13—12分	12分以下		
缤纷20分	1. 教师评价语言丰富多彩,激励学生多样发展; 2. 注重生生多向交流,思维活跃、富有个性。					
	20—18分	17—14分	13—12分	12分以下		

(续表)

评价指标	优 完全达到	良 基本达到	合格 部分达到	不合格 少量达到或未达到	得分
绿色 20 分	1. 师生关系民主和谐； 2. 学生解决问题能力得到发展； 3. 不同层次学生都有成长。				
	20—18 分	17—14 分	13—12 分	12 分以下	
总评	总分：_____　等级：_____ 优：100—90 分　良：89—70 分　合格：69—60 分　不合格：60 分以下				
亮点					
存在问题					

在"灵动课堂"评价基础上，从倾听、表达、操作、应用四个方面评比"灵动数学小明星"。具体评价标准如下（见表7-2-4）。

表7-2-4　"灵动数学小明星"评价量表

评价内容	评价标准			评价等级
	A	B	C	
倾听小明星	认真倾听教师和同伴的发言。	能够倾听教师和同伴的发言。	不能倾听教师和同伴的发言。	
表达小明星	积极表达自己的想法，并能有条理地书写。	勇于表达自己的想法，但不能有序书写。	不能表达自己的想法，也不会书写。	
操作小明星	思路清晰，能选择合适的学具规范操作。	思路不清晰，不能选择合适的学具操作。	没有思路，不能选择合适的学具规范操作。	
应用小明星	能灵活运用所学知识解决实际问题。	能运用所学知识解决简单问题。	不会运用所学知识，解决简单问题。	
总评				

具体要求如下：

1. 我是倾听小明星

（1）倾听教师讲课

培养学生良好的倾听习惯，不能简单地理解为只是要求学生上课坐好，遵守纪律等外在形式,更重要的是真正理解教师及其他同学所表达的含义,逐步引导学生独立思考,敢于提问,认真倾听别人的意见,勇于表达自己想法的内在学习品质。

学生良好倾听习惯的养成,不是一朝一夕就能完成的,要在日常学习的过程中,根据学生的心理发展趋势,有的放矢、循序渐进,生动活泼地开展倾听习惯的养成教育。

(2)倾听别人发言

在日常教学中让学生体会到:别的同学回答问题时,一是要听别人好的地方,这样可以取长补短;二是要听需要改正的地方,这样别人回答完之后,才能作出正确的修改;三是认真听是尊重别人的表现。这样的引导是让学生学会倾听的重要措施。在别人发言时,不再认为是事不关己,而是认识到自己有纠正、反馈的任务,从而加强倾听意识的培养。

2. 我是表达小明星

(1)口头语言表达

数学课堂是学生练习口头语言表达的主战场,轻松活跃的课堂氛围可以促进学生大胆地说,语言表达的条理性、逻辑性是数学学科特有的评价标准,还要学会用数学的概念定律去解释生活现象。

(2)书面语言表达

数学作业是学生练习书面语言表达的主阵地,从一年级开始逐步引导学生从画图形象说明,到文字条理解释,再到符号抽象应用,学会用数学的思维观察问题,解决问题,表述问题。

3. 我是操作小明星

从学生生活经验和已有知识背景出发,向学生提供充分从事数学活动和交流的机会,帮助他们利用各种学具和教学材料理解和掌握基本的数学知识和技能,感悟思想和方法,获得广泛的数学活动经验。让学生意识到"做数学"比知道数学知识更为重要,发现知识的来龙去脉比背诵数学定律记忆更为长久。

(1)创设"做数学"的情境

生活化和游戏化的教学情境,最能够激发学生参与操作活动的兴趣,让学生在活动中乐学、乐思、乐动,同时教师也要参与调控整个操作活动,让每一次操作有的放矢、行之有效。

(2) 提供"做数学"的机会

在课堂教学中教师结合教学内容有意识、有目的、有计划地提供给学生充分的"做数学"的机会,比如提供小棒通过分析得出算法;提供图形通过拼摆探究公式得出结论;提供统计表格通过记录发现规律等,充分依托教材内容,给予学生动手动脑的机会。

4. 我是应用小明星

(1) 活动目的明确,内容贴近生活

基于"数学源于生活,寓与生活,用于生活"的思想,结合教学内容安排具体的实践活动,引导学生对自己身边事件从数学的角度进行研究。同时注意活动只是学习统计知识的载体形式,在这个过程中目的要明确,要有针对性,要抓住活动的本质,做到活而不乱,紧扣教学目标。

(2) 活动指导到位,及时追踪辅导

数学实践活动就要让每一名学生经历实践的全过程,这个过程是非常重要的,在过程中注意指导学生计划安排、合作分工,并帮助学生解决一些突发性的问题,随时了解学生的实践活动进度。

二、建设"灵动数学"课程群,积极推进数学特色课程

"灵动数学"采用多样的实施策略和多维的评价方式,为学生提供丰富的学习体验,积极推进课程群建设,进一步实现数学学科课程目标的达成。

(一)"灵动数学"课程群实施

"灵动数学"课程群实施策略如下:

1. 生活模拟

设计与学科知识相关的数学模拟课堂,如"百变人民币"、"模拟文具店"等活动,把生活场景引入课堂,灵活应用数与代数的知识解决生活中的实际问题,让学生感受到数学与生活的密切联系,体会数学学习的价值,培养灵动的思维能力。

2. 图形与游戏

"图形变变变"游戏展示活动,低年级拼摆七巧板,设计简单的几何图形;中年级可在设计的基础上,进行面积与周长的运算;高年级可应用容积与体积的知识设计几何游戏,在全年级进行展示交流活动。设计与学科知识相关的数学作业,指导学生利用

几何知识设计图案、剪纸和拼搭，预计装修材料如何购买等。

3. 走进生活

突破数学学科壁垒，结合研究性学习，分年级让学生走出校园，走向生活，发现问题，自立主题，参与到"调查—记录—整理—分析—预测"的全过程，亲身体会科学研究的方法，认识到真实是统计活动的灵魂。延伸课本学习内容，做诸如"种豆芽"、"种蒜苗"、"分水果"等学习研究活动。

4. 实践与应用

选择学生感兴趣与切实可行的活动内容组织数学实践活动，帮助学生认识理解活动的意义。对活动的内容、目标、形式、手段等做好讨论，拓展学生的思路，引导学生合作交流，挖掘学生的内部学习资源加以利用，争取家长的支持与帮助，培养孩子良好的数学应用意识与能力。拓展实践方式，把专业数据整理软件引入实践活动，让学生体会到数学思维和方法在生活中的重大作用。

(二)"灵动数学"课程群的评价

"灵动数学"课程的建设基于数学学科基础，立足于为孩子提供丰富开放的学习内容，激发学习热情，创生出有意义的学习过程与成果。"灵动数学"课程的评价主要围绕课程学科团队发展、学生学习发展制定评价机制，体现灵动多元的评价意识。主要采用评价量表，从对课程实施方案的可行性评估、学生代表对课程的反馈、课程研究中心的审核三个方面来对课程进行评估，具体评价标准如下（见表7-2-5）。

表7-2-5 "灵动数学"课程群方案评价表

评价项目	评价要求	分值	教师自评	课程研究中心评
课程目标 25%	阐述简明有条理	9		
	体现数学基本理念和核心素养	8		
	分层次制定个性化目标	8		

（续表）

评价项目	评价要求	评价分数		
^	^	分值	教师自评	课程研究中心评
课程内容 25%	体现科学性	7		
^	体现整体性	6		
^	体现过程性	6		
^	体现现实性	6		
课程评价 25%	操作性强，方法科学，具有激励性和导向作用	25		
学生评 25%	对此课程感兴趣，能够掌握一定的数学方法或体会一定的数学思想	25		
总评				

学校课程研究中心制定课程方案评估表，分别从课程目标、课程内容及课程评价等项目进行方案评估。

三、设立"灵动数学"文化周，丰富数学课程活动

"数学文化周"，搭建数学文化平台，展示数学文化魅力，围绕主题形成系列。

（一）"数学文化周"的实施

活动主要分四个阶段实施。

第一阶段"玩转数学"。在班级内举行，由各班数学老师在规定的活动时间内，利用一节数学课带领学生进行。

第二阶段"IQ大挑战"。在年级内举行，各年级走廊上悬挂智力题卡，感兴趣的同学向老师索要答题卡，并把答题卡投入题箱中参与抽奖。

第三阶段"数学采蜜园"。利用学校图书角摆丰富的数学新读物供学生阅读。

第四阶段"数学游园"。开展适合各年级学生的智力挑战。

（二）"数学文化周"的评价

根据参加活动项数和完成情况，评选"灵动数学小达人"——小小数学家、数学小标兵、小小志愿者（在数学文化周活动中参与组织、服务、管理的同学）、优秀志愿者（在数学文化周活动中热情参与、科学管理的同学）、优秀"小蜜蜂"（在于在数学文化周活

动中,参与数学阅读并认真记录读书心得的同学),颁发"小绿叶徽章"。具体评价活动卡如下(见表7-2-6)。

表7-2-6 "灵动数学"文化周评价活动卡

参与项目	玩转数学	IQ大挑战	数学采蜜园	数学游园					
				智慧宝典	激流勇进	乾坤大挪移	奇妙的"24"	神奇拉丁方块	移形换影
效果记录									

班级:_____ 姓名:_____

四、成立"灵动数学"社团,深入数学课程活动

根据学生实际情况,成立"灵动数学"相关社团,满足学生多样化学习需求,让每一个孩子自由释放个性。

(一)"灵动数学"社团的实施

一是"玩转七巧板"社团。适用于低年级学生,使学生在玩中学,玩中动手操作,感受组合图形的无穷奥妙,领悟智力七巧板的无穷乐趣和成功的感受,促进他们身心的和谐发展。

二是"巧手工社"社团。适用于中年级学生,使学生的一技之长得到充分的发挥和展示,以点带面,促进学生的手工活动,提高学生的欣赏水平及创造能力,让学生在活动中体验创作的乐趣。

三是"数独"社团。适用于高年级学生,在活动中开发学生的智力,锻炼多维的思维能力和逻辑推理方法,让学生借助趣味数学游戏领略数学美,在探索中不断体验到成功的乐趣。

(二)"灵动数学"社团的评价

"灵动数学"社团评价的形式多样,采取教师的评价与学生自评、小组内互评相结合。具体的评价指标依据所开设社团内容设置相应的评价比重。具体评价标准如下（见表7-2-7—表7-2-9）。

表7-2-7 "灵动数学——玩转七巧板社团"评价表

评价指标		分值	评价			
			自评	互评	师评	综合评价
过程性评价 60分	参与学习的积极性	15				
	参与合作的精神	15				
	学生动手的实践能力	15				
	指定作品的完成情况	15				
自主创新作品的情况（结果性评价）		40				
评定等级						

表7-2-8 "灵动数学——巧手工社社团"评价表

评价指标		分值	评价			
			自评	互评	师评	综合评价
过程性评价 70分	参与学习的积极性	15				
	小组合作的精神	15				
	动手实践的能力	20				
	创新思维的提升	20				
独创作品完成的情况（结果性评价）		30				
评定等级						

表7-2-9 "灵动数学——数独社团"评价表

评价指标		分值	评价			
			自评	互评	师评	综合评价
过程性评价 70分	参与学习的积极性	15				
	深入探究的精神	20				
	独立思考的能力	20				
	语言表达的准确	15				
作业完成的情况（结果性评价）		30				
评定等级						

五、开展"灵动数学"小课题研究,促进数学课程走向深处

"灵动数学"小课题研究,鼓励学生走进生活,努力发现、捕捉身边的数学,让数学学习与生活实践零距离接触。

(一)"灵动数学"小课题研究的实施

结合学校和地方实际,学生从绿色生活、绿色学习、绿色出行、绿色之旅这四个方面,开展丰富多彩的小课题研究。

根据学生已有的认知水平和知识经验基础,每个年级的研究各有侧重。一、二年级以了解类为主,三、四年级以研究类为主,五、六年级以改善类为主,注重数学知识与现实生活的密切联系,为学生研究活动提供知识基础及实践空间。

学生自由结合小组进行研究性学习的过程性研究,并收集过程性的图片、视频、数据等相关资料。

(二)"灵动数学"小课题研究的评价

小课题研究的评价,要求"重过程,重应用,重探索,重参与"。采取教师评价与学生的自评、互评相结合,定性评价与定量评价相结合、以定性评价为主的方式。评价内容多样包括学生参与研究性学习活动的态度,学生在研究活动中所获得的体验,学生在研究活动中所取得的成果,学生创新精神和探究实践能力的发展。评价等级为优、良、及格、待及格四个等级。具体评价标准如下(见表7-2-10)。

表7-2-10 "灵动数学"小课题研究评价表

评价指标		分值	评价			
			自评	互评	师评	综合评价
过程性评价 60分	课题确定的新颖性	10				
	课题确定的规范性	20				
	课题研究的深入程度	20				
	课题研究的实用性	10				
课题成果完成情况(结果性评价)		40				
评定等级						

"灵动数学"引领学生独立思考、主动探索,引导学生乐学、乐思、乐动,促进学生对

基本的数学知识与技能的理解和掌握,体会和运用数学思想与方法,获得基本的数学活动经验,培养富有数学灵气的学生。

（撰稿人：张培强　杨玉洁　黄鹏）

后　记

　　自2017年至今,"品质课程项目"在金水区已经走过两年多的历程,其间经历了一次又一次的探索与实践。项目组紧随核心素养的步伐,将"中国学生发展核心素养"和《课程标准(2011年版)》作为课程建设的总纲和方向,逐渐走进课程深处、学科深处,并逐步勾勒出学校数学学科课程的新图景,引发数学课程的深度变革。

　　在与课程的互动中,教师的课程意识和研究意识逐渐增强,他们更加尊重每一个学生的学习,理解教材的编写意图,提升自身所秉持的课程哲学;教师的课程开发与实施能力显著提升——更加系统化、规范化、科学化,使得对学生核心素养的培养从课程层面得以落实。在与课程的互动中,学生有何变化? 也许目前还没来得及做出专业判断,但从书中各学校的数学课程建设中,能看出项目学校竭力为学生提供更多的途径,搭建更好的平台,更注重数学与生活经验的密切联系,更关注学生数学学科核心素养的培养。因此,我们很期待每一个学生的数学素养都能够在学校数学课程的实施中得以发展。

　　这一年,在金水区数学学科课程群建设的前行路上,有专家、有导师的引领,有团队的合作与陪伴,在这里,衷心感谢上海市教育科学研究院杨四耕教授的高标准的专业引领和高站位的学术指导,促成每所项目学校课程建设规划有逻辑、学科课程建设方案有特色;感谢金水区教育体育局和金水区教育发展研究中心为工作的推进给予全面的部署和专业的指导;感谢每一所参与项目学校团队的辛苦付出,正是你们的积极探索、群策群力、勇于实践、不断反思,才促成书中每一个精彩的、独特的文案。

　　日日行,不怕千万里;常常做,不怕千万事。经过项目学校两年多的努力,项目研究成果终于要出版了。回顾课程建设的路程,经历过"独上高楼,望尽天涯路"的迷茫与无奈,品味过"蓦然回首,却在灯火阑珊处"的顿悟与惊喜,倍感欣慰的是"衣带渐宽终不悔,为伊消得人憔悴"的那份坚持与执着。数学学科课程群的建设是一件复杂的事,课程的实施与行进也不可能一蹴而就,因此,课程建设依然任重而道远,有很多需要继续完善的地方,需继续撸起袖子加油干!

　　因时间和笔者本身水平所限,书中若有不妥之处,恳请读者提出宝贵建议。

编委会
2019 年 3 月 30 日

学校课程深度变革丛书

书名	ISBN	定价	出版时间
进入学科深处的六个秘密	978-7-5675-5810-6	28.00	2016年12月
新美课程:演绎生命之诗	978-7-5675-7552-3	48.00	2018年5月
跨界学习:学校课程变革的新取向	978-7-5675-7612-4	34.00	2018年6月
以学习为中心的课程实施	978-7-5675-7817-3	48.00	2018年8月
聚焦学习的课程评估:L-ADDER课程评估工具与应用	978-7-5675-7919-4	40.00	2018年11月
学科核心素养与学科课程群	978-7-5675-8339-9	48.00	2019年1月
大风车课程:童趣与想象	978-7-5675-8674-1	38.00	2019年3月
蒲公英课程:综合实践活动课程的校本创意与深度	978-7-5675-8673-4	52.00	2019年3月
MY课程:叩响儿童心灵	978-7-5675-7974-3	39.00	2018年10月
课程实施的10种模式	978-7-5675-8328-3	45.00	2019年1月
聚焦式课程变革:制度设计与深度推进	978-7-5675-8846-2	36.00	2019年4月
以素养为核心的学科课程图谱	978-7-5675-9041-0	58.00	2019年4月
全经验课程:在地文化与实践演绎	978-7-5675-8957-5	54.00	2019年6月

课堂教学转型丛书

书名	ISBN	定价	出版时间
上一堂灵魂渗着香的课	978-7-5675-3675-3	36.00	2015年8月
把课堂打造成梦的样子	978-7-5675-3645-6	26.00	2015年8月
整个世界都是教室	978-7-5675-5007-0	22.00	2016年6月
寻找课堂教学的文化基因	978-7-5675-5005-6	22.00	2016年5月
课堂是一种态度	978-7-5675-3871-9	28.00	2015年10月

给孩子最美好的东西	978-7-5675-4200-6	30.00	2015年11月
把每一个孩子深深吸引	978-7-5675-4150-4	24.00	2016年1月
每一间教室都有梦	978-7-5675-4029-3	30.00	2015年10月
课堂,可以春暖花开	978-7-5675-3676-0	24.00	2015年10月
课堂,与美相遇的地方	978-7-5675-5836-6	24.00	2017年1月
赴一场思想的盛宴	978-7-5675-5838-0	28.00	2017年1月
突破平面学习:神奇的"南苑学习单"	978-7-5675-5825-0	29.00	2017年1月
让学习看得见:"226"教改实验研究	978-7-5675-6214-1	32.00	2017年4月
每一种意见都很重要:"责任课堂"的维度与操作	978-7-5675-6216-5	30.00	2017年4月

品质课程丛书

活跃的课程图景	978-7-5675-6941-6	42.00	2017年11月
课程情愫:学校课程发展的另类维度	978-7-5675-7014-6	42.00	2017年11月
突破大杂烩:有逻辑的学校课程变革	978-7-5675-6998-0	52.00	2017年11月
课程群:学习的深度聚焦	978-7-5675-6981-2	45.00	2017年11月
嵌入式课程:特色课程的路径和方略	978-7-5675-6947-8	42.00	2017年11月

课堂教学新样态

一百个孩子,一百个世界:基于差异的教学变革	978-7-5675-6810-5	32.00	2017年10月
让课堂洋溢生命感:L-O-V-E教学法的精彩演绎	978-7-5675-6977-5	32.00	2017年11月
课堂如诗:"雅美课堂"的姿态	978-7-5675-7219-5	36.00	2018年3月

近处无教育	978-7-5675-7536-3	32.00	2018年3月
课堂,与美最近的距离	978-7-5675-7486-1	32.00	2018年4月
课堂,涵养生命的园圃	978-7-5675-7535-6	36.00	2018年6月
协同教学:意蕴与智慧	978-7-5675-8163-0	42.00	2018年9月
课堂不是一个盒子	978-7-5675-8004-6	38.00	2019年1月
在教室里眺望世界:基于BYOD的教学方式变革	978-7-5675-8247-7	48.00	2019年3月

特色学校聚焦丛书

每一个孩子都是一棵树	978-7-5675-6978-2	28.00	2018年1月
教育不是一个人的事:"众教育"36条	978-7-5675-7649-0	32.00	2018年8月
不一样的生命,一样的精彩	978-7-5675-8675-8	34.00	2019年3月
童味正醇:特色学校的文化图谱	978-7-5675-8944-5	39.00	2019年8月

华东师范大学出版社
天猫旗舰店

华东师范大学出版社
官方微信

门市邮购电话:021-6286 9887　6173 0308
淘宝商城旗舰店:http://hdsdcbs.tmall.com
微信:华东师范大学出版社(ecnupress)
电子书目下载地址:www.ecnupress.com.cn